Remerciements

Bien qu'un seul nom d'auteur apparaisse sur la couverture, on est réellement étonné lorsqu'on recense toutes les personnes qui contribuent à l'élaboration d'un livre. Je voudrais ici remercier tous ceux qui m'ont prodigué aide, encouragements, avis éclairés ou conseils inutiles, et sans lesquels cet ouvrage n'aurait pu voir le jour.

Je pense surtout à Jane Adams de Child Care Aware pour son aide en matière de soins à donner aux enfants, à Michael Aiello pour sa coopération au sujet des ressources Internet, à Eve Aldridge pour m'avoir fort à propos rappelé la modération dans mes propos et pour sa contribution éclairée à la partie traitant des nouvelles relations, à Richard Austin, Jr., pour ses suggestions concernant la démission des parents et les fausses accusations de maltraitance, à Jimmy Boyd et Ron Henry qui ont partagé avec moi, au cours de nombreuses années, leurs volumineux trésors d'informations concernant les pères divorcés et qui m'ont encouragé et soutenu au cours de ma carrière d'écrivain, à June et Gene Brott pour avoir sans relâche contribué moralement et financièrement à soutenir ma santé mentale, à Marilyn Courtot pour avoir apporté ses connaissances et sa documentation en matière de littérature enfantine, à Jackie Decter, mon stimulant mais inflexible éditeur qui m'a toujours maintenu sur la bonne voie, à Celia Fuller pour nous avoir supervisés, à Amy Handy qui a, cette fois encore, apporté bien plus que sa contribution à la préparation de l'édition, à Charlotte Hardwick pour son livre et ses conseils en ce qui concerne les visites surveillées, à Elizabeth Hickey pour sa compétence en matière de médiation et d'accords entre parents, à Grace Lacoursiere pour ses conseils et son bulletin destiné aux veufs ayant charge d'enfants, à Mary Lamia, ma chère amie, pour avoir revu chaque mot de chaque section traitant de la psychologie des pères et des enfants et pour son apport au redressement de ma vie personnelle, à Jim Levine qui m'a remis plus d'une fois sur le bon chemin après m'avoir d'abord mis dans ce pétrin, à Ro Logrippo pour ses intéressants commentaires et ses suggestions en matière d'aménagement de chambres d'enfant, à Stuart Miller pour son hospitalité et son amitié tout autant que pour la relecture et les rectifications apportées en matière de pension destinée à l'enfant, de droits de garde et de visite, et autres aspects légaux, à Ross Parke pour ses avis et pour la supervision des passages traitant du développement de l'enfant, de l'influence du père et de la psychologie masculine, ainsi que pour les améliorations qu'il a apportées dans ce domaine, à Jonathan Petruck pour sa contribution importante aux passages traitant de planification financière et d'assurances, à Jeff Porter et Eric Tyson pour leurs conseils éclairés sur tout ce qui touche aux aspects financiers, à ma copine Janice Tannin pour son potage aux tomates, son poudingue au riz et ses conseils culinaires, à Kelly Taylor et Charlotte Patterson pour leur compréhension des soucis des pères homosexuels et enfin aux nombreux pères isolés qui ont répondu à mes questions sur Internet ou qui m'ont permis de les interviewer au cours de la préparation de ce livre, qui ont accepté de lire une partie du manuscrit et qui ont si volontiers accepté de partager leurs propres expériences.

Table des matières

En pratique

Recommencer

Annexe

Préface

Lorsque j'ai terminé la première lecture de Moi aussi, je m'occupe de mon enfant, *je me suis sincèrement demandé si la réalité toute américaine qu'on y décrivait correspondait au contexte québécois. Était-il possible qu'en 2002 les hommes divorcés ou séparés aient tant de difficulté à obtenir la chose la plus naturelle qui soit : le droit d'accès à leurs enfants ? Comme j'avais à adapter certains passages du livre, j'ai résolu de mener une petite enquête sur le terrain. Les résultats qui n'ont rien de scientifique m'ont quand même étonnée. Après avoir lancé le sujet dans plusieurs conversations, je devais me rendre à l'évidence : la plupart des hommes avaient leur petite histoire d'horreur concernant leur rupture et peu d'entre eux en étaient sortis indemnes. Chantage, batailles juridiques, renonciation au patrimoine familial étaient intimement liés à la garde des enfants. Même des années plus tard, l'émotion était toujours palpable.*

Cependant, je demeurais sceptique. Devoir se battre pour garder le contact avec ses enfants me semblait anachronique. D'accord ! Il y a vingt ans, la garde exclusive des enfants était systématiquement accordée à la mère. Mais de nos jours, me disais-je, les choses ont évolué et les pères sont de plus en plus présents dans la vie de leurs enfants. J'en déduisais que cela devait forcément se refléter dans les jugements de divorce. Les chiffres devaient me donner tort. Au Québec, seulement 15 % des hommes divorcés obtiennent la garde partagée de leurs enfants et 70 % des mères en conservent encore la garde exclusive.

J'ai un fils unique qui fondera certainement une famille dans un avenir proche et je me suis soudain sentie accablée par cette triste réalité, d'autant plus que selon les statistiques, il a une chance sur deux de se retrouver dans cette situation. Tout à coup, je ne voyais plus les pères divorcés de la même façon. Et en plongeant dans le livre d'Armin Brott, mes idées préconçues allaient être balayées une par une. Dans cet ouvrage, le rôle du père acquiert toute sa dimension et, au fur et à mesure de ma lecture, je comprenais mieux les répercussions du divorce ou de la séparation sur le maintien de ce rôle. À moins d'un accord à l'amiable, ce qu'on ne peut que souhaiter, vous serez sans doute confrontés à plusieurs des situations décrites par Armin Brott. Vous devrez faire face à des méandres juridiques sans fin. Vous aurez à réorganiser votre vie. Et malheureusement, vous aurez peut-être à vous battre pour la garde de vos enfants. Surtout, n'abdiquez pas ! Les premières années après la rupture sont d'une importance capitale pour vous et pour eux, et il est tout à fait légitime que vous demeuriez dans leur vie. Dans son ouvrage, Armin Brott décrit, étape par étape, le parcours que vous aurez à traverser et vous propose les moyens de vous en sortir sans trop de dommages. Tous les aspects du divorce et de la séparation y sont traités, ce qui en fait un véritable guide. Son approche de la problématique est d'un réalisme parfois cru, mais il ne perd jamais de vue le véritable cœur du sujet, le bonheur des enfants.

Marie-Christine Tremblay

Introduction

Chaque année, un million de pères divorcent aux États-Unis. Et chaque année, un million d'hommes non mariés deviennent pères. Il y a aussi un million de pères homosexuels et des centaines de milliers de veufs qui ont des enfants âgés de moins de dix-huit ans. Au Québec, ce sont des dizaines de milliers d'hommes qui vivent cette situation. Bien que chacune de ces catégories de pères soit très différente des autres, toutes partagent une caractéristique commune. Ce sont des pères isolés, sans partenaires, qui s'occupent eux-mêmes de leurs enfants.

Certains pourraient prétendre que l'expression *père isolé* s'applique seulement aux hommes qui élèvent eux-mêmes leurs enfants sans l'aide de la mère. Je ne suis pas d'accord. Selon moi, tout homme qui a un enfant est un père, sans exception, et tout homme qui ne vit pas avec la mère de son enfant est un père isolé, un monoparent.

Peu importe le fait que vous ayez été marié ou que vous soyez resté célibataire, que vous soyez veuf ou homosexuel ou en instance de divorce, que vous ayez la garde permanente ou temporaire de vos enfants, ou que vous ne réussissiez à les voir qu'à la sauvette, ce qui importe est votre détermination d'être et de rester activement mêlé, aussi étroitement que possible, à la vie de vos enfants. S'il en est ainsi, ce livre vous est destiné.

Comme vous avez déjà pu le constater en tant que père demeuré seul, être et rester impliqué dans la vie de vos enfants est souvent plus difficile qu'il n'y paraît. Dans soixante-dix pour cent des cas de divorce, la mère se voit confier la garde exclusive des enfants et le père doit alors se contenter, pour les voir, d'une fin de semaine sur deux, de la moitié des jours fériés et d'une semaine ou deux pendant les vacances. Le père non marié est encore moins bien loti et le père homosexuel souffre en outre de discriminations sociales et juridiques. Au point de vue légal, c'est le veuf qui semble le mieux partagé, mais comme presque tous les pères qui sont des monoparents, il doit aussi affronter l'opinion générale selon laquelle il n'est pas capable, seul, de prendre soin de ses enfants.

Outre ces handicaps légaux et de société, de trop nombreux pères isolés, confrontés à la tâche apparemment décourageante d'organiser un nouveau ménage, manquent du savoir-faire, de l'expérience et du soutien nécessaires pour pouvoir s'occuper de leurs enfants autant qu'ils le voudraient.

Ce que ce livre est et ce qu'il n'est pas

Moi aussi, je m'occupe de mon enfant est loin d'être dirigé contre les femmes. Il n'a pas du tout pour but de vous aider à gagner la course pour la garde des enfants, ni de faire du tort à leur mère. De telles attitudes n'aident personne et finissent toujours par pénaliser les enfants. Au cas où vous souhaiteriez des conseils de cet ordre, il vous faudra chercher ailleurs.

En revanche, *Moi aussi, je m'occupe de mon enfant* est conçu pour vous aider à déceler les obstacles juridiques, sociaux et pratiques qui se dressent sur la route du père isolé et à trouver les moyens de les surmonter. Que vous soyez divorcé, séparé ou veuf, ce livre vous permettra aussi de mieux comprendre les aspects affectifs, psychologiques, pratiques et sociaux de la paternité en solo. Il vous apportera enfin les connaissances, le savoir-faire et les outils dont vous aurez besoin pour préserver et parfaire vos relations de père et de ce fait améliorer la vie de vos enfants.

Il est temps de commencer dès aujourd'hui. La recherche a montré que les pères qui n'ont pas eu de contacts valables avec leurs enfants pendant les deux premières années de la séparation n'en auront probablement plus jamais. Réussir à être un père actif malgré votre isolement ne sera pas chose facile. Tout au long du chemin, vous vous sentirez parfois perdu, à l'écart des autres, impuissant et découragé. Pourtant ce chemin sera aussi joyeux, formatif et enthousiasmant. Garanti !

Comment est organisé cet ouvrage

Pour chaque père de famille monoparentale, l'expérience est unique, cependant celle-ci comporte beaucoup de caractéristiques qui sont communes à celles d'autres pères placés dans la même situation. Cet ouvrage est conçu de façon à répondre rapidement à un maximum de questions ; n'hésitez donc pas à le parcourir en tous sens. Il est divisé selon les thèmes principaux suivants :

Vous

Que vous l'ayez voulu ou non, être séparé de sa partenaire est une expérience pénible. Le drame éveille plus de sentiments et d'émotions qu'on ne pourrait l'imaginer. Dans le premier volet de cette section, nous aborderons en profondeur le côté psychologique de la transition vers l'état de père isolé en nous attachant particulièrement au côté affectif de cette métamorphose toute récente et aux sentiments qu'elle suscite. Vous serez un bien meilleur père vis-à-vis de vos enfants si vous parvenez d'abord à dominer vos propres émotions.

Nous aborderons ensuite quelques questions pratiques, comme celle d'engager l'avocat ou de trouver le médiateur dont vous aurez rapidement besoin pour vous permettre de créer et de développer, avec vos enfants, le type optimal de relations pour le plus grand bien de tous.

Le système et vous

Nous discuterons des divers obstacles (j'inclus ici votre « ex ») qui rendent parfois difficile, pour les pères isolés, la possibilité d'être présents autant qu'ils le souhaiteraient auprès de leur progéniture. Nous examinerons les arrangements concernant la garde et la protection des enfants, les allocations en faveur de ceux-ci et le régime des visites, tout cela en veillant à préserver votre bien-être mental et vos relations avec les enfants.

Les enfants et vous

La métamorphose en père célibataire vous ébranlera sans aucun doute, mais elle aura des répercussions beaucoup plus profondes encore, et plus durables, sur vos enfants. Pour aider ceux-ci, vous aurez besoin de comprendre parfaitement leurs états d'âme. Toutes les informations nécessaires sont reprises dans cette partie de l'ouvrage. Nous examinerons la gamme des émotions par lesquelles ils passeront et considérerons en profondeur la façon dont nous pouvons les aider à y faire face.

Ce thème comprend aussi quelques informations et conseils sur la façon de rester activement présent auprès de vos enfants, compte tenu de leur âge, que vous les voyiez chaque jour, chaque semaine, chaque mois ou une seule fois l'an.

Votre « ex » et vous

Si vous n'êtes pas veuf, vous aurez selon toute vraisemblance à conserver certaines relations avec la mère des

14

enfants, et ce pour le reste de votre vie. Cette éventualité risque de vous déplaire, mais il est préférable de vous y habituer. Rappelez-vous que l'un des meilleurs présages de la manière dont les enfants se comporteront psychologiquement et sur le plan affectif après la séparation de leurs parents est la façon dont les parents eux-mêmes se comporteront l'un vis-à-vis de l'autre. Dans cette partie, nous discuterons de l'intérêt à conserver des relations sereines avec votre « ex » et nous examinerons quelques moyens pratiques (et efficaces) d'y parvenir.

Votre « ex » pourrait malheureusement ne pas avoir l'esprit aussi ouvert que vous. C'est pourquoi cette partie inclura également un examen sérieux, doublé de nombreux conseils pragmatiques, de la façon de vous comporter au cas où elle s'opposerait à ce que vous entreteniez de bonnes relations avec les enfants.

Questions pratiques

Dans cette section, nous nous concentrerons sur les détails utiles (y compris les listes d'achat) en vue de l'installation de votre nouveau domicile, sans oublier votre nouvelle cuisine. Nous examinerons quelques questions financières relatives à la paternité en solo, comme l'épargne pour les études, la gestion de vos dépenses, la constitution d'un fonds de retraite et vos projets d'investissement.

Envisager un nouveau départ

Il se peut qu'aujourd'hui ce soit la chose la plus éloignée de votre esprit, pourtant, tôt ou tard, vous souhaiterez réactiver votre vie amoureuse. Dans cette partie de l'ouvrage, nous parlerons du retour au temps des rendez-vous, de l'incidence de votre ou de vos nouvelles relations sur vous-même et sur vos enfants et même sur votre nouvelle partenaire. Et comme celle-ci pourrait elle-même avoir des enfants, nous vous préparerons à un nouveau rôle, celui de beau-père de ces enfants. Enfin, nous considérerons la vie amoureuse de votre «ex» et comment celle-ci – en compagnie de son nouveau partenaire – peut affecter votre propre vie et celle de vos enfants.

Un mot sur la terminologie : *enfants, enfant, lui, elle*

Comme vous pouvez avoir un fils, une fille ou plusieurs enfants des deux sexes, j'ai essayé d'alterner le genre et le nombre en utilisant soit «il», soit «elle», soit encore «votre enfant» ou «vos enfants». Sauf dans les cas où la chose est évidente, la plupart de ces expressions sont interchangeables.

Votre « ex »

Que la mère de vos enfants soit toujours de ce monde ou non, qu'elle ait été votre épouse, votre amie, votre fiancée ou une relation de passage, n'y change rien. Elle reste la mère de l'enfant et occupe une place spéciale dans le cœur et l'esprit de celui-ci. Bien qu'il y ait, pour la désigner, de multiples dénominations possibles, j'ai résolu d'utiliser, dans la plupart des cas, le terme d'«ex» qui me paraît suffisamment généralisé.

Mise en garde

Je ne suis ni pédiatre, ni juriste, ni expert financier, ni comptable et je n'apparais pas à la télévision (bien que j'assure une émission à la radio). Je ne suis ni homosexuel, ni veuf, mais je suis séparé de ma femme. Et bien que chaque phrase que vous lirez dans ce livre ait été vérifiée et approuvée comme sensée, juste et raisonnable par de vrais pères isolés (célibataires ou anciens célibataires) et par des spécialistes des domaines concernés, il faut admettre que chaque cas est unique. Vérifiez donc avec les experts compétents chacun des points pour lesquels vous hésiteriez à prendre telle ou telle action, dans votre propre intérêt et dans celui de votre famille.

Le premier choc

Quelle que soit la raison qui fait de vous un père qui se retrouve seul, soit par le décès de votre épouse ou la rupture de votre union, vous éprouverez un tel bouleversement affectif que les choses resteront pénibles pour vous pendant longtemps.

Comme le constatent le chercheur E. Marvis Heatherington et ses collègues Martha Cox et Roger Cox, après le divorce les pères affrontent de graves difficultés dans tous les aspects de la vie courante, sur le plan de leur propre personnalité et de l'adaptation psychique, ainsi que dans les relations avec les autres. Estime de soi ramenée à son niveau le plus bas, dépression et sentiment d'abandon et d'isolement sont des états typiques du couple divorcé, constatent-ils. Il est sans doute utile de noter que certains autres chercheurs ont trouvé que les pères veufs passent aussi par des états d'âme semblables après leur deuil.

Presque tout ce que vous ressentez maintenant et que vous vivrez dans les mois et sans doute même les années à venir peut être désigné par le terme général d'affliction. Nombre de personnes sont persuadées qu'un tel terme ne peut s'appliquer qu'aux veufs. La vérité est que les pères divorcés ou séparés souffrent de manière analogue et les peines par lesquelles ils passent sont très proches des épreuves du veuvage.

Une autre erreur courante au sujet de ce sentiment est de croire qu'il est simple, Au contraire, il se compose d'un groupe complexe d'émotions qui évoluent avec le temps suivant un schéma relativement prévisible. L'une des premières personnes à avoir considéré la douleur de cette façon fut Elisabeth Kubler-Ross qui, dès la fin des années 1960, identifia cinq stades distincts par lesquels passent les personnes qui apprennent qu'elles sont atteintes d'un mal incurable.

1. Le choc et le refus d'accepter
2. La colère
3. La négociation
4. La dépression
5. L'acceptation

Au cours des décennies qui suivirent, beaucoup en vinrent à penser que les stades définis par Kubler-Ross pouvaient aussi s'appliquer à d'autres formes de douleurs profondes, y compris la rupture d'une relation amoureuse ou la perte d'une épouse.

Évidemment, les différentes étapes ne sont pas immuables et chacun les ressent à sa façon. Elles peuvent être vécues dans un ordre différent, vous pouvez rester piégé dans l'une ou l'autre pendant des mois ou des années, ou peut-être en omettre une, ou encore revenir à l'une d'elles trois ou quatre fois. Mais une chose est certaine, vous souffrirez. Même si vous avez détesté votre « ex » pendant les cinq dernières années et que vous n'avez eu que récemment le courage de mettre fin à votre relation, vous pleurerez malgré tout une perte importante, celle de vos espoirs, de vos rêves, de vos projets d'avenir. Donc, si fort que vous vous croyiez, ne vous jugez pas à l'abri de ces états d'âme.

Jetons tout d'abord un regard sur ces différentes étapes.

Le choc et le refus d'accepter

La plupart des relations qui prennent fin ne le font pas sur la base d'un consentement mutuel. L'un des partenaires a déjà pris sa décision longtemps avant d'en faire part à l'autre. Cela lui donne la possibilité (et dans soixante-dix pour cent des cas de divorce, c'est la femme qui prend l'initiative) de s'habituer par avance à l'idée, de se préparer aux changements, et peut-être même d'ébaucher une nouvelle relation affective.

L'autre, souvent l'homme, tombe généralement des nues. Il est certain que les hommes pourraient absorber plus facilement une partie du choc s'ils étaient plus doués en matière de détection d'indices. La plupart du temps, alors que la vie semble s'écouler normalement, du jour au lendemain, le conjoint trouve la maison vide. Le voilà désormais dans une situation qu'il n'aurait jamais osé imaginer.

Et selon Jane Burgess, spécialiste des situations de veuvage, les veufs ont des réactions très semblables à celles des hommes dont la compagne a choisi la séparation : état de choc, refus d'accepter la situation, désespoir, panique, apitoiement sur soi, confusion et insomnies, dépression et impossibilité de se concentrer.

Abandonnés par leur compagne, bien des hommes refusent d'y croire. On observe en particulier ce type de comportement lorsqu'on pénètre dans l'appartement d'un homme récemment séparé, remarque Stuart Kahan : l'occupant mettra un temps anormalement long à déballer les caisses et à se débarrasser des souvenirs. Pourquoi ? L'hésitation à entreprendre une nouvelle vie, à mettre fin à l'ancienne. C'est un peu comme si cette dernière était encore présente dans les caisses et qu'ouvrir celles-ci risquait de la laisser s'évaporer.

Le veuf a aussi peine à admettre que sa vie passée est terminée. Il gardera par exemple l'enregistrement de la voix de sa femme, ou ses vêtements intacts dans le placard. Ce refus peut durer des semaines, voire des mois, parfois même davantage.

La colère

Plutôt que de s'abandonner à la tristesse ou à la dépression, il est plus réconfortant, pour beaucoup, quoi que socialement moins acceptable, de se laisser aller à la colère. En principe, il existe deux sortes de colères :

- **La colère passive.** Vous l'exprimez en posant des actes destinés à irriter votre « ex », en oubliant par exemple de passer prendre les enfants alors que la chose avait été convenue, en ne retournant pas un appel téléphonique, ou en négligeant de payer certaines factures en temps voulu.

- **La colère active.** Elle s'exprime physiquement, verbalement, ou en cherchant à se venger de celui ou de celle qui vous fait sortir de vos gonds.

Quel qu'en soit le type, la colère confère une sorte d'énergie qui remplit l'esprit de toutes sortes d'idées et incite à agir pour maîtriser la situation. Pourtant tous ces efforts pourraient se révéler vains. Les adultes en colère ont tendance à croire qu'ils prennent des mesures pour calmer leur énervement, alors qu'en réalité, ces dispositions ne font qu'exacerber leur rage, remarque Shirley Thomas, auteur de *Parents Are Forever*. Accepter et dépasser sa colère fait partie intégrante de la souffrance ; se complaire trop longtemps dans cet état pour l'unique raison qu'on s'y sent bien ralentira cependant le processus de guérison.

La colère a aussi tendance à se muer en reproches, ce qui, même si la chose se justifie, n'est pas une attitude très positive. Si vous venez tout juste de rompre, vous avez certainement des tas de reproches à faire à votre « ex ». De son côté, celle-ci en a un nombre comparable à vous adresser. Il vous arrivera peut-être de garder rancune à ses parents ou à ses amis qui lui auraient conseillé de se détacher de vous, ou tout d'abord vous reprocher personnellement de vous être entiché de cette femme, ou garder rancune à vos propres parents qui ne vous ont pas soutenu sans réserve, ou en vouloir aux avocats et juges qui vous ont traité trop durement au tribunal, et peut-être aux femmes en général parce qu'elles vous rendent la vie misérable, et enfin même à vos enfants pour je ne sais quelle raison.

Les veufs aussi en veulent parfois au monde entier. Vous pourriez peut-être tenir rigueur à votre épouse décédée pour avoir négligé de prendre ses vitamines, ou pour n'avoir pas pris assez d'exercice, ou s'être exposée trop longtemps au soleil, ou avoir conduit trop vite ou s'être tuée, ou pour toute autre raison. Vous pourriez garder une dent contre les médecins, les infirmières et vous-même pour n'avoir pas fait assez pour elle, ou même à Dieu qui a permis sa mort, ou à vous amis pour ne pas avoir apporté l'aide que vous en attendiez.

Le marchandage

Au cours de cette période, les pères divorcés ou célibataires passent généralement beaucoup de temps à chercher fébrilement une occasion de réconciliation, faisant tout pour se rendre désirables vis-à-vis de leur « ex » et s'efforçant de retarder autant que possible la rupture définitive.

Un autre comportement adopté parfois par certains (qu'ils soient hommes ou femmes) dans le but de maintenir le contact est ce que le psychologue Richard Austin nomme l'intimité négative qui consiste à harceler, insister, argumenter, harasser, espionner, téléphoner au milieu de la nuit, menacer ou adopter tout autre attitude négative de ce genre. Austin prétend que cette intimité négative constitue un lien entre les époux. Un juge, dit-il, peut mettre légalement fin à un mariage en signant un document, mais les sentiments négatifs que les deux parties entretiennent l'une envers l'autre, et les haines réciproques, peuvent constituer des chaînes persistantes et tenaces.

Dans le même ordre d'idées, les veufs aimeraient entrer en pourparlers avec Dieu ou quelque autre puissance supérieure capable de ramener leur compagne à la vie, ou de les débarrasser de leur cauchemar ou de leur donner la force de le surmonter.

La dépression

La colère est l'émotion la plus facile à exprimer, mais la dépression est l'émotion de loin la plus fréquente. Elle affecte en réalité, à un moment ou à un autre, la presque totalité des pères qui se retrouvent seuls.

La dépression peut s'insinuer subtilement en vous pour, d'un seul coup, vous submerger de sentiments de désespoir, d'impuissance et de tristesse. Parmi les symptômes les plus fréquents, on note la difficulté de se lever le matin, les accès de larmes sans raison apparente, le sentiment d'impuissance, la perte d'appétit, le manque d'intérêt pour les amis, les enfants ou les activités préférées, l'incapacité de se concentrer, la négligence sur le plan de l'hygiène et même les intentions suicidaires.

Pourtant, si déprimante que soit la dépression, celle-ci peut en réalité constituer un signe positif: elle indique que vous avez dépassé la phase du rejet et que vous faites sérieusement face à la réalité. Mais il est évident qu'être conscient du fait ne vous rendra pas moins malheureux. Peut-être aussi vous sentirez-vous déprimé parce que vous commencez à vous juger à travers les yeux de votre « ex », c'est-à-dire un être non désirable, sans intérêt ou sans valeur. Il serait dans ce cas impérieux, urgent même, de recourir à de l'aide. Vous trouverez plus loin des conseils en ce sens.

L'acceptation

Un beau jour, peut-être dans quelques années, vous finirez par constater que si vous êtes incapable de maîtriser ce qui se passe autour de vous, vous pouvez au moins contrôler la façon dont vous-même réagissez aux événements. Dans un certain sens, cette révélation constituera une ligne qui va séparer votre vie passée de votre vie nouvelle. Cela ne signifie pas, bien sûr, que votre vie antérieure est oubliée, mais seulement que vous pouvez vous concentrer davantage sur la nouvelle, maintenant que la colère, la dépression et les autres émotions sont reportées à l'arrière-plan et ne vous terrassent plus.

Oui mais... ce n'est pas tout

Les cinq stades décrits plus haut concernent l'évolution de la douleur depuis l'origine jusqu'à la fin. Mais, comme vous venez de vous en apercevoir, la douleur est bien plus complexe qu'on ne pourrait le croire. Au cours de son évolution, depuis le choc initial et le refus d'accepter jusqu'à l'acceptation finale, vous vivrez probablement encore bien d'autres émotions.

- **Le soulagement.** Si c'est vous qui avez engagé la procédure du divorce ou de la séparation, vous êtes probablement content de pouvoir vous dépêtrer d'une relation difficilement supportable. Mais même si les événements ne découlent pas de votre initiative personnelle, vous vous sentirez malgré tout soulagé. Si vous pouviez prendre un peu de recul et faire abstraction de la blessure, de la honte et des problèmes créés par la situation, vous vous rendriez compte que votre « ex » vous fait une grâce en mettant fin à la situation, affirme la psychanalyste Mary Lamia. Et si vous êtes veuf et que votre épouse était malade et souffrait beaucoup, vous pourriez être soulagé par le fait que ses souffrances ont pris fin. Quoique consolant, un tel sentiment n'est pourtant pas durable et se mue souvent en crise de culpabilité.

- **La paralysie.** Il n'est pas impossible que vous vous sentiez absolument incapable de vous comporter efficacement, tant sur les plans physique qu'affectif. Vous pourriez, par exemple, ne plus trouver l'énergie suffisante pour vous extraire du lit le matin, ou être tellement préoccupé et inquiet qu'il vous soit impossible de vous concentrer sur quelque sujet que ce soit, y inclus le travail et même les enfants.

Gardez cependant à l'esprit que ces sentiments de paralysie et d'anxiété au sujet de vos moyens financiers, de vos contacts futurs avec les enfants, de l'aide que vous pourrez leur apporter dans la vie, de votre propre comportement face à vos responsabilités de père, et de votre hantise de voir le monde s'écrouler sont parfaitement naturels en cette période de votre vie. Si pourtant vous craignez que ces soucis ne s'éternisent ou qu'ils n'interfèrent avec votre volonté de gérer votre vie, recherchez l'aide d'un spécialiste.

- **La solitude et l'isolement.** Il y a peu, votre maison bourdonnait d'activité, il y règne maintenant un trop grand silence. La femme de votre vie est partie. Si vous n'êtes pas veuf, vos enfants sont peut-être partis aussi, au moins pour un certain temps. Lorsqu'un homme divorce, souligne Stuart Kahan, il se retrouve seul et s'il n'a pas la garde des enfants, il ne verra plus ceux-ci le soir autour de la table familiale, il n'entendra plus les disputes au sujet du premier qui disposera de la salle de bain et, tôt le dimanche matin, aucun ballon ne rebondira plus contre le mur extérieur de la chambre à coucher.

    Si vous êtes fait comme la plupart des hommes, c'était votre «ex» qui gérait votre agenda, et maintenant qu'elle est partie, vous devez faire face à cette nouvelle responsabilité. Ce qui signifie un changement radical dans votre vie sociale. Les couples ont tendance à fréquenter d'autres couples et, comme célibataire, vous risquez fort d'être laissé pour compte. Certains de vos amis peuvent aussi vous avoir laissé tomber. D'un seul coup, vous voilà seul au monde...

C'est alors que vous devez vous accorder un instant de réflexion et vous demander si ce que vous ressentez est la véritable solitude ou seulement la crainte de vous trouver isolé. Bien que la différence soit de taille, on ne fait pas toujours aisément la distinction. Si c'est réellement de relations humaines dont vous avez besoin, la meilleure solution serait d'entreprendre une activité qui vous mette en contact avec d'autres humains, des amis, des membres de votre famille, ou simplement des étrangers. Ne vous y forcez cependant pas. On peut parfois se sentir horriblement seul au milieu d'une foule anonyme.

Être seul peut pourtant représenter une chance rare de se trouver face à soi-même et de pouvoir reconsidérer les choses en profondeur, peut-être pour la première fois depuis longtemps. Beaucoup apprécient une telle occasion, mais trop peu sont capables d'en profiter vraiment. J'ai moi-même éprouvé un emballement fou et soudain pour le quadrille, sentiment qui s'est heureusement calmé aujourd'hui. D'autres, de la même façon, se jettent à corps perdu dans le travail ou s'absorbent dans leur passe-temps favori tandis que certains ne peuvent que geindre ou noyer leur désespoir dans des beuveries.

- **L'abandon et le rejet.** À l'époque de mes études secondaires, je me souviens d'une chanson dans laquelle il était question d'une certaine Lucille qui avait abandonné successivement son mari, quatre enfants hurlant de faim et un champ prêt à moissonner. Si votre Lucille vous a laissé tomber ou si elle est décédée brutalement, vous pourriez vous trouver dans une situation semblable. En perdant votre femme ou votre compagne, peut-être avez-vous aussi perdu votre meilleur ami et confident intime, vous laissant sur l'impression d'être abandonné de tous et sans aucun point d'appui en ce monde (alors que la personne la plus rapprochée de votre « ex » était très probablement une autre femme).

Le sentiment d'abandon se mue facilement en senti-ment de rejet, ce qui est compréhensible, surtout si c'est votre « ex » qui vous a laissé tomber. Parfois, les veufs aussi peuvent considérer le décès de leur épouse comme un rejet personnel. Dans certains cas, ces sentiments de rejet se mettent à faire boule de neige et vous pourriez ainsi vous surprendre à penser que votre « ex » aurait peut-être eu raison de vous rejeter parce que vous êtes un mari ignoble et un père indigne et que ce n'est qu'une question de temps avant que vos enfants ne vous rejettent également. Si vous vous trouvez dans cet état d'esprit, de grâce, rappelez-vous ceci : votre « ex » peut vous avoir rejeté, mais vos enfants, eux, ne le feront sans doute jamais.

- **Une vie d'homme ratée.** Il pourrait vous arriver de croire qu'un homme, un « vrai », aurait su se choisir la compagne idéale ou aurait su comment éviter la fail-lite de son ménage. Qu'un « vrai » aurait été à même de sauver sa compagne de la mort. Qu'un « vrai » aurait été capable de protéger ses enfants des peines qu'ils endurent aujourd'hui. Cette impression de culpabilité pourrait évoluer en un sentiment de désespoir : vous pourriez penser que vos échecs en tant qu'homme, époux ou amant sont si cuisants que jamais vous ne serez capable d'être heureux en couple. Si vous pensez cela ou même si vous avez tendance à le penser, il est indispensable de recourir à une forme d'aide. S'ils sont laissés pour compte, ces sentiments risquent fort de se transformer en certitudes qui mineront vos relations avec vos enfants et vous empêcheront de poursuivre votre vie normalement.

- **Sans recours, faible et désaxé.** En tant qu'hommes, on nous apprend à maîtriser nos émotions, ou au moins à nous persuader que nous le pouvons. Pourtant, c'est chose presque impossible pour vous, désormais. Et cette impossibilité risque de perdurer…

- **Le sentiment de culpabilité.** En réalité, tout homme a toujours bien une faute ou l'autre à se reprocher. Si vous avez eu une liaison ou si vous avez quitté votre « ex » pour une jeunette de passage, vous vous sentez probablement coupable de la peine que vous avez causée. Et même si vous n'avez rien fait de répréhensible au long du chemin conjugal, vous vous reprochez sans doute le mal que vous faites à présent à vos enfants, surtout si c'est vous qui entamez le processus de la séparation.

  Veillez à ne pas laisser vos sentiments de culpabilité obscurcir votre jugement. Trop souvent, les hommes cherchent à soulager leur douleur intérieure en donnant de l'argent, des biens ou même en acceptant des propositions inéquitables concernant les enfants. Efforcez-vous plutôt de prendre vos responsabilités tout en vous excusant auprès de votre « ex ».

  Si vous êtes veuf, vous aurez sans doute d'autres raisons de vous sentir coupable. Vous pouvez vous reprocher de n'avoir pas fait assez pour tenter de sauver la vie de votre femme. Vous pouvez aussi vous sentir coupable de vous être emporté contre elle ou, si elle a été malade très longtemps, de vous être senti soulagé par son décès. Vous pourriez encore vous reprocher de vous être autorisé quelque plaisir ou même de vous être permis de rire une fois ou l'autre depuis son décès. Et vous pourriez même vous sentir coupable de n'avoir pas eu l'occasion de lui dire adieu, ou que l'une ou l'autre question qui vous séparait naguère soit restée non résolue.

- **La frustration face à certains.** Si vous avez de la chance, vous trouverez quelqu'un dans votre entourage pour vous réconforter. Mais vous serez surpris de constater combien de personnes peuvent, sans aucune mauvaise intention, manquer de délicatesse. Combien d'amis et de parents m'ont sans relâche demandé si j'avais des nouvelles de mon « ex » ou m'ont déclaré qu'ils venaient de la voir, ne se rendant absolument pas compte que je préférais ne pas y penser ni en parler, parce que cela m'était extrêmement pénible.

J'ai été aussi sidéré du nombre de personnes, intelligentes par ailleurs, qui ont essayé de me faire consoler par d'autres femmes seulement quelques semaines, sinon quelques jours, après avoir appris que je divorçais. Je suis persuadé qu'elles croyaient honnêtement que je devais simplement me montrer fort et aller de l'avant. Si vous êtes veuf, une situation analogue doit aussi être pénible à vivre. Voici comment quelqu'un a résumé cette situation dans l'étude de Jane Burgess : « Mes amis et collègues me traitèrent comme s'ils s'attendaient à ce que j'enterre Anne le samedi, que je reprenne le travail quelques jours plus tard et que je sorte avec une fille dans le courant de la semaine suivante. »

Comment composer avec vos sentiments

L'homme et la femme vivent dans des mondes très différents. Par son éducation, l'homme apprend à être dur, fort, compétent, bien informé et maître de ses émotions. Les faiblesses, et en particulier les larmes, sont proscrites. La colère et la frustration sont acceptables, mais non la tristesse et la souffrance. Ce genre d'éducation donne de bons résultats dans bien des cas, mais lorsqu'on doit faire face à certains types d'émotions, comme la rupture d'une union ou le décès d'une compagne, trop nombreux sont ceux qui ne savent plus comment réagir.

Au lieu d'accepter notre douleur et d'y faire face, nous nous efforçons de l'ignorer. Plutôt que de chercher de l'aide, nous nous replions sur nous-mêmes, à l'écart de ceux qui nous sont les plus proches. Les conséquences peuvent être dangereuses. Si les sentiments restent cachés, ils deviennent une source persistante d'angoisse, d'acrimonie, de difficultés familiales et même de problèmes de santé, conclut un auteur américain.

Comme beaucoup d'hommes, vous pouvez tenter de calmer votre douleur en vous plongeant jusqu'au cou dans le travail et en y consacrant tout votre temps. Ce faisant, dit Schatz, ayant raté vos autres rôles socialement admis, vous cherchez à réussir au moins celui de gagne-pain. Malheureusement, ce n'est pas un moyen efficace de traiter votre peine, ni maintenant ni plus tard. La douleur vous transformera, ajoute Jensen, mais c'est à vous de décider si ce sera en bien ou en mal. Voici quelques formules qui vous aideront à faire face aux différents sentiments que vous éprouverez en tant que père qui débute sa vie en solo.

- **Laisser passer.** Survivre à la douleur, dit Jensen, n'est pas s'y soustraire. La douleur apporte elle-même son propre processus de guérison, et il faut s'y soumettre.

- **Sortir et rencontrer du monde.** La solitude est le gros problème pour les pères nouvellement séparés et qui ont souvent renoncé à la vie sociale. Efforcez-vous de rencontrer parents et amis. Il est évident que ceux-ci ne demanderont qu'à vous tendre la main, mais dans la réalité beaucoup ne savent pas comment se comporter face à votre nouvelle situation et choisiront peut-être, faute de mieux, de ne pas réagir du tout.

- **Rajuster vos programmes.** Au lieu de vous enfoncer jusqu'au cou dans le travail, vous pourriez être tenté d'échapper à vos problèmes en acceptant toute invitation qui se présente. Ne faites pas cette erreur. Accordez-vous le temps de vous retrouver face à vous-même. Votre esprit est surchargé et vous avez besoin d'utiliser votre temps disponible pour réfléchir.

- **Exprimer vos sentiments.** Si vous croyez pouvoir parler de votre colère à des amis ou à des proches sans les gêner, faites-le. Sinon, il y a bien d'autres moyens de libérer votre irritation. Achetez un lot d'assiettes dépareillées au marché aux puces et réduisez-les en miettes, courez jusqu'à tomber à genoux, ou cognez à loisir sur un punching-ball. Si vous préférez un sport moins violent, passez votre colère en déchiquetant un vieux journal. Tout cela vous aidera à calmer vos nerfs. Mais quel que soit le moyen choisi, assurez-vous que les enfants ne soient pas dans les parages et que vous ne risquez de blesser personne.

Un autre moyen efficace de calmer votre colère est de remettre posément de l'ordre dans vos pensées. Si votre « ex » était en retard pour déposer chez vous les enfants la semaine dernière, est-ce que cela signifie qu'elle sera en retard chaque semaine ? Et s'il arrive qu'elle vous téléphone au moment précis où vous vous mettez au lit, nu, auprès de votre nouvelle amie, croyez-vous qu'elle vous espionne ?

- **Le recours à un spécialiste.** Il n'y a aucune raison d'hésiter à faire appel à la compétence d'un spécialiste. Vous trouverez plus loin des informations à ce sujet.

- **Se venger de son « ex ».** N'essayez pas de vous venger de votre « ex » ni de quiconque qui vous aurait fait du tort. Si le geste vous apporte peut-être un plaisir momentané, il risque de blesser vos enfants pour longtemps.

- **Prendre soin de soi.** Comme on l'a vu précédemment, la recherche a montré que la dépression et toutes ses manifestations pouvaient réellement amoindrir la résistance naturelle du corps face aux maladies. Veillez donc à vous alimenter convenablement et à faire beaucoup d'exercice. Le maintien de la forme physique aide aussi à vous conforter dans l'idée que vous êtes une personne de valeur, sentiment que vous n'avez peut-être plus ressenti depuis un certain temps.

- **S'offrir un petit extra de temps en temps.** Allez au cinéma ou partez camper pendant une fin de semaine où vous n'avez pas les enfants. Faites-le pour vous prouver que vous le pouvez ou pour le simple plaisir. Les veufs croient souvent que s'amuser, c'est trahir d'une certaine façon la mémoire de leur épouse ou que c'est inconvenant, d'une manière ou d'une autre. Il n'en est rien. S'amuser est un élément essentiel de la guérison. Vos enfants aussi calqueront leur attitude sur la vôtre et, pour eux, il est essentiel d'obtenir votre assentiment avant de rire, de jouer et de profiter à nouveau de la vie.

- **Ne prendre prématurément aucune décision importante.** Ne vendez pas votre maison, ne liquidez pas vos biens, ne quittez pas votre emploi et ne vous soumettez pas à une opération chirurgicale importante si elle n'est pas absolument urgente. La dépression et autres états d'âme associés au chagrin peuvent être de mauvais conseillers.

- **Se gâter un peu.** Certains jours spéciaux comme les anniversaires et les fêtes peuvent réveiller des sentiments que vous croyez oubliés. Notez-les dans votre agenda. Faites quelque chose d'amusant qui libérera votre esprit de ses soucis quotidiens.

- **Rester patient.** À mesure que les mois et les années passeront, vos sentiments et vos émotions évolueront. Certains s'effaceront, d'autres ressurgiront. Quelques-uns empireront avant de s'améliorer. E. Marvis Heatherington a remarqué que la plupart des couples souffrent davantage au cours de l'année qui suit leur divorce que pendant la toute première période. En réalité, la nouveauté a disparu et la dure réalité commence à s'imposer. Mais sachez que, finalement, vous vous sortirez de ce mauvais pas.

- **Accepter l'aide qui vous est offerte.** Si quelqu'un vous propose de préparer un repas, de garder vos enfants pendant que vous allez au cinéma, ou n'importe quel autre petit service de ce genre, acceptez sans hésiter. Vous croyez être capable de tout faire par vous-même ? Peut-être, mais à quel prix ? Aujourd'hui, jouer au héros ou au martyr n'est pas une bonne idée,sans compter que votre attitude risquera d'imposer un stress supplémentaire et totalement inutile tant à vous-même qu'à vos enfants.

Rechercher l'aide d'un spécialiste

Permettez-moi de déclarer d'abord que je suis un chaud partisan des thérapies et que je pense que vous devriez chercher l'aide d'un spécialiste dès votre rupture ou dès le décès de votre épouse, car de tels événements peuvent déclencher toutes sortes de problèmes graves sur les plans affectif, sexuel, économique et social.

Je sais que tous ne seront pas d'accord avec moi à ce propos. Certains pensent qu'ils peuvent traiter les problèmes eux-mêmes et que recourir à une thérapie serait faire preuve de faiblesse. D'autres pourraient envisager d'y avoir recours, mais seulement dans le cas où les choses iraient vraiment très mal.

Si vous appartenez à la catégorie macho, tout ce que je puis faire est de vous presser de reconsidérer votre position, sinon pour vous-même, au moins pour vos enfants. Si vous vous classez dans l'autre catégorie, voici quelques signes qui pourraient vous indiquer qu'il est temps de prendre un rendez-vous:

- Vous vous sentez dépassé par des décisions aussi simples que celle d'acheter du lait à 1% ou à 2% de matières grasses.
- Il vous est difficile de donner un sens à votre vie; vous abandonnez vos responsabilités, chez vous et au travail; vous sentez que vos enfants sont un poids trop grand pour vous.
- Vous souffrez de l'un ou l'autre des symptômes décrits dans la section relative à la dépression.

La thérapie ne doit pas nécessairement être de longue durée. Si vous commencez suffisamment tôt, un traitement peut vous aider à rapidement identifier vos sentiments et à déterminer les façons d'y faire face pour éviter une dépression de longue durée.

Si vous vous décidiez en faveur de la thérapie, interrogez plusieurs candidats thérapeutes avant de poser votre choix définitif. Celui que vous choisirez devrait avoir une longue expérience dans le traitement des relations entre conjoints ou dans le traitement relatif au cas de disparition d'un conjoint. Vos amis et vos proches, votre conseiller spirituel ou même le département de psychologie clinique d'une université proche pourraient vous procurer quelques adresses. Au Québec, les centres locaux de services communautaires (CLSC) offrent différents services psychosociaux. Les consultations peuvent être d'ordre familial (séparation et divorce, violence conjugale, relations parents-enfants difficiles) ou personnel (dépression, dépendance, deuil).

Au cas où votre femme se serait suicidée

Le décès de la femme aimée est toujours une épreuve très dure. Notons pourtant que le choc est bien plus intense encore lorsque la mort est brutale et inattendue.

Certaines émotions sont alors exacerbées, comme le refus d'accepter cette mort, la révolte, le sentiment de culpabilité et les reproches personnels, le rejet. Peut-être passerez-vous beaucoup de temps à essayer de vous convaincre que c'était en réalité un accident. Il se pourrait que vous soyez littéralement furieux que votre femme ait accompli un geste aussi égoïste que celui d'abandonner ses enfants et de les blesser de façon aussi profonde et indélébile. Peut-être pourriez-vous chercher autour de vous quelqu'un à qui adresser des reproches, son employeur pour l'avoir trop stressée, ou vous-même pour ne pas avoir entendu ses appels au secours. Il n'est même pas impossible que vous pensiez que son suicide ait été une tentative délibérée de rejet à votre égard, à titre de mari, de père et d'homme.

Bien que tout cela puisse contenir une part de vérité, en fin de compte, votre femme, et elle seul, est responsable de ses actes. Il est très rare que quelqu'un commette un suicide pour punir quelqu'un d'autre ou pour s'en séparer. Sauf dans le cas où vous seriez véritablement un monstre, et si vous l'étiez, vous ne seriez pas en train de lire ce livre, éliminez cette idée de votre esprit.

Si votre femme s'est suicidée, il est extrêmement important que vous cherchiez une aide de nature professionnelle. Vous en avez réellement besoin. En outre, vous pourriez prendre contact, dans votre région, avec un groupe d'aide aux proches de suicidés. Découvrir que vous n'êtes pas seul à avoir vécu un tel drame, et bénéficier du soutien de personnes ayant traversé les mêmes épreuves vous apportera bien plus que vous ne le pensez.

Outre le recours à une aide spécialisée, il serait souhaitable de créer un système de soutien autour de vous. Prendre contact avec des personnes qui vivent les mêmes problèmes que vous peut vous faciliter grandement les choses. Les groupes de pères divorcés sont parfois d'une grande aide, mais certains pères sont si amers et si désabusés qu'il vaut mieux s'en tenir aussi éloigné que possible. Si vous n'êtes pas déjà engagé activement dans votre communauté religieuse, peut-être serait-ce aussi le moment d'y penser.

Vos amis sont aussi une source inappréciable de consolation. Cependant, il serait bon d'agir avec une certaine prudence si vous partagez votre chagrin avec des amies proches, surtout si vous êtes veuf: la vulnérabilité, l'agréable abandon, le soutien et les larmes peuvent souvent se muer en d'autres émotions alors que le temps n'est sans doute pas venu d'entamer une nouvelle relation.

Une thérapie grâce à vos enfants

Vous passerez beaucoup de temps à réconforter vos enfants, mais en retour, eux peuvent aussi vous apporter une aide précieuse, parfois même inconsciemment. Le simple fait d'avoir vos enfants autour de vous peut contribuer à dégager vos pensées de votre souffrance, affirme Jane Burgess. Les hommes, dit-elle, qui jouissent de la présence de leurs enfants semblent mieux que les autres capables de faire face aux sentiments d'isolement et de désespoir.

Les enfants peuvent aussi faire merveille en réveillant votre propre confiance en vous. Lorsqu'un homme découvre qu'il est capable de satisfaire les besoins de ses enfants sur les plans matériel et affectif, il commence à reprendre confiance en lui-même, non seulement à titre de père, mais aussi à titre de personne humaine, ajoute Jane Burgess.

Aide aux pères homosexuels

Le Québec est à la veille d'adopter la « Loi instituant l'union civile et établissant de nouvelles règles de filiation ». Cette loi a pour but de protéger les droits des enfants et des couples de même sexe. Les couples homosexuels auront les mêmes droits et obligations que les couples hétérosexuels. Ils auront tous deux l'autorité parentale sur leurs enfants adoptés ou nés durant leur union, dans le cas des femmes. Cette loi vous aidera peut-être dans vos démarches, mais même si votre « ex » accepte votre penchant homosexuel, vous aurez sans doute à affronter les problèmes de société, y compris la discrimination et, peut-être, le manque de soutien de la communauté homosexuelle elle-même. Il est donc possible que, maintenant, vous vous sentiez isolé et déprimé. S'il devait en être ainsi, cherchez rapidement de l'aide. L'Association des pères gais de Montréal (téléphone 514-990 6014), par exemple, offre des services dans la plupart des régions.

Choisir un avocat *

Vous pouvez présenter une demande conjointe de divorce, mais vous devez être en mesure d'évaluer soigneusement les conséquences de cette entente. Si vous ne connaissez pas bien vos droits et vos obligations, dès que vous recevez des documents relatifs au divorce – ou si vous vous attendez à en recevoir – choisissez un avocat. Ne commettez pas l'imprudence d'assumer vous-même ce rôle. Même si vous vivez en union de fait, selon la loi, vous avez les mêmes obligations alimentaires envers vos enfants que si vous étiez marié.

Choisir un avocat ne signifie pas aller tout droit au tribunal. Si vous avez de la chance, vous ne rencontrerez même jamais un juge. Cela ne signifie pas non plus que vous envisagez une confrontation avec votre future « ex », mais simplement que vous songez à engager quelqu'un qui, libre de toute contrainte sentimentale, protégera vos intérêts et s'assurera que vos desiderata seront bien pris en considération. La plupart des avocats spécialisés en matière de divorce ont eu à régler de nombreux cas semblables au vôtre et savent exactement comment les traiter. Enfin, en sa qualité de juriste, il pourra aussi vous aider à rédiger votre

---

* Dans ce chapitre, nous supposons que votre union avec la mère de vos enfants prend fin ou que la séparation est effective. Si vous êtes veuf, vous pouvez passer au chapitre suivant.

proposition de règlement des propriétés et de garde des enfants de façon à éviter si possible tout conflit ultérieur.

Il y a plusieurs raisons importantes qui militent en faveur d'une action rapide dans ce sens.

- **Vous êtes un homme.** La vérité est que, dans notre pays, le système de divorce est conçu pour protéger la femme et ses intérêts. En ce qui concerne les enfants, par exemple, la femme en obtient seule la garde principale dans soixante-dix pour cent des cas. La présence de votre avocat peut aider à rééquilibrer quelque peu les choses (mais pas entièrement). Aux États-Unis, une étude récente a constaté que les pères qui se sont vu attribuer seuls la garde principale des enfants avaient été représentés par des avocats dans quatre-vingt-douze pour cent des cas et que ceux qui se sont vu concéder la garde conjointe avaient un avocat dans quatre-vingt-dix pour cent des cas. Par ailleurs, chez les pères qui n'ont pas réussi à obtenir un type quelconque de garde, seulement soixante pour cent avaient pris un avocat.

- **Le premier partant a l'avantage.** Environ soixante-dix pour cent des divorces sont demandés par des femmes et à peu près le même pourcentage de ruptures d'unions libres sont aussi initiées par les femmes. Il y a beaucoup de discussions quant à la signification exacte de ces chiffres. Si, par exemple, un homme a une liaison et que sa femme demande le divorce, qui a en réalité rompu l'union ? Ce qui est clair, cependant, c'est que celui ou celle qui introduit la demande bénéficie de l'effet de surprise. Avant que vous n'appreniez la nouvelle, votre femme a probablement déjà consulté un avocat et a eu le temps de décider de son plan d'action concernant les enfants, la maison et les biens.

- **Les choses peuvent évoluer.** Même si la rupture est la plus amiable qui soit, il ne serait pas sage de supposer que toute la bonne volonté dont vous faites preuve l'un et l'autre aujourd'hui durera toujours. Dès que le mot divorce lèvera sa vilaine tête, vos relations avec votre femme deviendront antagonistes, même s'il n'en était rien auparavant, constate Horgan. La fin d'une union a une influence étrange sur les personnes, et même les individus les plus pacifiques peuvent devenir rancuniers, surtout s'ils sont manipulés par un avocat mesquin et vindicatif. Si donc vous baissez votre garde et que, de son côté, elle choisit un défenseur à l'esprit coriace dont la seule mission est de vous déposséder de tous vos biens, vous vous retrouverez dans de vilains draps.

Petit guide pour trouver un avocat

Si l'un de vos amis a récemment divorcé – et s'il a obtenu ce qu'il souhaitait – demandez-lui l'adresse de son avocat. À défaut, vous pouvez avoir recours aux services de référence du Barreau de votre région. Ou informez-vous auprès d'un groupe de défense du droit des hommes et des pères. Mais soyez prudent, bien que ces groupes puissent être d'utiles centres de contact et de réconfort, ils peuvent aussi constituer le terrain de chasse de juristes peu scrupuleux cherchant à profiter d'hommes en situation difficile.

Quelle que soit la voie que vous choisirez, ne vous fiez pas seulement aux recommandations et rencontrez person-nellement les principaux candidats. Bien que cette méthode puisse sembler coûteuse au départ, le choix d'un bon avocat peut faire toute la différence entre une situation d'impuissance et un arrangement qui vous satisfait.

Voici quelques points à garder à l'esprit au cours de vos entrevues de sélection d'un avocat.

• Posez beaucoup de questions. Soyez entièrement sincère quant à votre situation, tant financière qu'affective. Si vous ne l'étiez pas, vous compliqueriez votre propre défense. Et soyez à l'aise : tout entretien que vous avez avec un avocat lors de la sélection reste totalement confidentiel, même si, en fin de compte, vous ne l'engagez pas.

- Attendez-vous à devoir répondre à une série de questions très personnelles tant en ce qui vous concerne qu'au sujet de votre épouse. Plus votre avocat saura de choses sur la personnalité de votre femme, mieux il pourra vous défendre.

- Interrogez chacun des candidats au sujet des points forts et des points faibles de votre cas et demandez-leur une estimation, en toute bonne foi, de ce que vous pouvez obtenir au regard de ce que vous souhaitez. Rejetez sans hésiter celui qui se fait fort d'être capable d'amener le juge à voir les choses d'un point de vue identique au vôtre.

- Ne vous préoccupez pas du sexe masculin ou féminin de votre défenseur. Quoi que vous ayez pu entendre à ce sujet (les juges sont plus favorables vis-à-vis des avocates, les hommes sont plus tenaces), ce point ne pèsera nullement dans la balance.

- Demandez-vous si votre défenseur témoignera de l'intérêt pour vous et vos enfants et essayez de savoir ce qu'il (ou elle) pense de l'importance du rôle du père. Beaucoup d'avocats des deux sexes sont persuadés que la mère doit se voir confier la garde des enfants et que le rôle du père doit se borner à un peu plus que celui de visiteur.

- Cherchez à savoir si votre candidat (ou candidate) connaît bien les juges de la région et les autres avocats spécialisés dans les divorces. Chaque juge a ses penchants et être défendu par quelqu'un qui sait comment en profiter peut faire toute la différence.

- Voyez s'il (ou si elle) est sensible aux sentiments et aux préoccupations des hommes. Espérons que vous n'aurez jamais à aller jusqu'au tribunal, mais si ce devait être le cas, vous auriez en ce cas un handicap certain.

- Si vous êtes un père homosexuel, il est important de savoir si l'avocat a déjà représenté des cas semblables au vôtre et ce qu'il (ou elle) pense des homosexuels qui souhaitent remplir activement leur rôle de père.

- Soulevez la question du coût des honoraires. La plupart des avocats vous demanderont un forfait, montant net, non remboursable, qui couvre un certain nombre d'heures de prestations. D'autres réclameront un tarif horaire. Le Barreau et le ministère de la Justice ont déjà prévu et approuvé des tarifs, mais ils peuvent varier selon l'expérience de l'avocat, la difficulté de votre affaire ou d'autres impondérables.

- Concluez avec votre avocat une entente écrite qui prévoit tant la nature et l'étendue du mandat que le montant ou le mode de calcul des honoraires. Au Québec, le coût moyen d'un divorce sans contestation est d'environ mille cinq cents dollars.

- Engagez le meilleur avocat que vous pouvez vous permettre, financièrement parlant. Peut-être qu'un jeune avocat, frais émoulu de la faculté de Droit, pourrait se contenter de la moitié de cette somme, mais si les choses devaient tourner mal, vous regretteriez ne pas vous être adressé au plus expérimenté et, partant, au plus cher des défenseurs.

  Oubliez immédiatement l'idée de partager avec votre « ex » un seul et même avocat, si bonnes soient vos relations. Il n'est pas raisonnable de croire qu'un juriste puisse représenter les deux parties tout en défendant l'une et l'autre avec une égale vigueur, estime Harriet Newman Cohen.

- Ne soyez ni timoré ni embarrassé au sujet de vos souhaits et de vos besoins. Si, par exemple, votre femme gagne plus que vous et/ou si vous avez la garde principale de vos enfants, réclamez une allocation en faveur de ceux-ci. Obtenir de l'argent de votre femme n'est ni un outrage à votre nature d'homme ni une insulte à vos aptitudes en tant que père. Cet argent est destiné aux enfants et ils ne peuvent aucunement souffrir par le fait de votre orgueil.

Si vous deviez changer d'avocat

Vous avez besoin d'un avocat qui veille constamment à vos intérêts et qui fait tout ce qui est en son pouvoir pour vous être utile. Parfois, cependant, les relations entre lui et vous pourraient tourner à l'aigre. Le plus souvent, de part et d'autre, les choses pourront s'arranger ; rappelez-vous cependant que ce n'est pas un ami que vous cherchez. Mais si votre avocat actuel avait l'un des comportements suivants, il y aurait lieu de considérer sérieusement d'en changer.

- Il ou elle ne prend jamais contact avec vous, sauf pour vous réclamer de l'argent.
- Il ou elle a accepté votre argent, mais ne semble produire aucun résultat.
- Il ou elle ne vous fournit aucun état détaillé des dépenses.
- Il ou elle ne vous rappelle pas lorsque vous lui demandez de le faire.
- Il ou elle semble un peu trop familier, ou familière, avec l'avocat de votre épouse.
- Il ou elle ignore totalement vos instructions et refuse d'en donner la raison.
- Il ou elle essaie de vous dissuader des arrangements que vous souhaitez prendre pour la garde des enfants.
- Il ou elle ne semble pas consacrer suffisamment de temps à votre affaire.

Si vous hésitez à changer ou non d'avocat, adressez-vous au Syndic du Barreau du Québec. On vous aidera à évaluer la situation et, sachant que la plupart des points repris ci-dessus constituent des violations du code d'éthique des juristes, le Syndic pourrait prendre votre plainte très sérieusement en considération. Quoi que vous fassiez, gardez cependant à l'esprit que changer d'avocat est une décision importante et potentiellement très coûteuse. Au minimum, vous pourriez perdre la partie non utilisée de la caution versée et il faudra à votre nouveau défenseur un bon nombre d'heures de travail pour reprendre le dossier en main.

Après avoir fait votre choix, préparez-vous à la première entrevue avec votre avocat en vous assurant d'avoir en main les documents et les informations qui serviront à constituer votre dossier. Il vous faudra votre contrat de mariage (s'il y a lieu), le certificat de mariage ou la copie d'acte de mariage, un original ou une photocopie de votre certificat de naissance, du certificat de naissance de votre épouse et de chacun de vos enfants, la dernière adresse du couple, votre adresse actuelle et celle de votre conjointe, un inventaire des acquis du couple et des dettes (avec relevés à l'appui), un exposé des motifs de la demande de divorce et des mesures accessoires, tous les contrats, documents et factures établissant la propriété d'un bien que vous avez acquis avant le mariage, vos dernières déclarations de revenus et vos plus récents bulletins de paie. Vous aurez tôt ou tard besoin de ces données et il est inutile de payer quelqu'un pour fouiller dans votre portefeuille, dans votre dossier fiscal et dans vos autres documents.

Enfin, ne confondez jamais, au grand jamais, l'intérêt de votre avocat pour votre cas avec de l'amitié. Sans doute interrompra-t-il ses journées pour vous recevoir et vous laisser pleurer sur son épaule, mais il vous portera ce temps en compte. Et sachant que beaucoup d'avocats vous factureront chaque quart d'heure de prestations, ces trente secondes d'épanchement pourraient bien vous coûter cinquante dollars.

La résidence familiale

La résidence familiale est le lieu où vous habitez habituellement avec les membres de votre famille. Même si vous êtes l'unique propriétaire ou l'unique signataire du bail de location, tant que vous êtes marié, vous ne pouvez disposez de la résidence familiale et des meubles qui servent à l'usage de la famille sans le consentement de l'autre partie. Pendant l'instance de divorce, le tribunal peut décider d'attribuer l'usage de la résidence familiale à l'un ou l'autre des époux. Il tiendra compte des inconvénients pour la famille, de l'intérêt des enfants et de la capacité physique et financière de chacun des conjoints à se reloger. Habituellement, c'est le parent qui a la garde des enfants qui se voit attribuer la résidence familiale. Si vous quittez volontairement votre domicile, vous diminuez vos chances d'en obtenir l'usage exclusif, à moins de pouvoir justifier les raisons de votre départ. Si, pour vous, il n'y a pas d'autre choix que de quitter le domicile conjugal (si, par exemple, le juge l'ordonnait), gardez ce qui suit en mémoire.

- Cherchez un logement aussi proche que possible de votre ancien domicile afin que vous puissiez voir les enfants chaque jour.
- Expliquez vous-même la situation aux enfants, en soulignant qu'il n'y va nullement de leur faute. Peut-être pourriez-vous consulter un psychologue sur la meilleure façon de présenter ce point.
- Soyez attentif à ce que dira votre femme aux enfants à votre sujet. Au cas où elle vous dénigrerait, vous devriez absolument vous assurer que les enfants comprennent bien ce que votre départ signifie et ne signifie pas. Veillez pourtant à ne jamais répondre devant les enfants à ce que votre « ex » dit à votre sujet. Vous ne voudriez certainement pas interposer vos enfants entre elle et vous.
- Pensez à emporter vos valeurs. Si vous déménagez en abandonnant vos biens, n'espérez pas les revoir jamais,

prévient Harriet Newman Cohen. S'il y a des choses que vous ne pouvez emporter, faites-en un inventaire écrit ou enregistré sur vidéo.

Un mot encore. Soyez prudent : que votre refus de déménager ne se transforme pas en une confrontation bruyante entre votre femme et vous. Une telle attitude risquerait d'être utilisée plus tard par elle auprès du tribunal comme argument contre vous pour obtenir un ordre d'expulsion.

La déclaration de résidence familiale

Même si le Code civil prévoit qu'aucun des époux ne peut disposer de la résidence familiale sans l'accord de l'autre, si vous êtes seul propriétaire de votre résidence, votre « ex » pourrait avoir fait une déclaration de résidence familiale au Bureau de la publicité des droits (ministère de la Justice) sans même vous en parler. C'est une protection supplémentaire qui ne donne à votre « ex » aucun droit de propriété ou d'usage de votre maison, mais il vous faudra obtenir son consentement écrit si vous voulez la vendre, l'hypothéquer ou la louer. Sinon, votre « ex » pourrait facilement faire annuler la transaction. Si vous êtes seul signataire du bail, la déclaration de résidence familiale s'applique aussi et vous ne pourrez pas sous-louer ou résilier le bail sans l'accord de votre « ex ».

N'abandonnez pas vos enfants

Que vous déménagiez ou non, faites en sorte de conserver un contact régulier et fréquent avec vos enfants dès le moment où votre compagne et vous cessez de vivre ensemble. Si, pour garder la tête froide, vous quittez le domicile conjugal, vous risquez de créer une situation dans laquelle il serait facile, pour un juge, de confier la garde à celui des parents qui prend effectivement soin des enfants, estiment Maître Hayden Curry et ses collègues. Les tribunaux hésitent à perturber une situation de fait et attachent beaucoup d'importance à troubler le moins possible la vie des enfants, affirment ces juristes. En d'autres termes, si vous cessez de voir vos enfants ne fût-ce que quelques semaines ou quelques mois, il vous sera difficile d'expliquer plus tard pourquoi vous aimeriez passer plus de temps avec eux.

Surveillez vos finances

Les biens répertoriés au nom des deux conjoints (en particulier les comptes bancaires et financiers) sont considérés comme appartenant à parts égales à votre épouse et à vous-même. Comme il n'est pas possible de dire à qui appartient telle ou telle moitié, rien n'empêcherait votre femme de vider complètement le compte et de vous laisser sans le sou. Tous les avocats à qui j'ai eu l'occasion de parler connaissent nombre de cas où un homme sur le point de divorcer rentre un soir chez lui pour découvrir une maison entièrement vide et les comptes en banque dans le même état.

Pour vous mettre à l'abri de telles surprises (et vous assurer de pouvoir encore vivre et payer votre avocat), prenez immédiatement les dispositions suivantes :

- Fermez tous les comptes communs et annulez les cartes bancaires et de crédit correspondantes. Faites-le par écrit en mentionnant que vous divorcez, ce qui peut en accélérer l'exécution. Jusqu'à l'instant où vous prenez ces dispositions, vous êtes responsable de la moitié de toutes les dettes que votre femme contracte et cette responsabilité subsiste jusqu'au prononcé du divorce, de la séparation de corps ou de l'annulation du mariage civil. Mais la plupart des créditeurs se soucient peu de la loi et, pour obtenir remboursement, ils n'hésiteront pas à se servir là où ils le peuvent.
- Modifiez le nom des bénéficiaires de vos polices d'assurance, de vos comptes de retraite et de votre testament.

- Sortez de la maison, aussi tôt que possible, tous les relevés financiers importants. Avant de ce faire, cependant, faites-en une copie pour votre femme, elle y a droit et si, plus tard, elle ou son avocat les réclamait, il vous en coûterait davantage. Les documents comme les relevés de comptes bancaires, de cartes de crédit, d'impôts et de taxes diverses, les polices d'assurance et autres documents peuvent être déposés dans un coffre-fort chez votre avocat, par exemple. N'oubliez pas de faire changer l'adresse de vos comptes, afin que les relevés futurs ne parviennent plus à votre femme.

- Faites une liste (une vidéo serait mieux) de tout ce qui se trouve dans la maison (ou ailleurs) et ayant une certaine valeur : objets d'art, voitures, bijoux, équipements de gymnastique, meubles, livres rares, etc. Prenez copie des factures d'achat ou d'évaluations éventuelles. Si vous ne pouvez prouver que vous possédiez ce Riopelle, il vous sera difficile d'en obtenir la part qui vous revient.

- Transférez sur un compte séparé, à votre nom seul, la moitié de l'argent et des valeurs liquides sur lesquels vous pouvez mettre la main dans les comptes communs, y compris la moitié du contenu des coffres de sécurité communs. Si vous ne savez pas quels comptes sont en liquide, demandez l'aide de votre comptable ou de votre avocat.

- Avant de sortir quoi que ce soit de vos comptes communs, demandez l'avis de votre avocat. Agir de la sorte sans l'avis de votre femme pourrait vous causer des ennuis. Soyez prudent ! le fait de prélever plus que la moitié du montant total vous placerait dans la position inconfortable de devoir expliquer au juge pourquoi vous ne laissez pas à votre femme suffisamment de quoi vivre.

- Transférez le dépôt de votre salaire ou de votre traitement, et tout nouveau dépôt dans votre nouveau compte. Tout montant qui serait versé sur l'ancien compte commun pourrait être perdu à jamais. Toutefois, veillez à laisser suffisamment d'argent dans le compte commun pour couvrir les dépenses communes, redevances et dépenses effectuées à crédit, les assurances, la nourriture, les frais scolaires, etc.

- Notez avec minutie tout ce qui sort ou ce qui entre tant dans les anciens comptes communs que dans vos nouveaux comptes individuels. Vous ne tenez certainement pas à être accusé d'avoir volé de l'argent à votre femme.
- Prenez toujours l'avis de votre comptable ou de votre conseiller financier. L'un ou l'autre pourrait suggérer d'autres stratégies afin de protéger votre part dans les biens communs.

La médiation plutôt que le litige

Si votre « ex » et vous êtes encore en mesure de vous parler, je vous engagerais vivement à envisager la médiation comme procédure de divorce. Dans la grande majorité des cas, la médiation est beaucoup moins coûteuse que le tribunal, elle exige moins de temps et laisse moins d'amertume, tant au point de vue sentimental que psychologique, chez les personnes qui la choisissent, y compris chez les enfants. Avant que votre cause soit entendue au tribunal, vous devrez de toute façon assister à une séance d'information sur la médiation. Cette séance est obligatoire pour les couples avec des enfants à charge et peut avoir lieu avant ou après le dépôt de votre demande en justice. Vous déciderez ensuite avec votre « ex » si vous voulez poursuivre le processus de médiation.

Même si vous deviez vous battre par l'intermédiaire de vos avocats devant un juge, la médiation peut être utile en réduisant les tensions et en augmentant les chances de règlement à l'amiable.

Et au cas où vous ne seriez pas marié, que vous soyez resté ou non en bons termes avec votre amie, la médiation peut être votre seule chance d'obtenir un arrangement satisfaisant concernant la garde des enfants

Le patrimoine familial

Tous les couples mariés (sauf s'il y a eu renonciation) sont soumis à la Loi sur le patrimoine familial, indépendamment de leur régime matrimonial ou de leur testament. En règle générale, en cas de séparation ou de divorce, chacun des époux a le droit de recevoir la moitié de la valeur du patrimoine familial, ce qui comprend la résidence principale et les résidences secondaires qui servent à la famille, les meubles qui sont dans ces résidences, les véhicules automobiles utilisés pour le déplacement de la famille et les revenus accumulés durant le mariage par chacun des époux dans les régimes suivants : REER, régimes de retraite collectifs, privés ou publics, Régime des rentes du Québec (revenus de travail) et Régime de pensions du Canada. Le patrimoine familial ne comprend pas les biens que vous avez reçus en héritage ou en donation avant ou pendant le mariage, les biens que vous avez acheté et payé avant le mariage, les sommes d'argent, peu importe d'où elles proviennent, que ce soit votre salaire, vos économies ou vos placements bancaires. Les immeubles et les commerces ne font pas non plus partie du patrimoine familial. Vous auriez intérêt à examiner ces points avec votre avocat

Qu'est-ce que la médiation ?

En principe, la médiation est un processus de règlement à l'amiable des problèmes qui permet à un couple qui divorce ou qui se sépare de s'asseoir à une table de négociation pour chercher un arrangement avec l'aide d'un intermédiaire indépendant, expliquent Hickey et Dalton. Il est probable que vous vous attacherez aux points essentiels : la garde des enfants et le régime des visites, le partage du patrimoine familial ou des dettes, le montant de la pension alimentaire à titre de conjoint ou pour les enfants et les autres droits résultant du mariage.

Le processus n'a rien de sorcier. Il consiste essentiellement à vous amener à vous écouter mutuellement avec attention et à respecter chacun des points de vue. Vous vous en doutez bien, ce n'est pas chose facile. Si vous aviez pu le faire par vous-mêmes, vous n'en seriez pas là.

Le médiateur pourrait entamer la discussion en rappelant quelques règles fondamentales qui vous donneront l'impression d'être retourné à l'école primaire : pas d'injures, pas de cris, écouter avec calme l'avis de l'autre, ne pas l'interrompre, etc. Après que chacun aura marqué son accord sur ces principes, le médiateur choisira un point particulier et demandera à l'un et à l'autre d'exposer sa position. Il pourra vous demander d'en discuter ou d'en préciser certains points, par exemple : « Hélène, il semble que vous souhaitez réellement ... » Au cas où vous ou votre « ex » ne parviendriez pas à discuter calmement, en adultes, le médiateur pourrait décider de parler séparément à chacun d'entre vous pour ensuite se rasseoir à trois autour de la table afin de commencer à formuler l'une ou l'autre solution.

L'un des rôles importants du médiateur consiste à fixer des objectifs et à vous obliger l'un et l'autre à mobiliser son attention sur celui qui est en discussion. Il ne vous laissera pas vous en détourner sous l'empire de la colère et ne vous permettra pas d'utiliser quelque forme que ce soit d'intimidation. Le but de tout cela est d'amener chacune des parties à mieux comprendre le point de vue de l'autre.

Lorsqu'il croit ce but atteint (ou que les parties en sont aussi près que possible), et qu'il juge que les parties ont repéré les domaines où elles pourraient se mettre d'accord, le médiateur avance des suggestions conçues pour satisfaire, sinon entièrement, du moins autant que possible, les parties, y compris les enfants. Comme il n'a aucun intérêt ni d'un côté ni de l'autre, le médiateur peut être plus inventif que les parties en litige dans la recherche de solutions.

Les suggestions du médiateur ne sont nullement contraignantes. Vous pouvez les discuter et même ne pas en tenir compte. Toutefois, avant de les accepter ou de les rejeter, consultez votre avocat.

Pourquoi recourir à la médiation ?

Avant tout parce que la médiation est un système efficace. On considère généralement que les services de cette institution remportent un taux de satisfaction élevé : quatre-vingt-dix pour cent de tous les bénéficiaires déclarent que c'est un moyen pratique de trouver des solutions. Au cas où vous-même n'en seriez pas convaincu, réfléchissez à ce qui suit :

- Ce système vous évitera probablement de recourir au tribunal. Chez nos voisins du Sud, une étude du chercheur Robert Emery relève que seulement onze pour cent des familles qui ont recours à la médiation se retrouvent devant le juge contre soixante-douze pour cent des cas qui n'y ont pas eu recours.
- Ce système vous donne la possibilité d'être entendu. Il est bien connu que les juges formulent leurs décisions sans prendre les besoins des pères en considération. Les médiateurs, eux, y prêtent plus d'attention.
- Vous obtiendrez probablement un arrangement plus favorable concernant la garde des enfants. Robert Emery soutient que les couples qui bénéficient d'une médiation obtiennent des conditions de garde des enfants plus équilibrées entre les parents. Dans une autre étude, deux chercheuses américaines ont trouvé que la médiation conduisait plus souvent à des solutions de garde conjointe que ne le faisaient les décisions de justice.

- Le processus offre plus de souplesse. Votre « ex » et vous pouvez programmer les sessions de médiation, tandis qu'au tribunal, vous devez vous présenter le jour même où vous êtes convoqué.
- Ce système est moins pénible pour les enfants. Le divorce est traumatisant pour eux. Savoir que leurs parents travaillent ensemble à une solution équitable les aidera à supporter les épreuves encourues
- La démarche peut améliorer les relations avec votre « ex ». Si vous y prêtez attention, le processus de médiation peut vous enseigner certaines méthodes de résolution de conflits utilisables dans vos relations futures, conflits que vous ne manquerez pas d'avoir au cours des années à venir.
- Il vous est toujours loisible de changer d'avis. Si l'une des deux parties préférait en revenir à la confrontation, rien n'empêche de recourir au tribunal.
- L'atmosphère est beaucoup moins tendue qu'au tribunal. On s'attache aux besoins réels de chacune des parties plutôt qu'à leurs exigences ou à leurs prises de position extrêmes. Cela est spécialement vrai en ce qui concerne les enfants auxquel le médiateur s'intéressera sans doute tout particulièrement en ne proposant aucune solution qui leur serait préjudiciable.

Trouver un médiateur

Peut-être bénéficierez-vous de recommandations utiles de la part de votre avocat ou de vos amis, ou peut-être découvrirez-vous le médiateur idéal dans les pages jaunes de l'annuaire téléphonique.

Toutefois les recommandations ne peuvent se substituer à une entrevue. Cinq ordres professionnels sont habilités à accréditer leurs membres à titre de médiateurs. Ce sont le Barreau du Québec, la Chambre des notaires du Québec, l'Ordre professionnel des conseillers et conseillères en orientation du Québec, l'Ordre des psychologues du

Québec et l'Ordre professionnel des travailleurs sociaux du Québec. Les Centres jeunesse peuvent aussi accréditer leurs employés. Comme l'une et l'autre des parties doivent approuver le choix final, le processus de sélection peut prendre plus de temps que vous ne pensez. Vous pouvez choisir aussi la comédiation, c'est-à-dire la participation de deux médiateurs. Vous trouverez ci-dessous quelques points à prendre en considération lors de la sélection d'un candidat médiateur.

- Le coût. Si vous voulez profiter de la gratuité du service de médiation, il vous faut choisir un médiateur dont les honoraires correspondent au tarif de 95 $ par séance. Si vous choisissez un médiateur dont le tarif est supérieur à ce montant, vous devrez assumer vous-même tous les frais de la médiation.

- La durée. Lorsque vous avez des enfants, le Service de la médiation familiale couvre le paiement de six séances, incluant la séance d'information. S'il s'agit d'une demande en révision d'un jugement, vous avez droit à trois séances gratuites, incluant la séance d'infor-mation. S'il vous faut des séances supplémentaires, vous devrez en assumer les frais, mais le coût de chaque séance ne peut excéder 95 $.

- L'opinion du médiateur à l'égard des pères et des relations de père à enfant. Bien qu'ils soient neutres en principe, certains médiateurs pensent encore que la mère est le parent principal et que les pères n'in-terviennent pas beaucoup plus que pour faire visite à leurs enfants. Si ce n'est pas ce que vous souhaitez, cherchez ailleurs.

- Le service de médiation offert. Chaque médiateur n'est pas nécessairement formé pour tous les cas qui peuvent se présenter, même s'il doit être accrédité pour agir dans le cadre de la médiation familiale. Selon votre situation, vous pouvez choisir un médiateur provenant du domaine juridique, avocat ou notaire, ou un médiateur provenant du domaine psychosocial : psychologue, travailleur social, conseiller en orientation ou employé d'un Centre jeunesse.

- L'expérience. Ne prenez en considération que les médiateurs ayant une bonne expérience dans les domaines que vous avez décidé de considérer. Un médiateur qui n'a traité qu'un cas ou deux du genre du vôtre ne serait probablement pas un bon choix.

- N'engagez pas comme médiateur votre propre juriste ou celui de votre « ex ». Ni l'un ni l'autre ne serait capable de traiter le problème avec une objectivité parfaite. Pour la même raison, ne recourez pas à un ami ou a quelqu'un qui connaît l'une ou l'autre des parties.

- La démarche peut améliorer vos relations avec votre « ex ». Si vous y faites attention, le processus de médiation peut vous enseigner certaines méthodes de résolution de conflits utilisables dans vos relations futures, que vous ne manquerez pas d'avoir au cours des années à venir.

- Il vous est toujours loisible de changer d'avis. Si l'une des deux parties préférait en revenir à la confrontation, rien n'empêche de recourir au tribunal.

Lorsque la médiation est impossible

Bien que la médiation offre beaucoup d'avantages dans de nombreux cas, elle ne convient pas toujours. D'ailleurs, le médiateur doit lui-même mettre un terme à la médiation lorsque celle-ci est contre-indiquée. Votre « ex » ou vous perdriez votre temps et votre argent si l'un de vous

- ne peut ou ne veut pas coopérer de manière honnête ;
- ne peut ou ne veut accepter aucun compromis sur les points importants ;
- bénéficie d'un avantage intellectuel, financier ou social par rapport à l'autre ;

- préfère se venger et causer une peine morale à l'autre plutôt que ou de soi-même ;
- ne parvient pas à accepter que la relation est terminée et désire encore une réconciliation. Le risque est, dans ce cas, que cette personne abandonne n'importe quoi pour obtenir que l'autre accepte de reprendre la vie commune.

Et si votre « ex » n'accepte pas la médiation ?

Dans le cas où votre « ex » refuse la médiation, il ne sera simplement pas possible d'y recourir. Mais si vous-même la souhaitez, peut-être pourriez-vous vaincre sa résistance par les arguments suivants :

- Si vous êtes en mesure de communiquer entre vous, proposez-lui de lire les passages de ce livre traitant des avantages de la médiation.
- Rassurez-la en lui expliquant que vous essayez de trouver une solution équitable pour chacun de vous.
- Encouragez-la à participer aux entretiens avec les candidats médiateurs, à la vérification de leurs références et à l'évaluation de leurs qualifications pour parvenir à faire le meilleur choix.
- Si vous ne parvenez plus à communiquer entre vous et que, malgré tout, vous souhaitez donner une chance à la médiation, demandez à votre avocat de lui recommander cette voie. Et si cette tactique ne donne pas de résultats, envisagez avec votre avocat de demander au tribunal d'ordonner une médiation. Comme beaucoup d'autres professions dans le secteur juridique, les juges sont surchargés et ont nettement tendance à favoriser les solutions à l'amiable des conflits.

Pourquoi votre «ex» refuserait-elle la médiation?

En dépit du fait que la médiation peut aider efficacement des couples, même très divisés, à régler raisonnablement leurs différends, de nombreux groupes féminins et avocats féministes sont irrémédiablement opposés à cette solution. La raison semble en être le simple fait que, comme cela est mentionné plus haut, les couples qui ont recours à la médiation choisissent plus fréquemment le système de garde conjointe des enfants. En d'autres termes, ils n'aiment pas la médiation parce que celle-ci est susceptible d'accorder au père une plus juste part et pourrait réduire la position dominante de la femme dans le domaine parental.

La garde des enfants

es questions les plus fréquemment posées par les pères qui se retrouvent seuls concernent sans aucun doute la garde des enfants : où les enfants vivront-ils, avec qui, et combien de temps pourront-ils passer auprès de chacun de leurs parents ? Si vous êtes veuf, la réponse à ces questions est d'ordinaire simple : les enfants vivront avec vous. Pour les autres catégories de pères isolés, la garde des enfants est une question à la fois très compliquée et très préoccupante.

Au Québec, le père et la mère ont les mêmes droits et les mêmes obligations envers l'éducation, la surveillance et l'entretien des enfants. Ils détiennent tous les deux l'autorité parentale, qu'ils soient mariés, conjoints de fait, séparés, divorcés ou en instance de l'être. Cela signifie concrètement que même si vous n'avez pas la garde exclusive de vos enfants, vous avez le droit d'être consulté pour les décisions importantes qui les concernent. Malheureusement, trop peu de pères font la distinction entre garde exclusive et autorité parentale.

Avant d'entrer dans les détails, examinons deux notions fondamentales dont vous entendrez parler dans un proche avenir. Il s'agit de la garde exclusive et de la garde partagée des enfants. En termes simples, le parent qui se voit confier la garde exclusive est responsable des enfants par le fait qu'ils demeurent chez lui de façon permanente. La garde partagée accorde aux deux parents la garde juridique des enfants.

Dans ces deux grandes catégories, on trouve une série de modalités différentes. En voici les plus courantes.

- **Garde exclusive**. L'un des parents se voit confier la garde physique des enfants et assume plus de 60% du temps de garde. L'autre parent a des droits de visite et de sortie. Les ententes prises par le couple à ce sujet sont inscrites dans le jugement. Le parent qui n'a pas la garde peut, par exemple, prendre les enfants une fin de semaine sur deux et partager avec l'autre parent le temps des Fêtes et des vacances.

- **La garde exclusive avec droit de visite et de sortie prolongée**. Le parent qui n'a pas la garde prend à sa charge de 20 à 40% du temps de garde.

- **La garde exclusive par périodes de longue durée** confie alternativement la responsabilité des enfants à l'un puis à l'autre des parents pour des périodes s'étendant sur plusieurs années. Cette formule pourrait par exemple s'adapter au souhait de certains parents de voir chacun des enfants adolescents vivre avec le parent du même sexe que lui. Cet arrangement n'est pas toujours une bonne solution parce que les enfants ont besoin d'une relation continue avec l'un et l'autre des parents et pas uniquement avec un seul à la fois. La garde des enfants confiée à une tierce personne, aux grands parents par exemple, ou à l'un ou l'autre membre de vos familles, n'a lieu normalement que si le juge devait décider que vous et votre « ex » êtes soit incompétents, soit indignes, ou que vous constituez un danger pour les enfants.

- **Garde partagée**. Les deux parents ont la garde des enfants et ils en déterminent ensemble les modalités. Il faut cependant que chacun des parents assume au moins 40% du temps de garde. Les modalités, quant à elles, revêtent souvent plusieurs formes. Les enfants peuvent, par exemple, passer une semaine avec vous et une semaine avec votre «ex».

- **Garde alternée ou répartie.** Les enfants passent alternativement de chez vous à chez « elle », par séjours d'un minimum de trois ou quatre mois. Cette option est relativement rare et ne convient en particulier que si votre résidence et celle de votre « ex » ne sont pas trop éloignées l'une de l'autre afin de ne pas devoir modifier, lors de chaque déménagement des enfants, leurs habitudes soit scolaires, soit d'activités diverses.

- **Le nid.** Les enfants demeurent dans la maison tandis que votre « ex » et vous en sortez et y entrez alternativement. Chacun des parents aura donc à trouver un autre endroit où loger lorsqu'il sera hors de la maison. Cela est aussi un arrangement peu fréquent. Il requiert une bonne coopération et exige des règles claires (comme par exemple celle de rencontrer vos amants respectifs ailleurs). De plus, il est coûteux : vous devez disposer au total de trois logements. Lorsque ma femme et moi nous nous sommes séparés, l'arrangement nous a convenu en attendant la vente de notre maison et notre installation dans nos nouvelles résidences respectives.

- **Garde divisée.** Les enfants sont répartis entre les deux parents. En outre, un programme de visites réciproques est instauré. Vous ne devriez considérer cette option que si elle est réellement préférable pour les enfants : séparer ceux-ci les uns des autres simplement parce que vous et votre « ex » n'arrivez pas à vous entendre est une solution rien moins que cruelle.

La garde partagée : le bon choix

Puisque vous lisez ce livre, je présume que vous souhaitez garder une relation étroite avec vos enfants. La meilleure façon d'y arriver est évidemment de passer autant de temps que possible avec eux. Si vous vivez loin d'eux, cela vous paraîtra difficile. En revanche, si votre « ex » et vous vivez à proximité l'un de l'autre, la garde partagée vous procure les meilleures garanties de contacts réguliers avec les enfants.

Mais qu'est-ce exactement que la garde partagée ? Ne vous en faites pas grief si vous n'en savez rien, bien des gens croient à tort qu'ils le savent. On considère que la garde des enfants est partagée lorsque chaque parent assume au moins 40% du temps de garde, c'est-à-dire 146 jours par année. Le tribunal laisse le soin aux parents de déterminer ensemble les modalités de la garde et le mesures concernant leur éducation, leur santé et leur bien-être. Ces modalités seront spécifiées dans l'entente qui sera entérinée par la Cour.

Cherchez à obtenir la plus grande portion possible de la garde physique. Sauf en cas de circonstances exceptionnelles qui seront décrites plus loin, n'accumulez pas plus de cinquante pour cent du temps de garde : les enfants ont besoin de leur mère tout autant que de leur père, et de la même manière votre « ex » a besoin des enfants tout autant que vous.

Les avantages de la garde partagée

Pourquoi choisir la garde partagée ? Tout simplement parce que c'est la meilleure solution pour les parents comme pour les enfants.

- **Les parents l'apprécient**. Les couples séparés qui se partagent la garde physique de leurs enfants sont généralement plus satisfaits de leurs arrangements que ceux qui n'optent pas pour cette approche. Ce mode de vie suscite moins d'occasions de confrontation entre les parents qui, d'une manière générale, sont plus satisfaits de l'issue de leur séparation.

- **Les pères l'apprécient**. Le père qui participe à la garde partagée pourra plus aisément intervenir dans les prises de décisions concernant ses enfants et retirera plus de satisfaction des arrangements relatifs à la garde, estime Margaret Little, spécialiste de ces questions.

- **Les juges l'apprécient.** La probabilité, pour les parents qui ont adopté la formule, de se retrouver devant le juge pour régler des différends ultérieurs est réduite de moitié.

- **Les enfants se sentent plus en sécurité.** Voir les parents se séparer peut provoquer chez l'enfant à la fois l'angoisse, un sentiment d'insécurité et peut-être l'impression d'être mal aimé. Si l'un des parents disparaît d'une manière ou d'une autre, ces sentiments risquent d'être renforcés.

- **Toutes les parties sont gagnantes.** Dans les cas les plus favorables, le système de garde partagée permet à chacun des membres de la famille de sortir « gagnant » de la période qui suit le divorce alors que si la garde est confiée à l'une ou à l'autre des parties, la décision désigne par le fait même un gagnant et un perdant, remarque le sociologue Ross Thompson. Dans le système de garde partagée, dit-il, la mère aussi bien que le père se voient attribuer un rôle important dans la vie de leurs enfants et, par conséquent, ceux-ci en sortent également gagnants.

- **Les contacts père-enfant sont plus fréquents.** Le père qui participe à la garde physique de ses enfants a de bien meilleurs résultats et garde une relation bien plus étroite avec ses enfants que ceux qui ont un horaire strict et limité dans le temps. La souplesse de ce système est surtout appréciée s'il peut être adapté lors de difficultés éventuelles dues au chômage, au sous-emploi ou pour d'autres motifs.

- **Ce système écarte pratiquement les défauts de versement de l'allocation aux enfants.** On a constaté aux États-Unis que plus de quatre-vingt-dix pour cent des hommes qui jouissent de la garde conjointe paient à temps la totalité de l'allocation en faveur des enfants. Ce respect des obligations persiste même en cas de problèmes financiers pour lesquels une adaptation est prévue.

- **Ce système est souple.** Dans les premiers temps d'application du système, certains enfants peuvent se trouver un peu désorientés. Mais il ne leur faut pas longtemps pour s'y adapter. Ils apprennent vite à s'y soumettre et à accepter la façon nouvelle dont les parents se comportent. Mon « ex » est, par exemple, très croyante, alors que je ne le suis pas. Lorsque les enfants sont auprès d'elle, ils agissent comme elle ; quand ils sont avec moi, ils se comportent comme moi.

En dépit de tous ces avantages, de vives controverses s'élèvent toujours quant à la question de savoir si la garde conjointe est en réalité un bon choix. Le fond du débat est politique plutôt que soucieux du bien réel des enfants. Voici quelques-unes des fausses accusations de nature politique ou autre que vous entendrez fréquemment à l'encontre du système de garde conjointe et, en regard, la réponse à ces critiques, que vous aurez beaucoup moins souvent l'occasion d'entendre.

ACCUSATIONS	RÉPONSE
• Le système ne fonctionne bien que lorsque les parents coopèrent activement.	• Vous n'êtes pas obligé de rencontrer souvent votre « ex » ou de coopérer étroitement avec elle pour pratiquer la garde conjointe des enfants.
• Le système est défavorable pour la femme.	• La préférence accordée à la garde des enfants par la mère peut peser sur les femmes dites « libérées » en leur attribuant à part entière la responsabilité des enfants de notre société, dit en substance Anne Mitchell. Selon cette juriste, la garde entière ou principale concédée à la mère, ce que la plupart des femmes se voient octroyer, est si lourde pour les femmes qu'elles pourraient, dans ce cas, ne pas

ACCUSATIONS	RÉPONSE
	être capables de « se libérer pour poursuivre leurs objectifs ». En donnant aux femmes le temps de vivre leur propre vie, la garde conjointe est favorable aux femmes.
• Le système est défavorable aux enfants.	• La critique prétend que les enfants ont besoin d'équilibre et que la garde conjointe sape le sentiment de sécurité et de stabilité chez les enfants. Mais Richard Warshak, expert en matière de garde des enfants, soutient que c'est la garde unique et non la garde conjointe qui crée l'incohérence, parce que, dit-il, elle déséquilibre les relations entre l'enfant et ses parents.
• Le système provoque des dissensions entre les parents divorcés.	• Jessica Pearson et Nancy Thoennes ont suivi plus de neuf cents parents divorcés auxquels différents régimes de garde avaient été octroyés. Elles ont trouvé que les conflits entre les parents divorcés ne semblaient pas s'aggraver du fait des exigences supplémentaires de coopération et de communication interparentales dans le système de garde conjointe. En contrepartie, les parents à qui l'on impose la garde matérielle unique voient souvent leurs relations se dégrader au fil du temps.
• Le système nourrit des espoirs de réconciliation chez les enfants.	• Ce pourrait parfois être le cas. Souvent, cependant, passer du temps avec l'un et l'autre parent et les voir progresser dans la vie favorise chez l'enfant l'abandon de l'idée que Maman et Papa reprendront une vie commune. S'ils ne voyaient jamais l'un des parents, ils pourraient continuer à nourrir cet espoir peu réaliste.

Quand cela convient et quand cela ne convient pas

Si la plupart des spécialistes admettent que la garde conjointe est la meilleure des options, ils reconnaissent également que, parfois, cette solution ne peut être appliquée.

LA GARDE PARTAGÉE SERA PRATICABLE SI VOTRE « EX » ET VOUS...

- **vivez à proximité l'un de l'autre**. Même s'ils vont et viennent périodiquement entre les deux logements, vos enfants seront capables de continuer à fréquenter la même école et à participer aux mêmes activités parascolaires.

- **reconnaissez mutuellement votre importance aux yeux des enfants**. Elle et vous devez vous pénétrer de l'importance pour chacun d'avoir une relation saine avec vos enfants et devez savoir combien importantes sont ces relations aux yeux des enfants eux-mêmes.

- **êtes capables de coopérer**. Il faut que vous soyez décidés à mettre de côté vos divergences personnelles dans l'intérêt du travail à réaliser ensemble. C'est-à-dire essayer d'arriver à une série de règles communes de discipline comportementale et de manière d'être envers les enfants. Si vous ne parvenez pas à vous mettre complètement d'accord, faites au moins l'effort d'accepter et de respecter les choix de l'autre parent.

- **ne vous disputez pas devant les enfants**. Les spécialistes ont découvert qu'après un divorce, le seul indice fiable d'adaptation et de bien-être à long terme pour les enfants est le niveau d'apaisement des conflits entre les parents.

MISE EN PRATIQUE DE LA GARDE PARTAGÉE

Dans vos efforts en vue de mettre, avec votre « ex », la garde partagée en application, vous devez vous rappeler ce point très important : il n'est pas nécessaire d'avoir beaucoup de sympathie l'un pour l'autre pour la pratiquer. Pour qu'une garde conjointe soit réussie, il faut que vous soyez capables l'un et l'autre de faire passer les besoins des enfants avant les vôtres, soulignent Elizabeth Hickey et Elizabeth Dalton. Apprenez, disent-elles, à dissocier vos besoins de ceux des enfants et, lorsque vous discutez avec votre « ex », concentrez-vous sur les besoins des enfants.

Vous trouverez ci-dessous quelques idées que vous pourriez mettre en pratique pour établir avec votre « ex » une relation de coopération durable et de qualité afin de réussir la garde partagée.

- **Considérez la garde partagée comme une forme de partenariat.** Les partenaires en affaires ne sont pas nécessairement de grands amis, remarque le thérapeute M. Gary Neuman, qui est également expert en médiation. Pourtant, des objectifs communs leur permettent de respecter mutuellement leurs forces et de faire abstraction de leurs imperfections. Vos enfants sont bien votre « affaire », n'est-ce pas ?

- **Rédigez un accord de garde partagée.** À la fin de cet ouvrage, l'annexe intitulée *Préparation de votre accord parental* fournit une base à ce sujet. Au cas où votre « ex » et vous ne pourriez vous asseoir pour en discuter, faites appel à l'aide d'un médiateur.

- **Respectez les relations de votre « ex » avec les enfants**. Sauf si elle commettait une action dangereuse pour les enfants, ou susceptible de leur nuire, laissez-la s'occuper de ceux-ci comme elle l'entend, en espérant qu'elle se comportera à votre égard de la même manière.

- **Tenez-la informée de ce qui se passe.** Faites-lui connaître tout événement important survenant dans la vie de vos enfants dont elle pourrait ne pas avoir été informée. Elle appréciera à coup sûr votre démarche.

- **Proposez quelques règles de base pour résoudre les conflits.** Vous aurez sans doute bien des désaccords.

Vous devriez donc avoir un plan, incluant la médiation, pour savoir comment les traiter dès le début.

- **Soyez accommodant ou accommodante** Des voyages imprévus, une grippe, des visiteurs étrangers, un mariage ou autres événements imprévisibles peuvent vous amener à demander l'aide de votre « ex » pour garder les enfants ou inversement. Que vous demandiez cette aide ou que vous l'offriez, soyez aimable et elle vous rendra sans doute la pareille.

- **Mesurez vos limites**. Après le divorce, les différences dans vos attitudes parentales ont tendance à s'affirmer puisque les incitations aux compromissions sont devenues moins contraignantes, constate Neuman. Soulignez l'autorité que vous avez sur votre enfant, mais, en même temps, apprenez à accepter que cette autorité n'est pas absolue.

- **Mettez-vous d'accord sur un programme de garde équitable**. Si les enfants doivent vivre plus longtemps avec l'un de vous plutôt qu'avec l'autre, il existe beaucoup de combinaisons possibles et vous choisirez celle qui vous convient le mieux à tous deux. Si vous divisez la garde en parts égales, deux options sont également bonnes. Une semaine chez vous suivie d'une semaine chez Maman est parfaitement concevable. Mais pour de plus petits enfants, une semaine loin de l'un ou l'autre des parents paraît trop longue. Essayez donc de subdiviser chacune des semaines. Pour notre part, nous sommes arrivés à organiser une rotation bihebdomadaire très satisfaisante, si satisfaisante qu'elle pourrait même

PREMIÈRE SEMAINE							DEUXIÈME SEMAINE						
L	M	M	J	V	S	D	L	M	M	J	V	S	D
moi	moi	ex	ex	moi	moi	moi	ex	ex	moi	moi	ex	ex	ex

convenir aux enfants de tous âges. Voici comment notre système fonctionne et c'est beaucoup plus simple que ça n'en a l'air :

- **Discutez régulièrement entre vous**. Ces discussions ou consultations peuvent ou non revêtir un caractère formel, de personne à personne ou par téléphone. Lisez plus loin, à ce propos, le chapitre « Sauvegarder la bonne entente ».

- **Respectez l'intimité de l'autre**. Vous n'aimeriez pas qu'elle vous interroge sur votre vie privée, ne lui posez donc pas de questions sur la sienne.

- **Tenez parole**. Si vous promettez quelque chose, tenez parole. Si vous convenez de vous trouver quelque part, soyez-y. Et espérez la même chose de sa part.

LA GARDE CONJOINTE NE PEUT FONCTIONNER SI VOTRE « EX » ET VOUS...

- **vous en prenez continuellement à l'autre**. Même les partisans de la garde conjointe sont bien d'accord que cette pratique n'est pas à conseiller dans le cas où les parents se montrent agressifs entre eux verbalement, sur le plan affectif, ou encore physiquement, en présence des enfants. Dans la réalité, cependant, ce cas est rare. Bien qu'environ vingt-cinq pour cent des divorces appartiennent à la catégorie « hautement conflictuelle », seulement dix pour cent d'entre eux, ou deux pour cent et demi de tous les divorces incluant des enfants, accusent une certaine corrélation dans les cas de garde conjointe ou de visites fréquentes et une piètre adaptation des enfants à la situation, déclare John Guidubaldi, un membre de la Commission des États-Unis pour le bien-être de l'Enfant et de la Famille.

- **interposez vos enfants entre vous**. Trop de parents utilisent leurs enfants pour porter des messages de l'un à l'autre en espionnant ce que l'autre fait. Christy Buchanan et ses collègues ont trouvé que les adolescents qui ont une plus grande probabilité de se faire coincer entre les parents sont plus susceptibles de faire une dépression ou de souffrir d'anxiété que les adolescents qui vivent une certaine coopération entre parents.

- **vivez trop éloignés l'un de l'autre.**

Qui décide de la façon dont la garde est accordée ?

Dans soixante-quinze à quatre-vingt-dix pour cent des cas, les couples qui se séparent agissent intelligemment en se mettant d'accord sur un système praticable de garde des enfants. Parfois, ils bénéficient de l'aide de leurs avocats, parfois d'un médiateur et parfois ils arrivent eux-mêmes à un arrangement.

Dans les autres cas, lorsque les couples ne peuvent arriver par eux-mêmes à un accord, la décision est prise par un juge et les conséquences pour les pères en sont désastreuses. Comme nous l'avons vu précédemment, la mère obtient la garde exclusive ou principale dans soixante-dix pour cent des cas et le père est habituellement gratifié d'une visite tous les quinze jours, d'une soirée au cours de la semaine, de quelques jours fériés et peut-être d'une semaine ou deux en été, soit un total d'environ un cinquième du temps libre de l'enfant.

Et si vous ne vouliez pas de garde au-delà du minimum qui vous est déjà accordé ?

Dans certains cas, le père est parfaitement satisfait du temps minimal de visite accordé et ne voit aucune raison d'en changer. Si cela est vrai pour vous, c'est parfait, pour autant que ce soit pour de bonnes raisons.

Vous trouverez ici quelques-unes des raisons les plus courantes données par les hommes que j'ai interviewés pour ne pas demander plus que le temps minimal de visite auprès de leurs enfants. A vous de décider jusqu'à quel point ces raisons sont valables.

- **Le travail.** Si vous voyagez beaucoup, si vous faites de nombreuses heures supplémentaires ou devez effectuer de longs déplacements pour rejoindre votre lieu de travail, peut-être ne serez-vous pas capable d'accepter des responsabilités supplémentaires. Mais ne serait-il pas possible de mieux adapter votre rythme de travail aux besoins des enfants?

- **De nouvelles relations.** Avoir ses enfants avec soi, même si ce n'est qu'une partie du temps, aura sans doute une répercussion sur votre vie amoureuse. Mais si vous vous y prenez suffisamment tôt, il vous sera toujours possible d'engager une gardienne d'enfants et si vous êtes épris d'une femme qui n'aime pas les enfants, peut-être n'est-ce pas celle qu'il vous faut.

- **Votre « ex ».** Partager la garde des enfants avec votre « ex » pourrait vous amener plus fréquemment en contact avec elle que vous ne le souhaiteriez. Mais les choses ne doivent pas nécessairement se passer ainsi. Vous pouvez échanger vos enfants à l'école et transmettre vos messages par écrit.

- **Le manque de confiance en vous.** Peut-être penserez-vous que vous n'êtes pas un bon père, que vous ne savez que faire avec des enfants, ou que votre « ex » est naturellement plus douée dans ce domaine que vous. Lisez plus loin le passage sur la mystique maternelle et ensuite les quelques pages sur « L'engagement au cours des années ».

- **Émotions.** Mettre fin à une relation est éprouvant et vous pourriez ne pas vous sentir prêt, tant sur le plan affectif que sur le plan physique, à prendre des responsabilités nouvelles vis-à-vis des enfants. Cependant, avez-vous passé

71

en revue les possibilités d'aide que vous pourriez recevoir ? Votre parenté et vos amis peuvent vous donner un coup de main jusqu'au moment où vous vous sentirez apte à la tâche.

Au cas où vous jugeriez ne pas devoir passer autant de temps avec vos enfants que ce qu'il vous serait possible de faire, je voudrais vous engager à reconsidérer votre position au vu des arguments ci-dessous.

- **Vos enfants ont besoin de vous.** Le sentiment de rejet qu'ils éprouveraient si vous vous échappiez ainsi de leur vie les heurterait profondément et détériorerait le type de relations que vous pourriez espérer avoir avec eux à l'avenir.
- **La plupart de ces situations ne sont que transitoires.** Si les choses devaient se résoudre d'elles-mêmes ou si vous changiez d'avis par la suite, il pourrait alors être trop tard. Une fois les décisions prises et les habitudes établies, les juges sont extrêmement réticents à modifier les principes de garde et de visites aux enfants.

Encore quelques conseils au sujet de l'accord parental

À la fin de cet ouvrage, vous avez trouvé à l'annexe intitulée *Préparation de votre accord parental* tous les éléments d'un arrangement juste, équitable et mutuellement satisfaisant au sujet des enfants. Voici encore quelques autres points importants :

- **Veillez à ne pas mêler les enfants à vos arrangements.** Le fait de demander à vos enfants avec lequel des parents ils préfèrent vivre équivaut à leur demander qui de vous ou de leur mère ils préfèrent. Vous les placeriez alors devant un dilemme pénible. Peut-être vous donnent-ils de toute façon la préférence, même si vous ne le leur demandez pas. S'il en était ainsi, écoutez ce qu'ils disent, mais soyez toujours clair et laissez-leur entendre que toute décision est en fin de compte prise par leur mère et par vous.

- **Pas de compromissions.** Il n'est pas rare que des pères acceptent une réduction des périodes de garde des enfants ou une limitation du droit de visite en échange d'une réduction de leur participation financière à l'allocation en faveur des enfants. Ce genre d'accord du type « je donnerais n'importe quoi pour ne plus te voir » est extrêmement préjudiciable aux enfants.

- **Soyez honnête vis-à-vis de vous-même.** Si vous tenez à protéger vos enfants, posez-vous honnêtement la question de savoir quelle serait la meilleure future maison pour vos enfants, et agissez en conséquence, conseille l'experte en gardiennage Charlotte Hardwick.

- **Soyez souple.** À mesure que vos enfants grandiront et que votre situation évoluera tout comme celle de votre « ex », les exigences de la garde se modifieront.

- **Ayez l'esprit ouvert.** Si vous aviez besoin d'aide, recourez aussitôt que possible à la médiation.

Gardez la tête haute

Avant de signer un quelconque accord au sujet de la garde des enfants, faites un long et sérieux retour sur vous-même, sur ce que vous pensez et ressentez. Bien que la plupart des parents qui se séparent arrivent à un arrangement concernant la garde des enfants sans passer devant un tribunal ; la plupart de ces accords ne reflètent pas ce que le père souhaite vraiment ni ce qui serait réellement bon pour l'enfant. Tout compte fait, les arrangements auxquels les couples arrivent ressemblent de manière surprenante à ceux que les juges pourraient décréter. Pourquoi donc les pères acceptent-ils de telles modalités ? Il y a à cela trois raisons fort simples.

- **La mystique maternelle.** Selon le psychologue Richard Warshak, la « mystique maternelle » est une sagesse sociétale dominante qui nous dit en termes indiscutables que : (a) la mère est, de par sa nature même, meilleur parent que le père et (b) la mère est, aux yeux des enfants, plus importante que le père. Beaucoup de femmes ont admis sans discussion ce mythe dangereux, mais c'est également le fait de nombreux hommes qui concluent trop facilement que leurs enfants appartiennent à la mère. Quoique ces pères souhaitent en réalité avoir leurs enfants auprès d'eux, ils se persuadent qu'ils feraient du tort à ces derniers en les enlevant du giron maternel, estime Anne Mitchell. Il en résulte qu'environ un tiers des pères réclament d'habitude moins de temps de garde que ce qu'ils souhaiteraient réellement obtenir.

- **L'homme et la femme considèrent la garde des enfants sous des angles différents**. Dans une étude récente, on a demandé à des pères et à des mères de coter leur opinion au sujet de la garde des enfants sur une échelle de 1 à 10, où 1 signifie une totale indifférence à la solution qui sera adoptée et 10 indique la détermination de la personne à lutter pour obtenir la meilleure solution possible. Les réponses des hommes et des femmes furent à peu près identiques. La différence, cependant, fut dans la notion de la meilleure solution possible. En général, les femmes veulent la garde exclusive et ont tendance à considérer la garde conjointe comme un échec. Les hommes, en revanche, souhaitent généralement obtenir la garde conjointe et tiennent cette solution pour une victoire.

- **L'homme est un piètre négociateur**. Dans une négociation « normale », les deux parties aboutissent en fin de compte à une position médiane en parcourant chacune plus ou moins la moitié du chemin. Dans notre cas, où les femmes demandent la garde exclusive (cent pour cent) et les hommes la garde conjointe (cinquante pour cent), la position de compromis correspond à soixante-quinze pour cent en faveur des femmes. Et c'est à ce résultat qu'aboutissent, à peu de chose près, les arrangements de garde habituels.

Devez-vous vous battre pour pouvoir passer plus de temps avec vos enfants?

Soyons objectifs : engager la lutte pour la garde, même si vous ne souhaitez que la garde conjointe, est une épreuve extrêmement déplaisante et pénible pour tous ceux qui y sont mêlés, surtout pour les enfants. Pourtant, si vous avez tout tenté, sans résultat, c'est-à-dire des discussions calmes avec votre « ex », la médiation, des négociations entre avocats, le seul recours qui vous reste ouvert est le tribunal. Vous ne pouvez tout simplement pas permettre que votre « ex » ou un juge vous refuse, à vous et à vos enfants, de passer un temps raisonnable ensemble au risque de vous couper de leur vie pour toujours. Plus vous serez incorporé à leur vie, mieux vous vous sentirez sur les plans affectif, physique autant que psychologique. Si vous envisagez de porter votre bataille pour la garde des enfants ou le droit de visite devant les tribunaux, voici ce qu'il vous faudra avoir :

- **Beaucoup d'argent**. Si un divorce sans complication coûte au minimum 1 500 $, je vous laisse imaginer ce que vous aurez à débourser en cas de contestation.

- **La peau dure**. Lorsqu'une femme cherche à obtenir la garde de ses enfants, la chose paraît toute naturelle et parfaitement normale, écrit Warshak. Mais si un homme requiert la garde de ses enfants, notre esprit se remplit de doutes et de questions. Pourquoi demande-t-il cette garde ? Comment pourra-t-il remplir cette tâche ? Comment cela va-t-il affecter les enfants ? Il n'y a que peu ou pas de soutien de la société pour l'homme qui souhaite pouvoir passer plus de temps avec ses enfants et beaucoup de gens penseront qu'il se bat pour des raisons suspectes. Outre l'argent, une bataille pour la garde des enfants vous coûtera beaucoup en matière d'intimité, de confiance en vous, de réputation et peut-être même en amis.

- **Une appréciation réaliste de vos chances de succès**. Dans une étude réalisée à l'Université de Stanford, la psychologue Eleanor Maccoby et le professeur de droit Robert Mnookin ont trouvé que, lorsqu'une mère demande la garde exclusive et que le père, la garde conjointe, c'est la mère qui obtient satisfaction dans soixante-huit pour cent des cas. Si les deux parents réclament la garde exclusive, la mère obtient satisfaction dans quarante-six pour cent des cas; le père dans dix pour cent des cas et la garde conjointe dans les autres cas.

Mais plus important encore, vous devrez avoir une idée claire de la ou des raisons précises pour lesquelles vous agissez de la sorte. Outre le fait que votre inclusion dans la vie de vos enfants est la chose la plus souhaitable pour vous tous, il existe en réalité trois autres raisons logiques pour lesquelles vous chercheriez à obtenir davantage de responsabilités dans la garde des enfants :

- Pour ne pas être oublié de vos enfants. Un père (ou une mère) qui n'a que peu ou pas d'occasions de contact avec ses enfants a tendance à être oublié à mesure que le temps passe.
- Vous savez que votre « ex » est une mère incompétente.
- Vous craignez qu'elle ne constitue un danger sérieux pour les enfants sur les plans affectif, physique ou sexuel.

Que dire aux enfants au sujet de la garde

Une dispute au sujet de la garde des enfants ou du droit de visite qui aboutit au tribunal représente la pire épreuve dans l'art d'être parent, affirme M. Garry Neumann. Quel que soit le motif qui vous amène au tribunal ou peu importe qui a raison ou qui a tort, ce n'est jamais une occasion de réjouissance. Et les choses peuvent encore être plus désagréables si vos enfants y sont mêlés, un scénario qui ne se produit que trop souvent dans ces circonstances.

Voici quelques idées sur la façon dont vous pourriez tenir vos enfants au courant de ce qui se passe sans les meurtrir :

- **Informez-les simplement et calmement.** Dites-leur ce qui se passe à chaque étape et comment ces événements sont susceptibles de les affecter. Expliquez qui sont les juges et les avocats et ce qu'ils font (ne colportez pas cependant les blagues classiques sur les avocats). Le mieux serait de commencer par quelque chose comme : « Maman et moi avons essayé de voir où vous allez vivre, mais nous n'en savons encore rien. Nous avons donc demandé à un juge de nous aider à prendre une décision. »

- **Soyez honnête.** S'il y a une possibilité qu'ils soient appelés à témoigner, faites-le leur savoir. Si nécessaire, les plus jeunes enfants auront un entretien privé avec le juge. Les plus âgés, cependant, pourraient devoir être appelés à la barre.

- **Rassurez-les.** Une dispute concernant la garde des enfants pourrait soulever les pires dissensions entre votre « ex » et vous, et vos enfants doivent savoir que, quoi qu'il arrive, ni vous ni leur mère ne cesseront jamais de les aimer et que l'un et l'autre seront toujours là pour les aider.

- **Ne les interposez jamais entre elle et vous.** Ne leur demandez jamais de prendre parti, et ne dites jamais de choses comme : « Votre mère essaye de me tenir éloigné de vous. » Ne leur soufflez pas ce qu'ils devraient dire au juge. Enfin, ne dites jamais à vos enfants, directement ou indirectement, que votre bonheur dépendra de leur position en votre faveur. Ce genre d'affirmation placerait vos enfants dans une situation intenable du point de vue de la loyauté et serait extrêmement dommageable pour eux.

Les deux dernières raisons constituent en réalité des motifs importants pour obtenir la garde exclusive ou principale des enfants, dont nous reparlerons un peu plus loin dans ce chapitre.

En revanche, il y a une foule de mauvaises raisons pour tenter d'augmenter vos périodes de visites ou d'obtenir de meilleurs arrangements pour la garde des enfants. Celles qui sont reprises ci-dessous ont été relevées par Richard Warshak.

- Obtenir une plus forte contribution financière de la part de votre « ex ».
- Vous éviter de payer votre part de l'allocation en faveur des enfants.
- Forcer votre « ex » à rester en relations avec vous.
- Accroître le nombre de contacts que vous aurez avec elle.
- La punir.
- Prouver votre valeur au reste du monde et montrer combien vous êtes un bon père.
- Soulager votre sentiment de culpabilité concernant le divorce.
- Guérir votre solitude.

En outre, les facteurs suivants sont susceptibles ou non d'influencer votre décision de soutenir une action en justice ; vous devez en prendre conscience :

- Si vous avez le moindre espoir de conserver des relations de bon voisinage avec votre « ex », la traîner devant la justice ne sera pas le meilleur moyen d'y réussir. L'ensemble de la procédure au tribunal peut parfois causer plus de problèmes et de ruptures de communication que les causes du divorce elles-mêmes.

- Si vos enfants sont âgés de plus de six ans, ils seront peut-être amenés à témoigner devant le tribunal, où ils pourraient être gravement traumatisés par quelque avocat au cœur de pierre – le vôtre ou celui de la partie adverse – qui croit veiller ainsi aux intérêts de son client ou de sa cliente.

- Bien que, dans notre société, les hommes soient considérés comme énergiques, on les tient pour des agneaux dociles en matière de lois de la famille. J'ai pu parler à de nombreux pères qui avaient perdu le procès qu'ils avaient intenté dans le but d'obtenir la garde conjointe ou exclusive des enfants. Ils sortaient du tribunal où on les avait pénalisés par moins de temps à passer avec leurs rejetons et par des charges plus élevées que ce qu'ils auraient obtenu s'ils s'étaient abstenu de recourir à la justice.

Comment augmenter vos chances d'obtenir un jugement plus favorable

Le risque que vos disputes au sujet de la garde des enfants vous conduisent jusqu'au tribunal est mince, il serait d'un contre neuf, estime le juriste Jeffry Leving. Vous, votre épouse ou tous deux seriez ruinés ou auriez perdu patience. Le désir de progresser surpassera celui de vengeance ou celui de mise en ordre de votre situation, conclut-il.

Si vous êtes parmi les « heureux » qui peuvent se permettre d'aller jusqu'au tribunal, il vous faudra rassembler le maximum d'éléments favorables à votre cause. Et peu de choses peuvent lui nuire autant que de donner au juge l'impression que vous ne connaissez rien au sujet de vos enfants ou que vous ne vous en êtes pas occupé. Voici d'ailleurs quelques détails importants que vous devriez appliquer à la vie de vos enfants (si vous ne l'avez déjà fait) :

- Se lever tôt et préparer le petit déjeuner et le casse-croûte des enfants. Les conduire à la garderie ou à l'école.
- Apprendre à connaître les instituteurs, professeurs, entraîneurs sportifs, médecins, amis et parents des amis de vos enfants, et s'assurer qu'eux aussi vous connaissent. Ces éléments seront essentiels si l'avocat de votre « ex » tente de démontrer votre indifférence en tant que père.
- Prendre part à l'organisation des fêtes d'anniversaire, de loisirs et autres activités récréatives telles que les sports et le scoutisme.
- Se porter volontaire à l'école. Lire des histoires aux petits ou enseigner l'art d'utiliser l'ordinateur chez les plus grands prouvera au juge que vous êtes un père attentionné, même si ces prestations se limitent à une heure par semaine.
- Suivre un cours spécialisé pour parents. Presque tous les établissements d'enseignement proposent des cours destinés aux parents et qui sont adaptés à l'âge des enfants.
- S'intéresser aux questions de sécurité. Apprendre la réanimation cardio-respiratoire et les premiers soins prouvera que vous vous souciez de la sécurité et de la santé de vos enfants. Pensez à organiser la maison en fonction de la sécurité des petits et affichez sur votre réfrigérateur les numéros de téléphone à composer en cas d'urgence.
- Programmer *chaque jour* un moment particulier de la journée pour les enfants, quelle que soit la longueur de vos propres journées de travail. Levez-vous tôt si nécessaire, mais soyez prêt à faire la preuve de votre intérêt profond et de votre dévouement à l'égard de vos enfants.

Si vous êtes un père homosexuel qui conteste le régime de garde

Le sort s'acharne contre vous plus encore que contre les pères hétérosexuels. Les pères homosexuels se voient systématiquement refuser la garde de leurs enfants (et probablement les visites) pour la seule raison de leur homosexualité, rapporte le chercheur Jerry Bigner. Cela dépend réellement de la volonté de votre « ex » et de ses avocats de vous traîner ou non dans la boue et, plus important encore, des préjugés du magistrat qui devra juger de votre cas. Bien que l'on puisse faire une demande conjointe de divorce sans autre motif qu'une cessation de la vie commune depuis un an, ce qui signifie que la moralité – selon qu'on choisisse de la définir – est censée être tenue en dehors du divorce, les juges habituellement prennent la moralité en compte, et pour beaucoup, l'homosexualité est une très, très grave faute.

La meilleure chose à faire est de se tenir aussi loin que possible d'un tribunal. Même si votre « ex » et vous avez usé vos cordes vocales à force de discuter, même si le médiateur vous a jeté tous deux dehors, persistez encore et encore. Si vous ne pouvez trouver de solution satisfaisante, vous devrez laisser la décision concernant la garde des enfants aux mains de quelqu'un qui peut retourner votre manière de vivre contre vous en prenant fait et cause dans ce qu'il considérera comme « l'intérêt supérieur de l'enfant ».

Dans un cas, les filles adolescentes d'un homosexuel ont déclaré aux juges qu'elles préféraient vivre avec leur père et son partenaire plutôt que de déménager auprès de leur mère. Cependant, le juge accorda la garde à la mère, en faisant valoir que le mari s'était engagé dans un nouveau style de vie d'une tout autre portée, dans un nouvel endroit, et que son avenir demeurait imprévisible. En réalité, le père s'était établi dans la région même où ses filles avaient vécu, tandis que la mère avait voyagé dans tout le pays six jours après la décision de justice, apparemment sans avoir aucune idée de l'endroit où elle se fixerait ni de l'école que pourraient fréquenter ses filles.

Que vos voisins immédiats soient homophobes ou aient une fausse idée de ce que peut être un père homosexuel, tout cela ne peut guère vous affecter. Mais ce que pense un juge peut avoir une incidence importante et de longue durée sur vos relations avec vos enfants. Malheureusement, il vous sera probablement difficile de changer l'opinion d'un juge ou de n'importe qui d'autre au sujet des pères homosexuels. Pourtant, si la discrimination dont vous faites l'objet est manifeste, vous pourriez bénéficier de certains recours en justice.

Si vous devez absolument avoir recours aux tribunaux pour contester les arrangements concernant la garde des enfants, prenez note des deux remarques suivantes.

- **Prenez un avocat qui sait ce qu'il fait.** Le vôtre le sait peut-être, sinon ne vous gênez pas et prenez-en un autre. Assurez-vous que votre avocat comprenne exactement ce que vous voulez et qu'il ait une grande expérience

- **Cherchez des appuis.** Préparez-vous à un procès long et difficile. Vous aurez besoin de toute l'aide possible. Certains regroupements d'homosexuels pourront peut-être vous venir en aide.

Quoi que vous fassiez, ayez de l'ordre dans vos affaires. Ceux qui évaluent les qualités de la garde (et qui transmettent leur opinion au juge qui, de son côté, leur fait habituellement confiance) sont persuadés que la régularité et la stabilité sont les deux principes fondamentaux dans l'éducation des enfants, avertit l'avocat Tom Railsback. Tenez soigneusement note de tout ce que vous faites avec les enfants et consignez par écrit (avec votre signature) les visites chez le médecin, les achats de vêtements, etc. Vous devriez aussi garder une trace (par écrit si possible) des choses que les enfants font lorsqu'ils *ne sont pas* avec vous. Cela prouvera que vous vous intéressez à eux en tout temps. Faites attention aux détails : sachez la taille de leurs vêtements, leurs préférences alimentaires, et tous les autres petits détails qui montrent l'importance que vous attachez à votre rôle d'éducateur. Que votre « ex » connaisse ou non les réponses à ces questions n'a aucune importance. Le juge supposera qu'elle les connaît, mais vous, vous aurez à prouver que vous les connaissez aussi.

Veillez à tenir votre femme au courant de tout ce qui arrive aux enfants pendant que vous les avez sous votre garde. Si vous leur achetez un vêtement, dites-le lui ; si l'un de vos enfants se blesse et que vous l'emmenez chez le médecin, dites-le lui. C'est de toute façon la chose à faire, mais en outre tenir votre femme au courant de telles choses prouve que vous vous efforcez d'entretenir la communication. Il serait d'ailleurs bon de le faire de temps en temps par écrit et d'en conserver une copie pour vos dossiers, au cas où, plus tard, vous seriez accusé d'essayer de cacher les choses à votre « ex ».

Enfin, si vous ne vous intéressiez pas particulièrement à vos enfants à l'époque où vos relations avec leur mère n'avaient pas encore sombré, certains - votre « ex » ou le juge, en particulier – pourraient manifester de l'incrédulité à l'égard de votre subite image de super-père et penseront que votre attitude n'a pour but que de nuire à votre « ex » ou de réduire le montant de votre part de l'allocation destinée aux enfants.

C'est malheureusement parfois vrai. Mais, pour para- phraser Joni Mitchell, disons que beaucoup de pères nouvellement séparés ne se rendent compte de ce qu'ils avaient qu'après l'avoir perdu et qu'ils réagissent en conséquence. Heureusement, il n'est jamais trop tard pour commencer à développer un lien étroit avec vos enfants. Donc, même si vous n'obtenez pas en fin de compte exactement l'arrangement que vous souhaitiez, vous pourrez toujours être fier d'avoir réussi la seconde meilleure chose : avoir appris à mieux connaître vos enfants et avoir amélioré vos relations avec eux.

La bataille pour la garde principale ou exclusive

Essayer d'obtenir la garde exclusive de vos enfants – soit d'emblée, soit après que votre « ex » se soit vu confier cette garde pour quelque temps – est infiniment plus difficile que d'essayer d'obtenir un droit de visite ou la garde conjointe. Sauf si votre « ex » constitue un réel danger pour les enfants, les juges chercheront toutes les excuses pour lui en confier la garde. Même sous les meilleurs auspices, par exemple si le père et la mère affirment d'un commun accord qu'ils souhaitent voir le père devenir le principal ou le seul responsable des enfants, les juges confieronnt malgré tout la garde à la mère.

Cela signifie que si vous cherchez à obtenir la garde principale ou exclusive, attendez-vous à devoir livrer une lutte difficile. Votre connaissance des enfants vous sera certes utile. Vous devrez démontrer non seulement que vous êtes le père idéal, mais encore que vous êtes meilleur parent que votre épouse, ce qui ne sera pas facile. Peut-être serait-il plus simple de faire valoir que votre « ex » est moins bonne que vous ? Voici quelques idées suggérées par M. Gary Neuman qui pourraient inciter le juge à pencher en votre faveur :

- Votre « ex » vous refuse-t-elle l'accès aux enfants ? Prenez note du fait chaque fois qu'il se présente et lisez plus loin les premières pages du chapitre intitulé *Lorsque les choses vont mal.*

- Votre « ex » s'efforce d'éloigner les enfants de vous et de les dresser contre vous. À nouveau, enregistrez les événements aussi soigneusement que possible et relisez les mêmes passages que ci-dessus.
- Votre « ex » cherche à éloigner les enfants de vous, ou l'a déjà fait. Cela pourrait constituer une violation des accords établis entre vous, ou par le tribunal. Ce cas est fort semblable à un refus d'accès.
- Depuis qu'ils sont sous la garde de leur mère, les enfants ont commencé à souffrir de problèmes de comportement ou psychologiques importants, leurs résultats scolaires ont régressé notablement ou ils se sont adonnés à la drogue, à l'alcoolisme ou au sexe à un âge immature.
- Votre « ex » est lesbienne. Cela n'est pas une raison valable : le style de vie de votre « ex » n'a rien à voir avec ses aptitudes comme mère.
- Votre « ex », ou quiconque approche vos enfants tandis qu'ils sont sous sa garde, les maltraite moralement, physiquement ou sexuellement.
- Votre « ex » a abandonné les enfants et refuse de leur faire visite, ou le fait irrégulièrement.

Comme nous l'avons dit plus haut, les hommes qui demandent la garde conjointe sont considérés avec méfiance par le public. Si vous essayez d'obtenir la garde exclusive ou principale, c'est pire encore. La mystique maternelle est si puissamment enracinée dans l'esprit des gens que, même si votre « ex » a un passé peu reluisant, ils penseront que vos enfants devraient quand même être placés sous la garde de leur mère et ils se diront que vous ne cherchez à obtenir la garde que pour ne pas devoir lui verser d'allocation en faveur des enfants.

D'une manière générale, soutient Warshak, l'homme qui souhaite se voir confier la garde se sent étroitement lié à ses enfants et il aime ces liens. Il prend très au sérieux ses responsabilités d'éducateur et souhaite offrir un bon gîte à ses enfants.

Toutes les raisons de rechercher ou de ne pas rechercher la garde conjointe sont également valables ici. Il y a en outre nombre d'avantages et d'inconvénients à se voir confier, en tant que père, la garde principale ou exclusive des enfants. Il est important de bien les connaître..

Avantages de la garde principale ou exclusive

- **Vous jouirez d'une relation étroite avec les enfants.** Vivre avec les enfants et passer du temps avec eux chaque jour vous rapprochera tous davantage.

- **Vous représenterez une présence importante dans leur vie.** Vous aurez une bien plus grande possibilité d'influencer vos enfants et de leur transmettre vos valeurs que si vous ne les voyiez qu'une fin de semaine sur deux.

- **Vous rehausserez votre propre estime.** Savoir que vous pouvez réellement assumer la responsabilité d'élever seul des enfants vous donnera confiance en vous en d'autres domaines de votre existence.

- **Vous ne vous trouverez plus aussi isolé et coupé de votre famille.**

- **Vous comprendrez mieux le poids qui pèse sur les mères célibataires.** Vous serez ainsi à même de constater combien leur tâche est difficile.

Inconvénients de la garde principale ou exclusive

- **Vous pourriez vous heurter à de l'antipathie.** Certains de vos collègues pourraient vous accuser de ne plus travailler avec autant de sérieux. S'ils sont divorcés sans avoir obtenu la garde de leurs enfants, ils pourraient ressentir de la jalousie à votre égard. En outre, les femmes de mentalité traditionnelle ou les divorcées dont les ex-maris cherchent à obtenir la garde des enfants, ou ont entrepris une action dans ce sens, en veulent souvent aux pères à qui on a confié la garde d'enfants. Elles mettent un point d'honneur à démontrer qu'une telle vie est impossible pour un père, affirme Richard Warshak.

- **Vingt-quatre heures par jour ne vous suffiront pas pour tout ce que vous devrez faire.** Il est extrêmement difficile de trouver un juste équilibre entre vos diverses obligations : être en compagnie de vos enfants, veiller à leurs besoins physiques et psychologiques et gagner assez d'argent pour que chacun soit rassasié et heureux.

- **Vous êtes seul désormais.** Toutes les décisions que vous preniez naguère en couple devront dorénavant être prises par vous seul. Dans une étude citée par Warshak, les pères qui ont en charge des enfants ont classé le fait de se sentir totalement responsable des enfants comme une obligation plus angoissante que le problème de combiner travail et garde d'enfants.

- **Avoir des enfants sous sa garde est fort coûteux.** L'auriez-vous cru ?

- **Cette charge interférera avec votre vie sociale.** Plus jamais de séances de cinéma à l'improviste ou de libations nocturnes avec les copains. Sans parler des petites amies : qui donc aime sortir avec un homme qui traîne une famille derrière lui ?

« Gagner » la bataille de la garde

Au cas où vous croiriez remporter la bataille de la garde, réfléchissez-y un instant. De fait, tout le monde la perd, et en particulier les enfants. Dans l'hypothèse où votre femme se voit confier la garde exclusive ou principale, vos propres relations avec les enfants en souffriront grandement et vos enfants pâtiront de leur côté des conséquences de l'absence d'un père. Par ailleurs, si c'est à vous que cette garde est confiée, votre « ex » sera de son côté privée des relations avec les enfants. Et bien que cela puisse vous paraître le meilleur moyen de la faire souffrir, n'oubliez pas que les conséquences de l'absence d'une mère sont tout aussi graves que celles de l'absence d'un père. Dans l'idéal, la meilleure des solutions demeure la réunion du père e*t de la mère.*

Si vous n'obteniez pas ce que vous demandez ...

S'il échoit que votre droit d'accès aux enfants est limité, vous ne pourrez pas y faire grand-chose. Voici cependant quelques possibilités.

- **Essayez d'améliorer vos relations avec votre « ex ».** Plus elle se sentira à l'aise vis-à-vis de vous, plus grande sera la chance qu'elle vous permette de passer du temps avec vos enfants.

- **Recourez à nouveau au tribunal**. Mais il vous faudra beaucoup d'argent, beaucoup de force de caractère et le courage de faire repasser vos enfants par tout ce calvaire. La plupart des hommes manquent d'un ou de plusieurs de ces atouts.

- **Essayez de faire contre mauvaise fortune bon cœur**. Que cela ne vous étonne pas, mais il est possible de garder de bonnes relations avec vos enfants même si vous ne pouvez les voir que de temps à autre. Cela reviendrait en quelque sorte au cas où vous seriez tenu de remplir vos devoirs de père à des centaines ou à des milliers de kilomètres de distance.

- **Assimilez vos émotions et gérez-les**. Il est difficile de ne pas se sentir déprimé : les sempiternels adieux seront pénibles et, dans certains cas, retrouver les enfants peut rappeler de manière cuisante l'échec de votre mariage. Selon certaines études, ces deux éléments compteraient parmi les principales raisons de l'espacement des contacts que les pères ont coutume d'entretenir avec leurs enfants.

- **Demeurez au poste**. Dans tous les cas, pensez à vos enfants avant de laisser tomber les bras. Peut-être que le fait de les rencontrer est pénible pour vous, mais ne pas vous voir serait bien pire pour eux.

Et si vous obteniez ce que vous demandez ...

Si vous réussissez à vaincre les obstacles et avez obtenu ce pour quoi vous vous battiez, ne vous reposez pas sur vos lauriers. Vous avez encore beaucoup à faire.

- **Soyez beau joueur**. Ne retournez pas le couteau dans la plaie de votre « ex » et ne dites pas à vos enfants que vous avez gagné.

- **Soyez compréhensif**. Il n'est pas facile non plus, en Occident, d'être une mère célibataire sans avoir aussi la garde des enfants. Beaucoup penseront qu'elle a faibli à son rôle pour une raison ou l'autre.

- **Restez sur vos gardes**. Les mères déboutées du droit de garde ont tendance à retourner au tribunal pour contester la première décision. Si votre « ex » vous est hostile ou est d'un caractère vindicatif, ce pourrait bien être le cas.

- **Rassurez votre « ex »**. Elle doit savoir que la raison pour laquelle vous avez demandé la garde – conjointe, exclusive ou principale – n'est pas dirigée contre elle. Vous considérez en toute bonne foi que c'est la meilleure solution pour les enfants. Il vous sera difficile de la convaincre de votre sincérité, mais efforcez-vous de l'en persuader.

- **Encouragez-la à faire sa part autant que possible** (sauf si elle devait présenter un danger pour les enfants, évidemment). Si vous avez obtenu la garde conjointe, ce ne sera pas trop difficile. Mais si vous avez la garde exclusive, elle pourrait graduellement s'effacer de la vie des enfants. Rappelez-le lui et souvenez-vous que les enfants ont besoin des deux parents.

- **Encouragez les enfants à entretenir les relations avec leur mère**. Vous aimeriez que votre « ex » en fasse autant vis-à-vis de vous si la situation était inversée.

- **Si votre « ex » s'est éclipsée, essayez de trouver l'un ou l'autre modèle féminin dans les environs.** Les filles apprennent beaucoup de tels modèles quant à leur comportement futur, tout comme elles apprendront de vous la façon d'être traitées par les hommes lorsqu'elles seront adultes. En parallèle, les garçons apprendront comment traiter les femmes, tout comme ils apprendront la façon d'être traités par elles plus tard.

- **Consacrez du temps chaque jour à vos enfants**. Il vous sera difficile de trouver le juste équilibre entre votre travail et votre famille, mais le fait d'avoir la garde de vos enfants ne vous dispense aucunement de leur réserver du temps en quantité et en qualité.

- **Veillez aussi sur vous**. Essayez de vous accorder quelques heures par semaine pour vous détendre. Les soucis de votre rôle de parent s'accumulent jour après jour. Sans moment de répit, ils risquent de susciter en vous du ressentiment qui pourrait gâter vos relations avec les enfants. Relisez au début le passage sous-titré « Comment composer avec vos sentiments ».

Les pères qui sont homosexuels

Selon la plupart des évaluations, environ dix pour cent des hommes adultes sont homosexuels. Pour diverses raisons, quelque vingt à vingt-cinq pour cent de ces hommes ont été mariés au moins une fois et environ un quart d'entre eux ont engendré des enfants. En dépit de ce nombre relativement important, beaucoup d'Américains ressentent un certain malaise à l'idée qu'un homosexuel pourrait être père. Une enquête menée en 1996 par la revue *Newsweek* révèle que si cinquante-sept pour cent des adultes pensent que les homosexuels se comportent en aussi bons parents que les autres, près d'un tiers sont d'un avis opposé. Leurs raisons principales sont soit de nature religieuse, soit fondées sur le souci du bien-être de l'enfant, ou encore émanent d'une prévention générale à l'encontre des homosexuels.

Serait-ce le fait que ces rumeurs n'ont jamais été contestées? Il reste que beaucoup continuent à penser que les homosexuels ne peuvent être de bons pères. Rien n'est plus éloigné de la vérité. Les chercheurs Jerry Bigner et Brook Jacobsen ont établi une comparaison entre les pères homosexuels et les pères hétérosexuels, et ils ont découvert que les premiers :
- avaient tendance à être plus sévères que les pères hétérosexuels et accordaient par conséquent plus d'importance à la fixation de limites et au respect de celles-ci ;
- semblaient favoriser plus que les pères hétérosexuels le développement des aptitudes cognitives des enfants en leur expliquant les conventions et la raison des choses ;
- pouvaient accorder plus d'importance à la communication verbale avec leurs enfants ;
- répondaient mieux aux besoins qu'ils décèlent chez leurs enfants.

Bigner et Jacobsen soutiennent qu'une partie de cette attention et de cette sensibilité particulières pourrait provenir de la crainte qu'auraient les pères homosexuels de faire l'objet d'une plus grande méfiance de la part des juges, des hommes de loi et de la société en général. En résumé, la majorité des pères homosexuels ont à cœur d'élever leurs enfants selon les règles établies en s'efforçant de créer pour eux un milieu de vie qui baigne dans la quiétude.

Quelques idées fausses au sujet des pères homosexuels

LA RUMEUR	LA RÉALITÉ
• **Les homosexuels sont attirés par les garçons et ont tendance à leur faire violence.**	• Il est exact que certains homosexuels maltraitent les enfants, mais pas plus que ne le font les hommes hétérosexuels.
• **Parce qu'ils ne peuvent se perpétuer eux-mêmes, les homosexuels recrutent de jeunes garçons pour étoffer leurs rangs.**	• Aucun fait ne vient confirmer cette hypothèse.
• **Les enfants de pères homosexuels deviendront eux-mêmes des homosexuels ou souffriront de certains déséquilibres dans le domaine de la sexualité.**	• Seulement dix pour cent des enfants d'homosexuels seront homosexuels, ce qui constitue le même pourcentage que dans la population globale, déclare Charlotte Patterson, de l'Université de Virginie. Nombre d'études ont en outre montré que les enfants de parents homosexuels s'amusent avec les mêmes jouets, ont les mêmes intérêts et se dirigent vers les mêmes professions que les enfants de parents hétérosexuels.
• **L'homosexualité du père laissera une cicatrice psychologique**	• Les enfants d'homosexuels ont tout autant (ou aussi peu, selon le point de vue) de problèmes psychologiques et obtiennent d'aussi bons résultats scolaires que les

LA RUMEUR	LA RÉALITÉ
chez l'enfant.	enfants de parents hétérosexuels. De fait, les problèmes psychologiques auxquels les enfants ont à faire face proviennent plus souvent de la rupture des relations entre les parents que du type de sexualité de ceux-ci.

L'allocation en faveur de l'enfant

Il y a quelques années, des chercheurs ont, après avoir observé le comportement de 273 000 enfants, découvert trente « atouts » que les enfants doivent posséder pour réussir. Ils ont réparti ces atouts en deux catégories, l'une intrinsèque, l'autre extrinsèque. Parmi les seize atouts extrinsèques indispensables au succès de l'enfant dans la vie, pas un ne concernait l'aspect financier. Pourtant, dans l'esprit du public (ainsi que dans l'esprit de la plupart des législateurs et des juges), l'argent, aussi connu sous l'expression pudique d'« allocation en faveur de l'enfant », en est le numéro un.

Si vous êtes veuf ou si vous avez la garde permanente de vos enfants, vous n'aurez pas à vous soucier de verser cette allocation en faveur de l'enfant. Mais si vous êtes l'un de ces pères à qui cette forme de garde n'a pas été confiée, lisez attentivement ce qui suit.

Que représente cette allocation ?

En termes simples, l'allocation en faveur de l'enfant est le moyen choisi par le tribunal de s'assurer que l'enfant ne mourra pas de faim, que votre « ex » et vous-même vous haïssiez ou non. En théorie, la loi décrète que les parents ont une obligation commune de veiller aux besoins pécuniaires de leurs enfants, et ce au moins jusqu'à l'âge de dix-huit ans (ou davantage dans certains cas). Dans la réalité, cependant, cette responsabilité incombe surtout au père.

Cela signifie que le parent qui ne se voit pas confier la garde (vous, probablement) devra payer au parent à qui on l'a confiée (probablement votre « ex ») un certain montant mensuel destiné à couvrir la nourriture, les vêtements, l'éducation et la santé de l'enfant. Cette allocation doit, de fait, assurer plus que les besoins fondamentaux de l'enfant. Le parent à qui incombe le versement (nous supposerons que c'est vous tout au long de ce chapitre) aura à ajuster le montant de façon à permettre aux enfants de jouir du même train de vie - y compris les leçons de danse, les écoles privées et les vacances en Italie ! – qu'ils avaient avant la rupture de leurs parents.

Le calcul de la pension alimentaire pour enfants

En 1997, le Québec s'est doté d'un nouveau modèle de fixation des pensions alimentaires pour enfants. Avant cette date, les tribunaux et les parties impliquées ne disposaient pas de règles claires pour fixer les montants des pensions. Dorénavant, il existe des normes précises et objectives qui facilitent le calcul. Ces normes visent à affirmer la responsabilité commune des deux parents à l'égard de leurs enfants et tient compte de leur capacité de payer. Le calcul se fait en fonction du revenu des parents, du nombre d'enfants, du temps de garde et de certains frais additionnels, s'il y a lieu.

Que vous vous entendiez ou non avec votre « ex » sur le montant de la pension destinée aux enfants, vous devrez remplir, ensemble ou séparément, le « Formulaire de fixation des pensions alimentaires pour enfants ». Ce formulaire sert d'abord à établir le revenu disponible de chaque parent, qui correspond au total de ses revenus bruts annuels dont on déduit un montant de base de 9 000 $ et s'il y a lieu, les cotisations syndicales et professionnelles. Les revenus disponibles des deux parents sont alors additionnés et le total obtenu est reporté dans une table de calcul. Cette table permet de connaître le montant de la contribution annuelle de base de chacun des parents. Une fois établie la contribution annuelle des deux parents, on tient compte du temps de garde, ce qui peut influencer le montant de la pension alimentaire. Ici, on considère qu'une personne a la garde exclusive des enfants si elle assume plus de 60% du temps de garde. Il y a garde exclusive avec droit de visite prolongée lorsque le parent qui n'a pas la garde assume entre 20% et 40% du temps de garde, et garde partagée lorsque chacun des parents assume au moins 40% du temps de garde.

Certains frais peuvent s'ajouter à la contribution alimentaire de base. Ce sont, par exemple, les frais de garde (non imposables), les frais d'études postsecondaires et d'autres frais particuliers, comme les frais médicaux et les dépenses relatives à un programme éducatif ou à des activités parascolaires. Ces frais additionnels sont toutefois soumis à l'appréciation du tribunal, à moins que vous ne vous entendiez avec votre « ex » à leur sujet.

Il faut bien noter deux choses au sujet de ces chiffres. La première, c'est que le revenu brut inclut les revenus de toute provenance, c'est-à-dire les traitements, salaires et autres rémunérations, les pensions alimentaires versées par tiers à titre personnel, les prestations d'assurance-emploi, les prestations provenant d'un régime de retraite ou d'un régime d'indemnisation, les dividendes, les intérêts et les autres revenus de placement, les revenus nets de location et les revenus nets tirés de l'exploitation d'une entreprise. Pour le calcul de l'allocation, le revenu disponible est le revenu brut, déduction faite d'un montant de base de 9 000 $ et des cotisations syndicales et professionnelles, s'il y a lieu. Il ne s'agit donc pas de votre disponible net, déduction faite de vos frais de voiture ou de vos achats à crédit. La seconde est que si vous gardez vos enfants plus longtemps, votre participation est théoriquement réduite d'autant, mais sans doute pas dans les proportions que vous pourriez espérer. Même si vous gardez vos enfants pendant cinquante pour cent du temps, si vous gagnez plus que ne gagne leur mère, il est probable que vous aurez encore à rédiger des chèques.

Au Québec, vous êtes dans l'obligation de compléter le Formulaire de fixation des pensions alimentaires et d'y déclarer vos revenus annuels. Vous devez aussi y annexer les documents exigés : relevés de paie, états financiers d'entreprise, état des revenus et dépenses relatifs à un immeuble, copie des déclarations d'impôt fédérale et provinciale ainsi que les avis de cotisation pour la dernière année fiscale. Votre « ex » doit en faire autant. Le formulaire de fixation doit obligatoirement accompagner la demande de pension pour enfant sinon le tribunal n'entendra pas la demande. De plus, la loi exige que la demande de pension soit signifiée à la partie adverse, y inclus le formulaire et les documents. Cette signification à la partie adverse ne s'applique évidemment pas si vous et votre « ex » avez rempli et produit le formulaire ensemble.

Comment rédiger votre proposition

Vous pouvez, si vous vous entendez, convenir tous les deux d'un montant de pension alimentaire différent de ce que prévoit les règles de fixation. Mais vous devrez quand même utiliser ces règles de fixation comme guide et expliquer clairement les motifs de l'écart entre le montant normalement fixé et votre entente. Du moment que les besoins de l'enfant sont couverts, les tribunaux approuveront généralement vos arrangements, s'ils sont raisonnables. Voici quelques points à garder à l'esprit lorsque votre « ex » et vous rédigerez votre projet d'arrangement pour la pension alimentaire.

- **Limitez l'accord à l'allocation en faveur des enfants**. Toute convention financière entre vous qui ne serait pas liée à cette question ne devrait pas être incluse dans cet accord.

- **Soyez honnête**. Ne mentez pas au sujet de vos revenus et ne faites rien pour les réduire délibérément ou augmenter artificiellement vos dépenses.

- **Soyez juste**. Tout accord que vous projetteriez entre vous devra être approuvé par le juge.

- **Soyez compréhensif**. Si vous gagnez énormément d'argent, votre femme pourrait s'en irriter.

- **Ni l'un ni l'autre ne peut se soustraire totalement à l'obligation de l'allocation aux enfants**. Cependant, vous pourriez fixer la participation de l'un ou de l'autre à zéro. Le juge peut approuver un tel arrangement tout en laissant la porte ouverte à un rajustement ultérieur si les circonstances le justifient.

- **Soyez souple**. Renégociez votre accord chaque année ou plus souvent si nécessaire, en fonction des circonstances. Toute modification de la situation financière de l'un de vous pourrait avoir des effets désastreux sur vos enfants.

- **Songez aux imprévus** Si vous perdez votre emploi ou êtes blessé ou handicapé, votre quote-part devrait être ajustée en fonction des circonstances. Même chose si vous gagnez à la loterie.

- **Essayez de répartir les montants en pourcentage plutôt qu'en valeur absolue**. Cela est particulièrement important si vos revenus fluctuent (si, par exemple, vous êtes charpentier et que vous avez peu de travail en hiver). Tim Horgan note que certains considèrent un tel arrangement comme inacceptable aux yeux de la mère qui ne peut ainsi jamais prévoir ce qu'elle va recevoir. C'est juste, soutient-il, mais si elle n'avait pas divorcé, elle aurait connu la même incertitude.

- **Évitez les clauses de rajustement automatique.** Discutez plutôt, lors de la révision annuelle, de l'évolution des dépenses et des revenus.

- **Demandez un relevé complet des dépenses.** Si vous versez l'allocation en faveur des enfants, vous avez bien le droit de savoir comment les montants auront été dépensés.

- **N'acceptez pas de payer plus que votre juste part, sous le prétexte de minimiser votre sentiment de culpabilité d'avoir abandonné femme et enfants.**

La perception des pensions alimentaires

Au Québec, c'est le ministère du Revenu qui perçoit les pensions alimentaires. Depuis 1995, dès qu'un jugement établit pour la première fois une pension alimentaire, le greffier fait parvenir les informations pertinentes au ministère du Revenu. Ce dernier perçoit la pension auprès de la personne qui doit la payer et la verse à la personne qui y a droit. Vous pouvez payer la pension alimentaire de deux façons, soit par retenue à la source ou par ordre de paiement. Si vous êtes salarié, il est probable que la retenue sera faite à la source, tandis que si vous êtes travailleur autonome, vous devrez faire un ordre de paiement au ministère du Revenu. La retenue à la source est effectuée par l'employeur et transmise au ministère du Revenu. Si vous payez par ordre de paiement, les dates et les modalités seront établies de façon précise et vous devrez garantir l'équivalent de trois mois de pension. De son côté, deux fois par mois, le ministère du Revenu verse le montant de la pension alimentaire et, le cas échéant, les arrérages à la personne qui y a droit.

Si vous versiez déjà une pension alimentaire avant la date du 1er décembre 1995, le régime de perception ne s'applique pas à vous. La perception peut quand même être effectuée si vous en avez fait la demande au tribunal conjointement avec votre « ex » ou si votre « ex » en a fait la demande parce qu'elle ne recevait pas la pension alimentaire qui lui était due.

Vous pouvez aussi être exempté du régime de perception et verser directement la pension alimentaire à votre « ex ». Soit que vous constituiez une fiducie qui garantit le paiement de la pension alimentaire, soit que votre « ex » et vous soyez d'accord pour demander une exemption. Vous devrez alors fournir une garantie suffisante (somme d'argent ou engagement d'une institution financière) pour assurer la pension pendant un mois.

Quelques remarques concernant l'allocation

- Payez-la à temps et en totalité. En cas de non-paiement, plusieurs situations sont possibles. Si c'est le ministère qui perçoit la pension alimentaire, il entreprendra les démarches nécessaires pour la récupérer. Si vous avez obtenu une exemption, elle prend fin dès que vous cessez d'acquitter vos obligations. Une fois le ministère informé de la situation par votre « ex », c'est le montant que vous avez versé comme garantie qui servira à payer la pension alimentaire. Après quoi, le ministère s'occupera de la percevoir directement. Si votre pension alimentaire n'est pas assujettie au régime de perception, votre « ex » peut toujours demander qu'elle le soit en s'adressant au tribunal.
- Tout retard ou toute absence de paiement pourrait faire croire à vos enfants que vous les avez abandonnés. Payez-la même s'il vous est difficile de nouer les deux bouts et même si votre « ex » vit dans un château avec son nouveau millionnaire de mari.

Si, malgré tout, vous ne parvenez pas à payer ce que vous devez ou que vous avez convenu de payer, versez tout ce que vous pouvez et lisez plus loin la section *Que faire si vous avez des difficultés à payer l'allocation ?*

Non, vous ne pourrez déduire les montants de la pension alimentaire de vos impôts. Depuis 1997, la pension alimentaire versée pour les enfants n'est plus imposable pour la personne qui la reçoit et n'est plus déductible pour la personne qui la verse. Cependant, si le jugement a été rendu avant le 1er mai 1997, vous pouvez déduire la pension alimentaire de vos revenus. Elle sera alors imposable pour votre « ex ». Vous pouvez cependant faire une demande conjointe afin d'être assujetti au nouveau régime défiscalisé.

Soyez généreux. Versez autant que vous pouvez vous le permettre. Si votre « ex » a besoin d'aide et si vous êtes en mesure de faire quelque chose pour elle, faites-le. Vos enfants en bénéficieront plus tard.

Si vous payez la pension alimentaire directement...

- Ne payez jamais en espèces. Il y a trop de risques de voir l'argent « disparaître ».
- Payez uniquement par chèques. Et mentionnez : « allocation pour les enfants pour tel mois de telle année ». Indiquer le nom de votre « ex » chaque mois sur un chèque peut susciter en vous toutes sortes de sentiments. Cela peut être évité en versant l'allocation par l'intermédiaire de votre avocat, mais cette façon d'agir m'a toujours paru terriblement humiliante.
- Gardez soigneusement trace de chaque chèque que vous rédigez, de sa date d'expédition et de la date de son encaissement.
- N'utilisez jamais le versement de l'allocation en faveur des enfants comme moyen de rétorsion. La tentation peut être forte de retenir l'argent de l'allocation pour punir votre « ex » de tracasseries qu'elle vous aurait infligées, comme par exemple de contrarier vos tentatives de rencontrer les enfants, mais ce serait vous

punir vous-même. En outre, aux yeux du tribunal, l'allocation aux enfants et le droit de visite sont deux choses totalement différentes et vous ne recevriez aucun appui pour votre action.

Questions concernant la façon dont l'allocation est dépensée

L'allocation en faveur des enfants est destinée aux enfants et non à votre « ex ». Cela semble logique, mais vous seriez surpris de connaître le nombre de personnes qui n'ont pas une idée claire de cette notion.

Dans l'exemple le plus notoire d'une mauvaise utilisation de l'allocation en faveur des enfants, une juriste représentant le ministère public du comté de Los Angeles, Marcia Clark, prit la liberté, au cours du procès de O. J. Simpson, de demander au juge d'ordonner une augmentation de l'allocation versée par son mari. Il n'était pas un délinquant et ne payait pas moins qu'il ne pouvait se le permettre (en réalité, elle gagnait deux fois plus d'argent que lui). La raison ? « À cause de la publicité faite au procès, tant par la presse que par la télévision, j'ai dû acheter cinq nouvelles robes et autant de paires de chaussures pour un montant de 1 500 dollars », écrivit-elle dans les documents officiels. « Je suis constamment sous l'œil de la caméra. J'ai dû me faire coiffer... et ai dépensé davantage en soins de beauté. Comme employée du comté, aucune de ces dépenses ne me sont remboursées. »

Savoir que votre « ex » dépense tout ou partie de l'allocation aux enfants à son profit personnel peut vous mettre en fureur, mais c'est si couramment accepté par les mères qui ont la garde des enfants et par les juges que vous ne pouvez pas y faire grand-chose, sinon :
• Garder les preuves qu'elle utilise l'argent de l'allocation à d'autres fins et en avertir le tribunal. Mais la preuve est presque impossible à produire. Même si vous le pouviez,

si l'allocation a été versée selon les règles, le juge ne peut pour ainsi dire rien faire.

- Demander à la cour de vous autoriser à faire au moins certains des paiements directement aux tiers comme la garderie, les assureurs, etc.
- Ignorer la chose. Si contrarié que vous soyez, le fait est que votre « ex » souffre d'une sorte de problème d'abus de biens, mais l'argent qu'elle dépensera pour elle embellira un peu, d'une certaine manière, la vie de vos enfants.

Que faire si vous aviez des difficultés à payer l'allocation ?

Si insensible que le système judiciaire puisse paraître, il permet (au moins en théorie) aux pères incapables, légitimement, de payer l'allocation en faveur des enfants de réduire ou de différer leurs paiements. Malheureusement, peu d'hommes se rendent compte de cette éventualité avant qu'il ne soit trop tard.

Si vous perdez votre emploi ou si vous souffrez d'une incapacité de travail qui ne vous permet plus de faire face à vos obligations de paiement, vous êtes dans le pétrin. S'il y a un changement significatif dans votre situation, vous pouvez demander une révision ou une modification de l'entente initiale. Lorsque vous vous entendez avec votre « ex », vous pouvez demander au greffier spécial d'entériner cette entente sans passer devant le juge. Lorsque vous ne vous entendez pas, vous devez obligatoirement vous adresser à la cour. Vous pouvez aussi demander une réduction de la pension si vous êtes capable de démontrer que le montant fixé vous cause des difficultés excessives. Vous pouvez invoquer des frais élevés pour exercer votre droit de visite, des dettes contractées pour des besoins familiaux (dans la mesure du raisonnable), une pension alimentaire versée pour des enfants provenant d'une autre union ou d'autres obligations familiales.

Inversement, votre « ex » peut, pour les même raisons, demander une augmentation de la pension alimentaire. Il reviendra au tribunal, sur preuves des faits, d'ordonner ou non une diminution ou une augmentation de la pension.

La vérité au sujet des pères « indignes »

L'une des choses qui me heurtent le plus relativement à mon statut de divorcé est le fait qu'il existe autant de malentendus à propos de ce même statut. Peut-être l'idée la plus répandue et la plus décevante est que les pères célibataires sont presque par définition des « pères indignes », régulièrement en défaut de paiement de l'allocation.

Les pères qui ne s'acquittent pas du paiement de cette allocation sont accusés de tous les maux, depuis le vagabondage ou quelque obscur délit jusqu'à la destruction des valeurs familiales. On en a abondamment parlé dans le journal local et on a débattu de leur cas dans toutes les tribunes radiophoniques possible. Pourtant la vérité est que les pères réellement indignes sont très rares.

Soixante-six pour cent des mères qui reçoivent pour l'enfant une allocation inférieure à ce à quoi elles ont droit constatent simplement que, pour diverses raisons légitimes, le père est financièrement incapable de payer davantage. Une importante étude du gouvernement des États-Unis a montré que quatre-vingt-un pour cent des hommes régulièrement employés pendant l'année s'étaient ponctuellement acquitté de leurs versements contre seulement quarante-cinq pour cent de ceux qui avaient eu des problèmes d'emploi. D'autre part, une enquête du *General Accounting Office* américain a découvert que si quatorze pour cent des hommes ne payaient plus l'allocation due à leurs enfants, c'est qu'ils étaient tout simplement décédés.

Mais parfois le fait d'être en vie et d'avoir un travail ne suffit pas encore. Une liste récente des plus mauvais payeurs de l'allocation aux enfants a répertorié, en Virginie, un ouvrier du bâtiment, un mécanicien, un infirmier, plusieurs manœuvres, quelques camionneurs et un peintre en bâtiments. Dans le lot, pas un juriste, pas un médecin, pas un commerçant ni un informaticien...

L'argent, certes, est important. Mais comme le souligne Jay Teachman, sociologue de l'Université du Maryland, s'acquitter uniquement du paiement de l'allocation ne correspond qu'à un seul des aspects des obligations de paternité. Il y a une foule d'autres manières par lesquelles vous pouvez contribuer au bien-être de vos enfants tant sur les plans social qu'éducatif ou affectif. L'une des meilleures est de simplement partager leur vie de tous les jours. C'est-à-dire leur consacrer du temps, s'intéresser à leurs études, apprendre à connaître leurs amis et les conduire chez le médecin.

Il est dommage que les discussions au sujet des « pères indignes » n'incluent jamais de tels aspects, tout aussi importants que la contribution pécuniaire. La recherche a montré que si la participation était définie suffisamment largement pour inclure des investissements en temps, comme la supervision des devoirs à domicile, la participation aux manifestations scolaires et à d'autres activités comme les achats de vêtements et de cadeaux, presque tous les pères qui n'ont pas la garde des enfants apportent l'une ou l'autre forme d'assistance à leurs enfants. Et c'est la preuve patente que ces pères cherchent à rendre la vie de leurs enfants aussi agréable que possible.

Et si c'est vous qui recevez l'allocation ?

Un homme recevrait une allocation pour ses enfants ? C'est rare, si rare qu'on en fait la une des journaux, mais cela arrive. Aux États-Unis, alors qu'environ cinquante-huit pour cent des mères reçoivent une allocation pour l'enfant dont elles ont la garde, seulement quarante pour cent des pères en sont gratifiés. En outre, le montant des allocations reçues par les mères est en moyenne plus élevé d'un tiers que celles qui sont allouées aux pères.

Toutefois, ce n'est pas parce que la chose est rare que vous ne devez pas la demander. Si vos enfants demeurent plus de cinquante pour cent du temps avec vous ou si votre « ex » gagne plus d'argent que vous, discutez avec elle de sa participation volontaire à l'entretien des enfants ou envisagez, avec votre avocat, de demander une telle allocation via le tribunal.

Quelques remarques concernant la collecte de l'allocation aux enfants

- N'utilisez pas les enfants comme arme pour vous aider à obtenir l'argent. C'est une chose tentante, mais dangereuse. Vos enfants ont besoin de leur mère tout autant que de leur père.
- Soyez beau joueur. S'il vous arrivait de tenir rigueur à votre « ex » de l'argent qu'elle gagne et de la liberté qu'il lui procure, tout cet argent ne parviendrait jamais à acheter le type de relations que vous établissez avec vos enfants.
- Ne refusez pas l'argent sous prétexte de vous punir de ce que vous auriez ou n'auriez pas fait pendant votre vie en couple. L'allocation aux enfants ne fait que vous aider à fournir à ceux-ci le nécessaire, elle ne vous est pas destinée.
- Gardez une trace des versements. Enregistrez les montants et les dates de chacun des chèques que vous recevez.
- Tenez aussi soigneusement compte de l'usage que vous faites de cet argent. Vous aimeriez que votre « ex » en fasse autant si la situation était inversée.
- Non, vous ne devez pas déclarer cet argent en tant que revenu.

Si vous avez besoin d'aide pour récupérer ce qui vous est dû

Après toutes ces considérations au sujet des pères indignes, vous ne vous attendriez jamais à ce qu'une mère tenue de verser une allocation en faveur de ses enfants soit en retard de paiement; ou simplement refuse de payer. Pourtant selon des relevés récents du U.S. Census Bureau, seulement vingt pour cent des mères qui doivent verser une allocation en faveur de leurs enfants paient au moins une partie de leurs obligations, tandis que soixante et un pour cent des pères dans la même situation s'acquittent de leurs versements. Près de la moitié des mères (46,9 %) ne versent absolument rien contre vingt-six pour cent des pères dans le même cas.

Si votre « ex » ne vous paie pas ce qu'elle doit, voici ce que vous devriez faire :

Si c'est le ministère qui perçoit la pension alimentaire, vous n'avez rien à faire. Le ministère entreprendra les démarches nécessaires dès qu'il constatera ce qui se passe.

Si vous êtes exempté du régime de perception, vous devez communiquer avec le ministère du Revenu pour l'informer de la situation. Durant le premier mois, c'est la provision que votre « ex » a versée qui servira à payer la pension alimentaire. Le ministère s'occupera par la suite de récupérer la pension.

Si vous ne recevez pas une pension alimentaire qui vous est due en vertu d'un jugement antérieur au 1er décembre 1995, vous devez demander au greffier du district judiciaire où le jugement a été rendu ou au greffier du district judiciaire où vous demeurez que la Loi sur la perception des pensions alimentaires s'applique à votre cas. Le greffier transmettra alors les documents nécessaires au ministère du Revenu qui veillera à percevoir ladite pension alimentaire. Parlez de tout cela à votre avocat.

Si vous avez besoin de l'assistance publique, des banques alimentaires, d'aide au logement ou de logement subventionné, n'hésitez pas à y recourir.

Ne soyez ni timide, ni trop réservé. Demander de l'aide ne signifie pas que vous n'êtes pas un homme digne de ce nom ni que vous ne pouvez pas veiller vous-même sur votre famille. Puisqu'on fait du tort à vos enfants, vous devez tout faire pour leur venir en aide.

Aide à l'épouse

Si vous étiez marié, le tribunal peut vous ordonner de verser une pension alimentaire à votre « ex ». Habituellement, ce type de pension est considéré comme un soutien temporaire à celui qui est dans le besoin pour lui permettre d'organiser sa vie. Pour l'accorder, le juge tient compte des ressources, des besoins et, d'une façon générale, de la situation de chacun des conjoints. La pension pour « ex-conjoint » n'est pas accordée systématiquement. Votre « ex » doit en faire la demande au tribunal et faire la preuve de ses besoins. Tout comme il faut faire la preuve de vos moyens. C'est le juge qui décide du montant de la pension et de la période pendant laquelle elle sera versée. Il peut aussi en réviser le montant, s'il y a lieu.

Le montant et la durée de la pension à l'épouse dépendent de beaucoup d'éléments, et notamment de la durée de la cohabitation, des fonctions que chacun a remplies au cours de l'union, des ordonnances, des ententes et des autres arrangements qui ont déjà été établis au profit de votre « ex » et de vos enfants à charge, ainsi que du degré d'autonomie financière de chacun.

Tout comme pour l'allocation en faveur des enfants, les modalités de l'accord sur la pension de l'ex-épouse peuvent être arrêtées entre vous, ou avec l'aide d'un médiateur, ou encore discutées entre avocats. Si vous choisissez la première formule, vous devrez préciser le montant de la pension, la durée de l'obligation et les éléments qui pourraient entraîner l'arrêt ou la suspension des versements. Ne signez rien sans l'aval de votre avocat.

Que vous prépariez vous-mêmes votre propre accord ou qu'un juge l'ordonne, vous serez assujetti au régime de perception des pensions alimentaires, à moins que vous et votre « ex » ne demandiez une exemption. Toutes les règles de la perception des pensions alimentaires pour enfants s'appliquent de la même façon. Et, comme dans le cas de défaut de paiement de l'allocation en faveur des enfants, les conséquences pourraient être graves. Notez que, contrairement à la pension alimentaire en faveur des enfants, les paiements de la pension à l'ex-épouse sont déductibles d'impôt.

Les modifications éventuelles

La pension à l'ex-épouse cesse normalement au décès de celle-ci. Mais que se passe-t-il si elle se remarie ou si elle se remet simplement en ménage avec quelqu'un d'autre ? Puisque la pension alimentaire est établie en fonction des besoins de l'ex-conjoint, le tribunal peut prendre en considération les revenus d'un nouveau conjoint quand il détermine les dépenses de chaque partie. La pension que vous versez à votre « ex » peut aussi être arrêtée ou suspendue si vous perdez votre emploi, si vous êtes handicapé ou incapable de payer pour l'une ou l'autre raison légitime. En revanche, si vous devez une pension à votre « ex » et si votre « ex » est hospitalisée ou invalide, les montants de vos versements pourraient être augmentés. De fait, tout changement important dans votre situation ou dans celle de votre « ex » peut donner lieu à une révision de la pension alimentaire. Si vous ne vous entendez pas avec votre « ex » à propos d'une révision de la pension, vous devez vous adresser au tribunal et faire la preuve du changement qui la justifie.

La prestation compensatoire

Si elle en fait la demande, le juge peut accorder à votre « ex » une somme d'argent globale ou des biens pour compenser sa contribution à votre enrichissement pendant le mariage. La prestation compensatoire sert à rééquilibrer le patrimoine familial en fonction de l'apport de l'un des époux. Cet apport peut être sous forme de biens, d'argent ou de services. Votre « ex » devra faire la preuve que sa contribution a directement contribué à votre enrichissement. Pour établir une prestation compensatoire, le juge tient aussi compte de plusieurs éléments. comme la durée du mariage, le degré d'autonomie financière de votre « ex », le rôle de chacun des époux pendant le mariage et l'incapacité de de votre « ex » de retourner sur le marché du travail.

L'accès aux enfants (les visites)

Si la résidence principale de vos enfants est ailleurs que chez vous (ou que vos deux résidences, si vous avez la garde physique partagée), certaines visites seront permises soit par les tribunaux, soit par accord direct entre vous et votre « ex ». Sur le plan juridique, la visite est simplement le droit du parent qui n'a pas la garde physique des enfants de passer quelque temps avec eux. Mais bien des pères, moi y compris, ont l'impression que ce terme de « visite » est dévalorisant, parce qu'il semble sous-entendre que l'on est une sorte de parent éloigné arrivant de loin et non le père des enfants. C'est pour cette raison que je préfère le terme « accès ».

La convention d'accès

D'une manière générale, votre programme et les horaires de vos visites seront soit prévus dans l'accord parental, soit imposé par décret de la cour. Vous ne vous étonnerez certainement pas si je vous recommande de rédiger le programme des visites entre votre « ex » et vous plutôt que de laisser ce soin au juge. Le programme des visites doit tenir compte de l'intérêt supérieur des enfants. Beaucoup de juges ne connaissent rien à ce sujet ou ne s'en soucient guère.

Lorsqu'il n'est pas chargé de la garde, le père a généralement droit à garder ses enfants une fois tous les quinze jours, du vendredi soir au dimanche soir ou au lundi matin, une après-midi supplémentaire (deux à quatre heures) par semaine, quelques jours de congé, et une période plus longue, un mois peut-être, en été. À vrai dire, je considère que ce schéma est simplement inapproprié. Il ne vous donne jamais assez le temps, ni à vous ni à vos enfants, d'être ensemble et de pouvoir établir ou même entretenir une relation étroite. En réalité, ce système vous encouragerait plutôt à laisser tomber les bras.

Gardez à l'esprit les points suivants :

- **Rédigez votre convention dès que possible**. Le père qui a un programme d'accès clairement établi passera probablement davantage de temps avec ses enfants que celui dont le programme est vague et mal défini. Établir dès maintenant un calendrier vous permettra de bien commencer vos nouvelles relations avec vos enfants et vous aidera à les conserver telles dans le futur.

- **Soyez aimable envers votre « ex »**. Ayant la garde principale, elle aura un contrôle quasi total sur votre accès aux enfants. Cela signifie qu'il est en son pouvoir soit de vous accorder beaucoup de temps supplémentaire avec vos enfants, ce qui aidera à renforcer vos liens avec eux, soit d'exiger le strict respect de la convention.

- **Assurez-vous de passer suffisamment de temps avec les enfants**. Si votre couple ne s'était pas séparé, vos enfants auraient pu, chaque jour, vous voir l'un et l'autre. Un tel régime n'est plus possible maintenant, mais vos programmes devraient permettre un contact régulier des enfants avec l'un et l'autre des parents.

- **Tenez compte de l'âge des enfants**. Les visites devraient être aussi fréquentes que possible. Cependant, cette fréquence devra tenir compte de l'âge des enfants. Pour les plus jeunes, les visites devraient être courtes, mais fréquentes ; un laps de temps de deux semaines est beaucoup trop long. Nous reviendrons plus loin sur ce point.

- **N'acceptez pas la formule « fréquence raisonnable ».** Vous pourriez supposer qu'il serait raisonnable de voir vos enfants chaque jour alors que, pour votre « ex », une visite par mois serait suffisante. Même si, à l'heure actuelle, vous êtes d'accord entre vous sur une fréquence acceptable, réfléchissez à ce qui se passerait si, demain, elle changeait d'avis.

- **Précisez le programme dans ses moindres détails.** La plupart des spécialistes conviennent que la régularité du programme des visites est au moins aussi importante que sa fréquence. Précisez les jours et les heures où vous passez prendre et ramener les enfants. Convenez par exemple des premier et troisième vendredis du mois de telle à telle heure. Spécifiez également l'endroit où le transfert devra avoir lieu. Vous prenez les enfants chez leur mère qui, elle, passe les reprendre à la fin de la visite. N'oubliez pas de convenir quels jours fériés vous seront réservés et essayez d'y inclure au moins le jour de la fête des pères et celui de votre anniversaire. Considérez aussi les cas exceptionnels où une urgence ou tout autre incident viendrait modifier vos dispositions. Prévoyez la procédure permettant de revoir éventuellement les programmes convenus, comment régler ces questions par téléphone, etc.

- **Si possible, prévoyez des pénalités pour non-respect des accords.** Au cas où votre « ex » s'interposait dans vos relations avec vos enfants, ou les enlevait, il pourrait y avoir de graves conséquences : une modification immédiate des conditions de garde ou une amende sont deux des possibilités. Pour équilibrer, incluez aussi une possibilité d'amende en cas de retour tardif des enfants, en cas de défaut de paiement de l'allocation en faveur des enfants, en exceptant les cas où vous pourriez prouver que vous êtes en chômage, ou que vous avez toute autre raison légitime de ne pouvoir travailler. Souvenez-vous cependant que votre allocation aux enfants et le droit de visite sont deux choses totalement distinctes et que la pénalité pour défaut de paiement de l'allocation ne pourra jamais supprimer votre droit de rencontrer les enfants.

- **Soyez conscient de vos limites**. Soyons honnêtes vis-à-vis de nous-mêmes. Seriez-vous capable de garder vos enfants chez vous pendant deux ou trois jours consécutifs? Si oui, félicitations! Sinon, il n'est pas trop tard pour apprendre. Les centres communautaires et autres organismes du genre proposent des cours d'apprentissage qui pourraient vous être utiles. Si vous en avez besoin, inscrivez-vous à l'un de ces organismes.

La durée des visites

La question essentielle, dans l'établissement de votre convention d'accès aux enfants est de savoir combien de temps les enfants pourront passer avec celui des parents qui n'a pas le droit de garde. Dans vos efforts en vue d'arriver à un arrangement à l'amiable, votre « ex » et vous devrez chercher un équilibre entre les besoins de vos enfants et les vôtres.

De toute évidence, les besoins de vos enfants ont priorité. Non seulement ils ont besoin d'avoir une relation intense et féconde avec l'un et l'autre de leurs parents, mais ils en ont aussi le droit. Le but de l'accord sur le partage du temps n'est pas de limiter l'accès des enfants à l'un ou à l'autre des parents, mais bien d'assurer qu'ils passent suffisamment de temps avec chacun des parents pour répondre à leur besoin.

Vos besoins à vous sont importants aussi, mais dans une moindre mesure. Pensez-y toutefois sérieusement. La plupart du temps, la mère sait exactement ce qu'elle veut et elle l'exprime. Le père, lui, n'est pas doué dans ce domaine. N'hésitez pas à faire connaître et à défendre votre point de vue.

Combien de temps est-ce suffisant?

Essayez d'obtenir le régime le plus libéral possible. Une fois établis, les horaires de visite sont souvent très difficiles à modifier. Si vous commenciez par accepter de voir vos enfants une seule fois toutes les deux semaines et si vous vouliez ensuite ajouter à ce programme deux jours entiers par semaine, je vous garantis que ce sera difficile à obtenir.

Quel que soit l'arrangement pris, et nous verrons plus loin quelques règles utiles à ce sujet, l'essentiel est d'obtenir un régime régulier de visites. Vos enfants ont besoin de régularité dans leurs relations avec vous. Ils doivent savoir qu'ils peuvent compter sur vous et que vous serez toujours proche d'eux. De telles notions ne se transmettent pas si l'on se borne à des visites sporadiques. Nous en dirons plus à ce sujet dans les pages suivantes.

La régularité est une chose, encore faut-il que la fréquence soit suffisante : une visite par an ne suffirait évidemment pas. La plupart des spécialistes pensent que des visites fréquentes, même courtes, sont préférables pour les enfants que des visites irrégulières, même si elles sont prolongées. Quant à savoir ce que comprennent exactement les notions de *fréquence* et de *durée*, cela dépend de nombreux facteurs, principalement de l'âge des enfants et de la distance qui vous sépare de la résidence de votre « ex ».

Nous reviendrons plus loin à la question de l'adaptation du programme à l'âge des enfants, mais en tout état de cause les visites devraient avoir les caractéristiques ci-dessous.

- **Être suffisamment rapprochées**. La fréquence devrait favoriser la poursuite des contacts dont les enfants ont besoin et vous permettre de rester proche des changements qui s'opèrent dans leur vie. Une semaine est un laps de temps énorme pour un enfant au-dessous de six ou sept ans, mais suffisant, bien que loin d'être idéal, pour un adolescent.

Plus proches vos résidences respectives seront-elles l'une de l'autre, plus souvent vous pourrez voir vos enfants. Résidez donc, votre « ex » et vous, aussi près que possible l'un de l'autre. Vous ne devez pas pour autant vous voir souvent, mais il faut seulement reconnaître que les enfants ont besoin d'une relation permanente avec l'un et l'autre de leurs parents.

- **Se poursuivre suffisamment longtemps**. La durée des visites doit être suffisante pour que votre relation avec les enfants puisse s'établir et se développer normalement. Si votre bébé a un an ou moins, trois ou quatre heures par jour est suffisant pour un début. Mais pour un enfant de huit ans, ce n'est certainement pas assez.

Si vos visites étaient trop distancées...

- Il y aurait tant de choses à se dire que le temps des retrouvailles risquerait de couvrir toute la période disponible. Passer autant de temps à échanger des nouvelles pour devoir se quitter immédiatement ensuite serait pénible pour tous. Certains pères pourraient même s'interroger sur l'utilité de telles rencontres et en arriveraient à espacer encore davantage leurs visites.

- Vous manqueriez votre objectif qui est d'établir une relation avec les enfants. Ceux-ci ne percevraient pas en vous la stabilité dont ils ont tant besoin et vous n'arriveriez qu'à jouer un rôle limité dans leur vie. Vous pourriez toutefois compenser une telle lacune en restant en contact par d'autres moyens. Lisez plus loin la section intitulée *Comment faire valoir ses droits en étant éloigné*.

- Vous seriez tout à fait hors du coup lorsqu'il s'agira d'événements de leur vie, entre autres de leur développement physique, de leurs devoirs, de leurs amis, de leurs activités parascolaires, de leur santé et même de leurs dents.

• Vous souffririez aussi. Les petits problèmes de tous les jours qui arrivent par exemple lors d'une visite devraient attendre une semaine ou plus avant d'être résolus, remarquent Richard Gatley et David Koulack. Les enfants oublient immédiatement de tels incidents, mais les pères nouvellement séparés en sont intérieurement secoués et se demandent quelles en seront les conséquences sur leurs enfants. De tels problèmes psychologiques et nombre d'autres, qui seraient aisément réglés par des contacts quotidiens au sein de la famille, prennent, lorsqu'ils doivent attendre trop longtemps avant d'être résolus, des proportions catastrophiques et causent ainsi des tourments insupportables au père séparé.

Si vos visites étaient trop courtes...

• Vous passeriez tout le temps disponible à vous informer les uns les autres, puis viendrait vite le moment de vous dire au revoir, en ne laissant que peu de temps pour vous installer dans une ambiance de routine confortable. La situation décevra sans doute vos enfants qui voudraient faire quelque chose avec vous plutôt que de rester à bavarder de ce qu'ils ont mangé chaque jour depuis que vous ne les avez plus vus. Pourtant, plus vos visites seront fréquentes, moins ce problème se posera.

• La brièveté des visites limite ce que vous pourriez faire avec eux. Si vous n'avez que quelques heures ou qu'une journée à passer ensemble, vous ne pourriez entreprendre aucune excursion, ni aucun loisir de longue haleine.

• Vous vous préoccuperiez de remplir chaque seconde de choses amusantes ou excitantes. Cela aussi pourrait décevoir vos enfants qui, parfois, auraient envie de passer calmement ce temps-là avec vous plutôt que de se défouler sur les montagnes russes.

Bien que votre « ex » et vous devrez finalement arriver à un programme qui satisfasse les besoins de chacun, prenez en compte les indications suivantes, selon l'âge de vos enfants, pour vous aider à établir le temps *minimal* que vous devriez passer avec eux.

Bébés et jeunes enfants

Les pères qui n'ont pas la garde des enfants se voient souvent attribuer la formule traditionnelle d'une visite par quinzaine, mais les pères de très jeunes enfants (jusqu'à deux ans) sont les moins favorisés de tous. La plupart des spécialistes conviennent que les enfants, surtout les plus jeunes, ont besoin de régularité et de stabilité. Malheureusement, trop de ces spécialistes se basent sur des stéréotypes dépassés relatifs aux hommes et aux femmes, et sont persuadés que les tout jeunes enfants devraient vivre presque exclusivement auprès du « parent principal » (la mère) et que le père devrait n'être autorisé qu'à une visite de deux ou trois heures toutes les deux semaines et ne pourrait en outre loger les enfants. Un tel régime est cependant déconseillé dans le cas de jeunes enfants, souligne le pédiatre Robert Fay. Il est presque aussi dommageable que l'absence totale de contacts et justifie l'allégation fréquente de la mère selon laquelle l'enfant ne souhaite même pas voir son père.

En réalité, vos jeunes enfants ont besoin d'un contact quotidien avec vous. Il faudra des années avant qu'ils n'aient acquis une notion suffisante du temps et de l'espace qui leur permette de comprendre que vous existez aussi dans l'intervalle de temps séparant les visites et que, vous voyant partir, ils savent que vous reviendrez bientôt. À cet âge, s'ils ne vous voient pas chaque jour, ou presque chaque jour, ils ne sauront jamais vraiment qui vous êtes.

Les indications suivantes vous donneront une idée des fréquences de visites que certains experts, dont le Dr Fay, recommandent pour les bébés et les tout jeunes enfants. Nous supposons ici que votre enfant vit chez sa mère et que c'est vous qui avez le droit de visite.

- **Le premier mois**. Si votre enfant est nourri au sein, vous pourriez bénéficier chaque jour d'une ou de deux visites d'une heure ou deux chacune. Si le bébé est nourri au biberon, vous pourriez même disposer de plus de temps ; Fay recommande un minimum de quatre heures par jour et de huit heures pendant la fin de semaine. Il est possible de diviser ces périodes en deux si nécessaire. À cet âge, il n'y a pas grand-chose à faire sinon tenir le bébé dans les bras, le nourrir et le changer. Pourtant, si lassant que cela puisse paraître, de telles activités posent les premiers jalons de vos relations futures.

- **De un à trois mois**. Pour un bébé nourri au sein, un minimum d'une séance de trois heures par jour et davantage en fin de semaine – peut-être huit ou douze heures – est acceptable. À cet âge déjà, le bébé peut reconnaître la différence entre sa mère et vous, et il sait ce qu'il peut attendre de l'un et de l'autre. Si le bébé est nourri au biberon, vous pourriez lui consacrer plus de temps encore.

- **De trois à six mois**. S'il est nourri au sein, au moins quatre heures par jour, et deux fois plus en fin de semaine. S'il est nourri au biberon, deux jours pleins chaque semaine, y compris son hébergement. Soyez prudent durant les premières nuits passées chez vous. Commencez par une seule nuit les deux ou trois premières fois, avant de risquer deux nuits consécutives.

- **De six à douze mois**. Huit à douze heures deux fois par semaine plus au moins quatre heures les autres jours si le bébé est nourri au sein. Si le bébé est nourri au biberon, loger chez vous est important et il est parfaitement normal que votre bébé passe toute une fin de semaine chez vous, soit trois nuits consécutives. Essayez de ménager quatre heures chacun des autres jours de la semaine.

- **De un à deux ans**. Après la première année, on peut envisager un programme moins intensif. Votre bébé a l'habitude d'être soigné par deux personnes de styles totalement différents. Pourtant, ne réduisez pas trop le programme. Vous devriez encore passer trois à quatre heures avec votre bambin trois fois par semaine, plus deux ou trois nuits une fin de semaine sur deux. Les enfants de cet âge n'ont pas encore une notion très précise du temps et quelques jours, peut-être une semaine, sans vous voir pourrait leur paraître une éternité. Ils pourraient se sentir abandonnés et rejetés et ne tarderaient pas à vous en vouloir ;

QUELQUES PROBLÈMES SUSCEPTIBLES DE SE PRÉSENTER

- **Alimentation au sein prolongée.** Les avantages de l'allaitement maternel sont bien connus et votre « ex » devrait allaiter le bébé pendant au moins un an, si possible. Parfois, remarque le Dr Fay, l'allaitement maternel perdure... pour la seule raison de prolonger le contact mère-enfant au détriment du contact père-enfant. Si vous soupçonnez que ce pourrait être le cas, évoquez le sujet auprès de votre « ex » en évitant de l'accuser. Si vous ne pouvez arriver à un accord avec elle, demandez à votre médiateur ou à votre avocat d'intervenir.

- **Durant la période de transition.** Au cours des premiers mois de séparation de leurs parents, les jeunes enfants peuvent avoir quelques problèmes d'adaptation. Ils peuvent en particulier se montrer pleurnichards, difficiles, grincheux, ou perdre l'appétit ou le sommeil soit chez vous, soit chez votre « ex ». De tels symptômes sont normaux : le bébé est en train de s'adapter à sa nouvelle situation et tout rentrera dans l'ordre sous peu. Lorsqu'ils sont aimés, sécurisés et entourés, les enfants sont capables de s'adapter facilement aux changements de leur environnement et ils s'y adaptent en réalité parfaitement, estime Fay. Malheureusement, trop de gens qui devraient pourtant le savoir essaient de traiter ces problèmes en réduisant le temps passé par l'enfant chez le parent qui n'en a pas la garde (vous). C'est précisément ce qu'il ne faut pas faire et qui conduira plus tard à de nouveaux et plus graves problèmes d'adaptation. Évidemment, si les problèmes devaient perdurer pendant plus d'un mois (moins encore s'il s'agit de problèmes de nutrition et de sommeil), ou s'ils se révèlent particulièrement aigus, prenez contact avec votre pédiatre.

Les enfants plus âgés

Le maintien de contacts réguliers et fréquents avec les enfants plus âgés garde toute son importance, et votre objectif doit être « autant que faire se peut ».

- **De trois à six ans**. Les enfants de cet âge ont encore besoin d'habitudes et de routines. Des visites de trois à quatre heures trois fois par semaine, plus le séjour de fin de semaine tous les quinze jours, est une bonne mesure. Vous devriez aussi avoir un contact téléphonique journalier. Pour les vacances, vous devriez pouvoir jouir, avec les enfants, d'une période ininterrompue allant d'une semaine à un mois. Mais si vous deviez garder les enfants pendant une période de plus de deux semaines consécutives, assurez-vous que votre « ex » puisse les voir dans l'intervalle. Pour les enfants, être éloignés d'elle pendant longtemps n'est pas plus à conseiller qu'être éloignés de vous.

- **De six à huit ans**. Maintenant que les enfants fréquentent la « grande école », il sera difficile de vous réserver des périodes disponibles de trois ou quatre heures. Consacrez-leur plutôt deux après-midis par semaine, prenez-les à la sortie de l'école, faites-les dîner et aidez-les à faire leurs devoirs. Chaque quinzaine, ajoutez aussi une nuit à leur séjour de fin de semaine en les prenant en charge du jeudi après l'école jusqu'au lundi matin. N'oubliez pas non plus le coup de fil quotidien. Mais rappelez-vous que les enfants de cet âge commencent à avoir des intérêts et des besoins extra-familiaux : amis, sports, devoirs à domicile. Soyez donc souple et accordez aux enfants suffisamment de temps pour tout faire. Votre « ex » et vous devriez alterner la garde pendant les vacances scolaires et vous répartir équitablement les grandes vacances d'été. Lorsque la chose est possible, accordez à l'autre parent la faculté de les visiter, spécialement si les enfants sont séparés de l'un de vous pendant plus de quelques semaines.

- **De neuf à douze ans**. Les programmes suggérés ci-dessus, concernant les premières années scolaires, restent ici valables en tant que minimum. Mais vous réussirez plus difficilement à placer votre appel téléphonique journalier... Et lorsque les enfants sont chez vous, il vous faudra déployer encore plus de compréhension face à leurs activités croissantes, aussi bien scolaires que sociales et récréatives. Peut-être les enfants dormiront-ils chez vous aussi souvent que précédemment, mais ils passeront probablement moins de temps avec vous. Les périodes de vacances et de congé devraient être réparties également entre votre « ex » et vous, ainsi que le temps pendant lequel les enfants sont au camp, une moitié de ce temps comptant pour « elle », l'autre moitié pour vous.

QUELQUES PROBLÈMES POTENTIELS

- **Adaptation**. Votre bambin peut pleurer, devenir agaçant ou triste, et pourrait adopter ou même révéler une évolution régressive (un enfant devenu propre pourrait recommencer à se salir, ou à sucer son pouce). Votre grand garçon ou votre grande fille pourrait montrer des signes de dépression, commencer à avoir des difficultés dans ses relations avec ses copains ou copines, ou se comporter de manière anormalement agressive. Toutes ces réactions n'ont rien d'anormal et sont très fréquentes. Ce sont les manifestations des réactions des enfants au stress dû à la séparation de leurs parents et aux modifications apportées à leur mode de vie. Pourvu que votre « ex » et vous leur montriez que vous les aimez et que leur environnement est sûr, ils s'habitueront progressivement à la situation. La solution n'est pas de réduire le temps qu'ils passent avec vous. mais si ces problèmes persistaient ou vous paraissaient graves, vous devriez consulter un spécialiste.

Si vos enfants éprouvent l'une ou l'autre difficulté d'adaptation, n'en rejetez pas la faute sur votre « ex ». Elle a probablement les mêmes préoccupations que vous. Dans certains cas, cependant, les problèmes psychologiques et de comportement chez les enfants proviennent de tentatives de l'un des parents de les détacher de l'autre. Si vous supposez que ce pourrait être le cas, lisez plus loin la section intitulée *Manipulations parentales*.

- **Préférences**. Il est définitivement à déconseiller de demander à vos enfants quand ils souhaitent venir chez vous. Cela ne les empêchera cependant pas de vous donner spontanément leur opinion. Lorsque des enfants expriment leurs préférences soit verbalement, soit par leur attitude, les parents veilleront à prendre ces indications en considération, conseille Shirley Thomas. Toutefois, poursuit-elle, ils ne confieront pas la tâche difficile du choix à des enfants trop jeunes, en particulier s'ils ne sont pas encore d'âge scolaire. Les enfants sont très versatiles et chaque fois que votre « ex » ou vous les réprimanderez ou vous opposerez à leurs caprices, ils prétendront ne plus jamais vouloir vous voir.

De treize à dix-huit ans

À l'instar des plus jeunes, les adolescents ont besoin de contacts réguliers et fréquents avec chacun de leurs parents. Pourtant, occupés qu'ils sont à découvrir un monde de plus en plus vaste, ils réclameront de plus en plus de compréhension de votre part.

Certaines de vos après-midis se verront amputées par des périodes d'entraînement sportif ou des répétitions d'orchestre ou de la troupe théâtrale, ou encore par une excursion au centre commercial voisin. Les fins de semaine où vous pourrez être ensemble seront raccourcies par l'une ou l'autre nuitée passée chez des copains. Il est essentiel de faire savoir à vos adolescents que vous approuvez leurs amitiés et autres intérêts extérieurs. Mais soyez ferme. Ils doivent aussi savoir que leur liberté sera soumise à quelques conditions : achèvement des devoirs scolaires et des petites tâches ménagères, retour à la maison à l'heure dite, présence aux repas et quelques laps de temps accordés à la vie familiale.

Votre adolescent ou votre adolescente ressemble peut-être déjà à un adulte, mais a encore besoin de beaucoup de soutien et d'encouragements de la part de l'un et l'autre parent. À cet âge, les garçons aiment passer plus de temps avec leur père et, de leur côté, les filles se rapprochent de leur mère. De plus, tout adolescent, que ce soit une fille ou un garçon, accuse un intérêt subit pour le parent dont il a été le plus séparé pendant sa prime jeunesse. Tâchez de prendre tous ces points en considération, mais rappelez à votre adolescent que les décisions à prendre ne dépendent finalement que de vous et de leur mère.

PROBLÈMES POTENTIELS

- **Adaptation**. Si vous êtes un père récemment séparé ou divorcé, ne soyez pas surpris si votre adolescent se montre brusque ou peu coopérant, éprouve des difficultés à se faire des amis ou à les garder, tente de vous monter, votre « ex » et vous, l'un contre l'autre, montre un soudain intérêt pour l'autre sexe, ou goûte à la drogue ou à l'alcool. Toutes ces attitudes sont des réactions communes d'adolescents face à la rupture de liens familiaux. Certaines sont anodines, mais d'autres ont des conséquences extrêmement sérieuses. Dans ces derniers cas, envisagez sans délai le recours à des conseillers familiaux.

- **Votre « ex » surcharge l'agenda des enfants.** Trouver du temps à passer avec les enfants est fort difficile de nos jours. Par-dessus le marché, si votre « ex » engage toutes les activités extra-scolaires des enfants pendant les périodes où ceux-ci vous sont confiés, vous passerez tout votre temps à les convoyer. Cela n'est évidemment pas acceptable : elle peut engager toutes les activités imaginables pour les jours où les enfants sont sous sa garde, mais elle ne peut prendre d'engagements à votre place.

    Votre « ex » pourrait avoir arrangé ces choses sans même se rendre compte du problème, auquel cas le mentionner suffirait pour qu'il y soit remédié. Si, en revanche, elle avait organisé les choses à dessein, dans le but de réduire la durée de vos contacts avec les enfants, ou pour vous faire passer pour l'empêcheur de danser en rond en vous opposant au souhait des enfants de faire des choses qu'ils aiment au moment où ils en ont envie, donnez-vous la peine de relire la section intitulée *Manipulations parentales*.

Jours fériés et autres occasions spéciales

Vous vous partagerez sans doute, votre « ex » et vous, les principaux jours fériés, qu'ils soient religieux ou profanes. Dans les cas où une fête comporte deux jours successifs, comme la Noël ou Pâques, vous pourriez les répartir entre vous. De toute manière, vous devrez établir des programmes et être aussi accommodant que possible.

Si la fête des mères tombe un jour où vous devez garder les enfants, proposez à leur mère de modifier les dispositions de sorte que les enfants soient avec elle à cette occasion et demandez en compensation d'avoir les enfants le jour de la fête des pères, ou à votre anniversaire, ou à toute autre occasion spéciale. Si, d'un autre côté, votre garde tombe le jour de l'Action de Grâce, où vous savez que votre « ex » a une grande réunion de famille, laissez les enfants y assister en espérant que votre « ex » vous rendra la pareille un jour ou l'autre.

Lorsqu'il doit y avoir changement de programmes, n'oubliez pas d'avertir les enfants suffisamment tôt. Leur propre organisation peut en être bouleversée, mais ils apprendront une chose importante : leurs parents coopèrent à leur bonheur.

Lorsque les enfants reviennent d'avoir été passer une journée particulière chez leur mère, laissez-les parler tout leur soûl de l'événement. Les encourager par des questions comme : « Et qu'as-tu fait de plus drôle ? » est parfait, mais évitez de poser trop de questions sur leur mère, sur le « nouveau » qui est dans sa vie ou d'autres questions personnelles de ce genre.

Anniversaires

Comme ils ne durent qu'un jour, les anniversaires peuvent poser quelques problèmes particuliers. Si possible, arrangez une célébration commune des anniversaires. D'une part, ce système permet d'éviter l'excès de festivités : une réunion pour votre famille, une pour celle de votre « ex » et une troisième pour les jeunes amis. C'est beaucoup trop pour un seul enfant. Le second avantage d'une célébration en commun vient du fait que c'est précisément ce que l'enfant espère. Toutefois cette solution serait à proscrire si les deux familles ne pouvaient se tolérer.

Ce que vous pourriez ressentir

- **Délaissé.** « Avant mon divorce, je m'occupais beaucoup des enfants. Je passais des heures avec elles chaque jour alors qu'elles jouaient, faisaient leurs devoirs, lisaient, ou que nous jouissions tout bonnement d'être ensemble. Je comptais beaucoup dans leur vie et savoir que je pouvais entrer sur la pointe des pieds dans leur chambre pour écouter le rythme de leur respiration lorsqu'elles dormaient me donnait l'impression de mon importance et de mes responsabilités tout en me rassurant à l'idée que je serai toujours là pour les protéger. » Que vous ayez été intimement mêlé ou non à la vie de vos enfants avant votre séparation n'est pas la chose indispensable. Chaque jour, vous aviez quand même certains contacts, même si ce n'était que quelques minutes, et vous occupiez une place importante dans leur vie. Et si certains aspects de leur vie ne vous étaient pas accessible, votre compagne vous en tenait informé.

Après la rupture, les choses changent plutôt brutalement et en profondeur. En ce qui me concerne, je ne garde mes enfants que la moitié du temps. Pour des millions d'autres hommes, ce n'est que quinze pour cent du temps ou même moins. Nous ne pouvons les voir tous les jours, malgré tout notre désir. Nous n'avons plus le même degré d'influence, nous ne pouvons certainement plus les voir dormir chaque nuit et nous n'avons plus aucun moyen de rester informé de ce qui se passe pour eux quand nous ne sommes pas là.

- **Coupable.** Après quelques mois où je me suis senti coupé de mes enfants et où j'ai vraiment ressenti cette absence chaque minute où je n'étais pas avec eux, quelque chose a changé dans ma vie. Je me rappelle parfaitement quand c'est arrivé. Ce jour-là, j'avais commencé à écrire vers huit heures trente du matin et j'avais poursuivi jusqu'à minuit, lorsque finalement j'ai abandonné la tâche, rompu et quasi aveugle d'avoir fixé l'écran de mon ordinateur pendant si longtemps. En m'asseyant seul dans le vivoir, dégustant une bière en écoutant du Bach, je pensai au travail que j'avais abattu pendant cette journée et je me suis dis qu'il était heureux que les enfants n'aient pas été dans les environs. Cette pensée m'avait à peine effleuré que je me suis senti rempli de remords. Comment pouvais-je me considérer comme un père aimant et être heureux que mes enfants ne soient pas là ?

Les semaines suivantes, je me suis aperçu qu'il y avait bien d'autres moments où j'étais parfaitement satisfait de ne pas être avec les enfants, par exemple lorsque j'avais un rendez-vous ou lorsque je passais une soirée avec mes amis. Parfois même, après quelques jours de mésentente avec les enfants, je me rappelle très bien avoir souhaité, ne fût-ce qu'un instant, qu'ils s'en aillent et ne reviennent plus.

Oui, je me suis senti coupable, parfois très coupable. Mais, après m'être torturé un moment, j'en suis arrivé à la conclusion que je ne dois être ni maussade ni malheureux lorsque mes enfants ne sont pas autour de moi pour prouver que je suis un bon père et que je les aime. Ce fut une dure leçon, mais c'est une leçon dont tout père isolé peut profiter.

Vous amuser et jouir d'être seul, ce n'est pas trahir vos enfants. En réalité, c'est tout l'opposé. Vous ne pouvez rendre personne heureux si vous ne l'êtes pas vous-même. Avoir une vie à vous vous fera apprécier d'autant mieux les visites des enfants et rendra les jours que vous passerez ensemble meilleurs pour tous.

- **Crainte de perdre leur affection.** Les sentiments de votre « ex » envers vous n'ont aucun rapport avec la façon dont vos enfants vous voient. Mais cela n'empêche pas bien des pères séparés de croire que, puisque leur « ex » ne les aime plus, les enfants doivent avoir aussi des sentiments analogues. La conséquence de cette façon de voir est que trop de pères s'efforcent d'acheter l'amour de leurs enfants en leur offrant des tas de cadeaux, de gâteries, de voyages et en délaissant la discipline. Ces erreurs sont traitées plus loin sous le titre *Que faire pour ne pas devenir un « papa gâteau »*.

Il est bon ici de remarquer que vos enfants ont probablement la même impression : si leur mère et vous avez cessé de vous aimer, qu'est-ce qui vous empêcherait de ne plus les aimer aussi ?

Ce que vos enfants peuvent ressentir

Dans les deux chapitres suivants, nous examinerons ce par quoi passent les enfants pendant les premiers moments de vie de père isolé. Voici quelques-uns de leurs sentiments dont vous devrez tenir compte.

- **Dépression et solitude.** Les enfants qui ne peuvent laisser libre cours à leurs émotions ne savent plus que faire ; ils se trouvent souvent coincés entre l'un et l'autre des parents et se sentent impuissants à améliorer la situation, constate Shirley Thomas. Étant déprimés et seuls, ils éprouvent souvent des difficultés à apprendre et rencontrent donc des problèmes scolaires, leur concentration s'en ressent et ils pourraient même souffrir de problèmes physiques, réels ou imaginaires.

- **Irritation.** Ce sentiment pourrait être dirigé contre vous ou contre leur mère. Il est souvent l'expression du « Voyez comme votre séparation gâche ma vie ! »

- **Ressentiment.** Vos enfants peuvent devoir abandonner l'un ou l'autre projet pour venir chez vous. Ils pourraient tenter de tirer avantage de cette situation et vous inciter à « compenser » par quelque chose d'autre. Ne vous laissez ni manipuler ni irriter par une telle attitude de reproche dirigée contre vous.

- **Bonheur.** Certes vos enfants auront des hauts et des bas, mais ils seront généralement très heureux de vous voir et s'en réjouiront à l'avance.

- **Tristesse.** Chacune de leurs transitions de chez vous à chez leur mère leur rappellera la séparation.

- **Méfiance et circonspection.** Il se pourrait qu'il leur faille du temps pour se réhabituer à vous, surtout s'ils ne vous ont plus vu depuis quelque temps. Vous trouverez ci-dessous quelques moyens de parer à ce problème.

- **Culpabilité.** Si vos enfants se croient responsables de votre rupture, ils peuvent aller jusqu'à se croire aussi responsables de vos problèmes affectifs et pourraient en arriver à se comporter comme si votre « ex » et vous étiez *leurs* enfants. Peut-être ne le remarquerez-vous pas immédiatement, mais pourtant si vos enfants commencent à refuser des occasions de sortir avec des amis ou arrêtent brutalement de s'intéresser à une activité qui leur plaît, et qu'ils décident en lieu et place de passer quelque temps avec vous, vous devez vous occuper de ce problème immédiatement, conseille Thomas. Le remède est tout simplement de laisser vos enfants être des enfants. Si vous avez besoin d'une épaule pour pleurer, parlez à un ami ou une amie ou cherchez du secours ailleurs.

Problèmes potentiels de relations

Les transitions

Un moment particulièrement sensible pour les enfants de beaucoup de couples récemment séparés est le passage de la maison de Maman à celle de Papa. Si vos enfants sont dans une école maternelle ou prématernelle, la façon la plus simple de faire l'échange, qui est aussi le meilleur moyen d'éviter tout problème avec votre « ex », est de prendre les enfants en charge à leur sortie de l'école. Si c'est à la fin de la semaine, par exemple, leur mère les amène à l'école le vendredi matin comme d'habitude et vous les reprenez à la sortie, à la fin de l'après-midi. Ils passent le samedi et le dimanche chez vous et le lundi matin vous les reconduisez à l'école, suivant un processus inverse. Vous ne vous trouverez ainsi jamais face à face avec votre « ex ».

Ce transfert ne fonctionne évidemment que les jours d'école. Si vos enfants ne vont pas à l'école le jour du transfert, s'ils ne sont pas encore en âge de fréquenter l'école, ou si l'utilisation de l'école comme tampon ne peut coller à votre horaire, d'autres solutions sont possibles.

Si votre «ex» et vous êtes toujours en bonnes relations, la chose la plus simple est de convenir d'un programme de prise et de remise des enfants à la maison (ou à la porte, si vous préférez ne pas entrer) de l'un ou de l'autre. Mais si les choses ne se passent pas en douce, vous pouvez minimiser les risques de confrontation inamicale en pratiquant l'échange dans un endroit plutôt neutre et de préférence public, comme un restaurant. Tous ces gens autour de vous vous dissuaderont sans doute de vous en prendre l'un à l'autre.

Dans le cas d'enfants plus âgés, les transitions, surtout celles qui se passent dans l'une ou l'autre des maisons, peuvent être particulièrement stressantes. Voici comment les rendre plus douces.

- **Tenez l'enfant au courant.** Prévenez-le au moins une demi-heure d'avance qu'il va devoir retourner chez sa mère. Dites-lui que vous le déposerez chez elle, ou qu'elle viendra le reprendre, et précisez quand vous pourrez encore vous revoir. S'il avait amené des objets, aidez-le à les réemballer. Tout cela l'aidera à se préparer mentalement à la transition. Demandez à sa mère d'agir de la même façon avant que l'enfant n'aille chez vous.

- **Respectez une certain routine.** Je prends presque toujours les enfants à l'occasion de courses à l'épicerie, le premier jour de notre séjour ensemble. Cela nous donne le temps de nous réhabituer les uns aux autres. Mais laissez-les s'accoutumer au changement, n'entreprenez pas d'emblée une activité importante

- **Ne profitez pas du transfert pour entrer dans une discussion pénible avec votre «ex».** Choisissez un autre moment pour ce genre de discussion.

- **Soyez particulièrement compréhensif au début et à la fin des périodes de visite.** Votre enfant pourrait être fâché, triste ou sembler particulièrement distant tout juste après son arrivée ou avant son départ. C'est une réaction normale et habituelle au processus de séparation d'avec l'un des parents et de réunion avec l'autre. Leur mère doit certainement faire face au même type de comportement lorsque l'enfant rentre chez elle ou se prépare à partir.

Outre les conflits potentiels avec votre « ex », les transitions peuvent être également pénibles à d'autres points de vue :

- **Vous êtes tantôt père… tantôt célibataire… tantôt père… tantôt célibataire…** Il vous faudra peut-être quelques heures pour réaliser la transition de l'un de ces états à l'autre. Certaines occupations routinières pourraient vous y aider comme faire une course, relever votre courrier électronique, payer quelques factures, etc.

- **Il vous arrivera peut-être de vous replier sur vous-même.** Pendant plus d'une année, mes filles et moi avons souffert d'une espèce de conflit juste quelques heures avant la fin des périodes où nous étions ensemble. J'ai finalement compris que c'était surtout de ma faute : pour limiter la douleur que j'éprouvais à me séparer d'elles, je commençais à me replier sur moi-même, ce qui les heurtait et leur donnait l'impression que je ne souhaitais plus être avec elles. Elles faisaient alors toutes sortes de choses insupportables pour attirer mon attention, ce qui invariablement menait à des chamailleries ; Depuis que je me suis rendu compte du problème, les choses se sont améliorées.

Visites sous supervision

S'il y a eu des problèmes de drogues, d'alcoolisme ou d'agressions physiques dans vos relations avec votre « ex », si elle vous a accusé d'avoir abusé d'elle ou des enfants, ou même si elle dit, sans autre justification, qu'elle a peur de vous, le juge peut ordonner que tout contact que vous auriez avec vos enfants soit supervisé. Ce qui signifie normalement qu'un autre adulte (mais non votre « ex ») approuvé par le tribunal, soit présent à chaque minute de vos visites. Le superviseur peut être, soit quelqu'un que vous connaissez, soit un employé de l'une des firmes en nombre croissant qui offrent ce genre de service.

Savoir que quelqu'un surveille tout ce que vous faites avec vos enfants est rien moins qu'humiliant. Mais dans la plupart des cas, ce n'est qu'une disposition temporaire qui vous permet néanmoins de rester en contact avec vos enfants tandis que vous vous défendez contre les charges qui pèsent contre vous, traversez la phase de réhabilitation, suivez des cours de formation pour parents ou faites ce qu'il faut pour satisfaire le juge. Pourtant, aussi dévaluant que cela puisse sembler, dites-vous qu'il vaut mieux pour les enfants de passer du temps avec vous, même sous surveillance, que de ne pas vous voir du tout.

Si vous devez vous soumettre à une telle décision judiciaire, efforcez-vous de suivre les conseils suivants en provenance de la spécialiste en garde d'enfants, Charlotte Hardwick :

- **Ne vous considérez pas comme un criminel.** Quatre-vingt-cinq pour cent des accusations d'agression ou de comportement répréhensible formulées dans les procès de divorce sont soit abandonnées, soit réfutées.

- **Réagissez de façon à transformer cette épreuve en une expérience positive.** Cela vous permettra de faire la meilleure impression sur tout qui est en relation de près ou de loin avec ces visites sous supervision.

- **Dès que vous savez où les visites auront lieu, reconnaissez l'endroit et rencontrez-en le responsable.** Informez-vous du règlement et cherchez des suggestions qui pourraient rendre l'expérience plus douce pour les enfants.

- **Les jours de visite, arrivez un peu plus tôt et prenez contact avec l'observateur.** Les rapports de l'observateur, surtout s'ils sont positifs, peuvent avoir une influence sur la durée de la supervision des visites. Prenez note de ces rencontres, du nom de l'observateur rencontré, de l'heure d'arrivée des enfants, de leurs attitudes et de leurs actes, du moment où ils ont été repris par leur mère, et de tout ce que l'observateur vous a dit.

- **Ne dites jamais de mal au sujet de leur mère.** Apportez des choses à faire avec vos enfants pendant la visite. Préparez des choses qu'ils pourront emporter. Ce sera un moyen pour eux de rester en contact avec vous lorsque vous serez loin les uns des autres.

Et si la situation était inversée ? Si c'était vous le parent qui a la garde des enfants et si c'était votre « ex » qui constituait ou aurait constitué un danger pour les enfants, ou si vous craigniez qu'elle ne les enlève, vous auriez (selon moi) l'obligation morale de faire établir par le tribunal une requête de visites supervisées.

Autres problèmes délicats

Que faire si l'enfant ne désire pas vous voir ?

Si bonnes que soient vos relations avec vos enfants, ils vous diront bien un jour qu'ils ne veulent pas venir chez vous. Que ce soit parce que vous leur avez interdit, une fois ou l'autre, de veiller tard devant la télévision, ou parce que le jour de votre visite coïncide avec l'une de leurs activités favorites, ou parce que votre « ex » essaye de les monter contre vous, ce refus vous blessera cruellement. En particulier s'ils ajoutent « je ne t'aime plus » ou « je ne veux plus te voir ».

Lorsque (remarquez que je ne dis pas « si ») ces choses arrivent, ne les prenez pas à titre personnel, même s'il est très difficile de le considérer autrement. Si votre « ex » est vraiment responsable de cette attitude, lisez au chapitre *Votre « ex » et vous*, la section intitulée *Manipulations parentales*. Sinon, essayez de vous rappeler que des réactions de ce genre sont parfaitement normales. Les enfants voient le monde en noir et blanc, bon ou mauvais, et parfois nous devenons le méchant. Voici ce que vous pourriez faire pour éviter de vous voir rejeté par vos enfants, même temporairement :

- Accordez-leur un plus long délai de transition. Si vous passez les prendre chez leur mère, consacrez quelques minutes à bavarder ou à lire une historiette avant de quitter. Si c'est elle qui les dépose chez vous, demandez-lui d'assouplir la transition en suivant l'un ou l'autre point du paragraphe relatif aux problèmes potentiels.

- Proposez de repasser dans une demi-heure. Vérifiez cependant avec votre « ex » si, ce faisant, vous ne perturbez pas son propre programme de la journée. Ne faites cela qu'une fois. Dites à vos enfants que vous tenez compte de leurs sentiments, mais que c'est leur mère et vous qui jugez du moment et de la façon dont les visites ont lieu.

- Discutez de la question avec vos enfants. Profitez d'une pause à la pâtisserie du coin ou d'une promenade dans le quartier pour leur demander de vous expliquer pourquoi ils ne veulent pas vous voir. Ecoutez-les attentivement et montrez-vous compréhensif, mais ne vous laissez pas aller à discuter.

- Donnez-leur le programme que vous avez prévu pour la journée et dites-leur combien vous vous réjouissez de passer ce temps avec eux en famille. Mais ne mendiez rien ni ne marchandez quoi que ce soit. Vous n'aimeriez pas qu'ils viennent chez vous parce qu'ils auraient pitié de vous ou parce qu'ils auraient envie d'une tasse de chocolat chaud.

- Si leur manque d'enthousiasme à venir chez vous se produit souvent, envisagez de prendre conseil d'un psychologue.

Si vous êtes le « bon » parent et si l'enfant ne veut pas voir sa mère

À un moment ou l'autre, la situation s'inversera peut-être : c'est vous qui deviendriez le bon gars et leur mère la méchante. Bien que cela pourrait vous sembler un juste retour des choses, ne vous réjouissez pas trop vite. Vos enfants ont besoin de leur mère comme de leur père et vous devez les encourager à entretenir de bonnes relations avec elle, même si elle ne vous rend pas la pareille. Demandez à vos enfants de vous expliquer aussi clairement que possible pourquoi ils ne veulent pas voir leur mère. Si réellement il y a des raisons de s'inquiéter, si par exemple, votre « ex » ou son nouvel ami boit ou se drogue ou fait du tort aux enfants, soutenez-les, mais assurez-vous de la réalité de la situation.

S'ils ne vous semblent nullement en danger, ce qui est probablement le cas, expliquez à vos enfants que ne pas voir leur mère n'est pas un choix convenable. Dites-leur que leur mère et vous avez tous deux choisi un programme que vous croyez être le meilleur pour chacun et que vous tous, eux compris, devez en suivre les règles. Aidez-les au cours de la transition entre vous et leur mère de toutes les façons possibles, et dites-leur exactement quand vous reprendrez contact, que ce soit personnellement ou par téléphone.

Que faire si votre « ex » refuse de voir les enfants ?

Si c'est vous qui avez la garde principale des enfants, votre « ex » éprouve probablement le sentiment que tant de pères qui n'ont pas la garde des enfants connaissent aussi : elle se sent exclue de leur vie, mal aimée et inutile. Et, tout comme certains pères qui sont dans le même cas, elle pourrait simplement disparaître de la vie des enfants. Peut-être aussi n'a-t-elle jamais été associée à la vie de ses enfants. De toute manière, ils prendront son refus de les voir comme un rejet personnel, et ils en souffriront beaucoup.

Comme les tribunaux sont impuissants à faire appliquer des règles de bonne conduite et ne peuvent forcer quelqu'un à passer du temps contre son gré auprès de quelqu'un d'autre, il vous reste à juger s'il convient ou non d'expliquer la situation aux enfants. Vous trouverez ci-dessous quelques attitudes positives propres à les aider à surmonter cette pénible épreuve.

- **Manifestez-leur votre compréhension.** Dites-leur que vous savez combien ils peuvent souffrir et rappelez-leur que ce n'est absolument pas de leur faute. Si vous le croyez utile, vous pouvez expliquer ce qui est réellement advenu, sans critiquer leur mère. Si vous ne suivez pas cette voie, vous pourriez simplement dire que parfois les grandes personnes passent par des moments vraiment très difficiles et font des erreurs.

- **Soyez honnête.** Si vous savez que leur mère réapparaîtra bientôt dans leur vie, dites-le leur. Sinon, gardez le silence : leur donner de faux espoirs rendrait leurs sentiments de rejet plus violents encore.

- **Encouragez vos enfants à parler de leurs sentiments, même s'ils sont décevants.** S'ils préfèrent ne pas en parler, proposez-leur de les mettre par écrit ou de les traduire par un dessin.

- **Efforcez-vous de garder le contact avec votre « ex ».** Rappelez-lui que les enfants ont besoin d'elle et qu'elle leur manque. Même si cette démarche vous déplaît souverainement, faites-la de toute façon. Les enfants qui grandissent sans leur mère souffrent tout autant que ceux qui grandissent sans leur père. Vous pourriez souhaiter lire, et partager éventuellement avec votre « ex », les informations reprises aux deux ou trois premières pages du chapitre intitulé *Se sentir engagé vis-à-vis des enfants*, en remplaçant le mot *père* par le mot *mère*.

- **Si votre « ex » refait surface plus tard, montrez-vous indulgent.** Sauf dans le cas où elle constituerait un danger pour les enfants, encouragez leurs relations avec elle. Malgré la crainte qu'elle ne disparaisse une autre fois et, ce faisant, ne meurtrisse à nouveau les enfants, ne laissez pas transparaître cette éventualité. Quoi que vous ressentiez-vous même, vos enfants seront ravis de retrouver leur mère.

Que faire pour ne pas devenir un « papa gâteau » ?

Peut-être est-ce motivé par un sentiment de culpabilité, ou par la crainte de perdre l'amour des enfants, ou par le désir de rattraper le temps perdu, ou par l'espoir de rivaliser avec leur « ex », ou par quelque autre raison, mais les pères qui ne se sont pas vu confier la garde des enfants, et particulièrement ceux qui ont des périodes de visites très irrégulières, se croient souvent obligés de faire « fructifier au maximum » chaque seconde de chaque visite. Ils leur offrent des cadeaux extravagants, des repas au restaurant, les emmènent faire des voyages dispendieux, cèdent à tous leurs caprices, oublient de faire régner la discipline et les traitent d'une façon générale comme des monarques en visite. Est-il surprenant que beaucoup affublent ce genre de père du sobriquet de « papa gâteau » ?

Il est facile de tomber dans ce travers, pourtant vous ne serez pas capable de maintenir ce train de vie très longtemps ; tôt ou tard, vous serez à court d'argent ou d'idées. Auquel cas, vos enfants auront été si gâtés qu'ils adopteront l'une ou l'autre des attitudes suivantes, et parfois même les deux :

- ou ils vous en voudront de ne plus leur offrir ce qu'ils croient leur être dû,
- ou ils penseront que vous ne les aimez plus.

Même si votre temps avec les enfants est limité, votre objectif, en tant que père à qui la garde n'est pas confiée, est de jouir avec eux de relations aussi normales que possible. Il n'est nullement question ici d'acheter leur amour ni d'entrer en compétition avec leur mère. Les enfants savent d'instinct si vous les aimez et si vous appréciez vraiment être avec eux et, en retour, ils aimeront être en votre compagnie.

Pour éviter de devenir un « papa gâteau », il serait bon de se souvenir des quelques points suivants :

- **Soyez prévoyant.** Évitez de planifier chaque minute de la journée. Essayez plutôt de consacrer un peu de temps à chacun des domaines suivants : amusement, repas, bavardage en privé avec chacun des enfants et temps laissé libre au gré de chaque enfant.

- **Ne dépassez pas la mesure.** Il n'est pas nécessaire d'amuser continuellement les enfants. Ne l'essayez même pas, c'est vous qui ne résisteriez pas. Si vous les habituez à un programme ininterrompu de jeux, de douceurs et de cadeaux, ils vous en voudraient dès l'instant où vous cesseriez de vouloir les séduire.

- **Ne tentez pas de regagner le temps perdu.** Il ne se rattrape jamais.

- **Diversifiez les activités.** Nous le savons tous, les enfants aiment la répétition. Pourtant si, à chaque fin de semaine, vous les emmenez au cinéma ou si vous faites inlassablement le tour des pâtisseries, ils s'en lasseront vite. Des tas de choses amusantes à faire dans les environs immédiats sont régulièrement proposées par la presse locale et les dépliants que vous recevez gratuitement. En outre, les associations mentionnées dans la section « Ressources » du journal de quartier inscrivent souvent à leur programme des activités qui peuvent ajouter du piment aux périodes où vous avez les enfants.

- **Traitez les enfants comme s'ils vivaient avec vous (c'est d'ailleurs ce qu'ils font en ce moment), et non**

comme des visiteurs de marque. Il faut donc leur confier certaines tâches ménagères et vous assurer qu'ils pratiquent leur violon et font bien leurs devoirs. Cela sous-entend qu'il existe à ce propos un règlement interne à respecter.

- **Proposez-leur des choix d'activités à faire.** Amenez-les à dire ce qu'ils aimeraient faire, demandez-leur d'en dresser la liste ou suggérez-en une. Sans être tenu de faire tout ce qu'ils proposent, le fait de leur demander leur avis renforcera chez eux l'idée que vous êtes attentif à ce qu'ils désirent.

- **Réservez beaucoup de temps libre.** Certaines de vos fins de semaine seront surchargées d'activités mémorables, mais ne les alourdissez pas toutes de la même façon. Accabler les enfants par de trop nombreux amusements peut provoquer le stress. Quel que soit leur âge, ils ont besoin de certaines périodes de calme, de se retrouver face à eux-mêmes, au risque de s'ennuyer un peu. On pourrait penser à la rédaction d'un journal, à l'assemblage d'un puzzle, au dessin ou simplement à se relaxer dans la salle de séjour en écoutant de la musique.

- **Ne vous dépensez pas outre mesure.** À certains moments, vous vous sentirez suffisamment en forme pour courir ici et là, en faisant mille et une choses tout au long de la journée. À d'autres, comme tout un chacun en ce monde, vous n'aurez pas plus d'énergie qu'une limace. Vos enfants le comprendront sans peine. Vous aurez aussi parfois des moments de friction. Si c'est le cas, ne passez pas des éternités à le regretter, les enfants ne cesseront pas de vous aimer pour autant. Les divergences de vues sont parfaitement normales dans les meilleures familles, et tout aussi normales dans celles qui sont désunies.

- **Soyez vous-même.** N'utilisez pas la période de visite de vos enfants pour travailler sur un projet rapporté du bureau. Mais parfois certaines urgences se présentent et il faut bien y faire face, ne fût-ce que pour l'une ou l'autre réparation domestique. Avoir les enfants pour vous aider, même si ce n'est que pour vous passer des clous, est une excellente occasion de jouir d'un moment ensemble et de leur donner le sentiment de s'intégrer réellement à votre vie. En leur montrant que vous êtes un être humain, avec ses obligations et ses responsabilités, vous ramènerez aussi à de plus justes proportions l'idée irréaliste que vos enfants pourraient se faire de vous.

Que faire lorsque vos enfants ne vivent pas avec vous ?

L'un des rares avantages à n'avoir pas la garde des enfants est de pouvoir faire tout ce que vous voulez lorsque vous êtes seul avec vous-même. Pour beaucoup de pères redevenus célibataires, il est difficile de faire face à cette sorte de liberté totale. D'une part, vous risquez de vous sentir coupable de ne plus agir que pour vous-même. De l'autre, vous n'avez plus eu une telle liberté depuis longtemps et vous n'avez aucune idée de la façon de l'employer.

Voici quelques suggestions :

- **Tenez-vous informé de ce qui arrive aux enfants.** Si leur mère et vous êtes restés en relations, il suffit qu'elle vous tienne régulièrement au courant de ce qu'ils font, de leurs problèmes comme de leurs réussites. Dans le cas contraire, s'il n'y a plus de lien entre elle et vous, ce sera plus difficile. Prenez contact avec les professeurs, les moniteurs et les éducateurs de vos enfants et demandez-leur de vous renseigner au sujet de ce qui les concerne : concerts, récitals et manifestations philanthropiques, matches de fooball, expositions artistiques, levées de fonds, etc. Les appels téléphoniques réguliers à vos enfants, dans l'intervalle des visites, restent un moyen efficace de vous renseigner sur eux, mais échanger des lettres pourrait être une meilleure solution.

- **Prenez du bon temps.** Il y a probablement un tas de choses que vous aviez l'habitude de faire avant de connaître votre « ex » et dont vous vous êtes passé depuis des années. En outre, vos obligations familiales vous empêchaient probablement d'expérimenter des tas de nouvelles choses ou de visiter des endroits qui vous attiraient depuis longtemps. Maintenant, vous le pouvez...

- **Ne vous lamentez pas sur vous-même.** Ne pas profiter de votre liberté toute neuve pour vous amuser pourrait réellement vous causer de graves problèmes. Vous refuser les choses agréables de la vie sous le prétexte d'être un « bon père de famille » pourrait vous amener à en vouloir à vos enfants que vous accuseriez ensuite d'être responsables de ce qui vous arrive, soutiennent les spécialistes Richard Gatley et David Koulack.

Que faire, ou ne pas faire, lorsque les enfants sont avec vous ?

Voici quelques idées concernant les choses à faire ou à ne pas faire et dont il est bon de se souvenir lorsque les enfants sous votre garde. Quelques-unes ont été tirées d'un ouvrage dont l'auteur est M. Gary Newman.

À faire...	À éviter...
• Agissez de manière cohérente. Soyez toujours à l'heure. Bien des études ont montré qu'en matière de visites, la régularité est au moins aussi importante que la fréquence. Les enfants comptent sur la régularité et, si vous n'êtes pas là lorsque vous devriez y être, ils se sentiront abandonnés ou rejetés. Si votre « ex » cherche des moyens de saper vos relations avec les enfants, toute irrégularité dans vos visites lui donnera une excellente occasion de prétendre que vous ne les aimez pas. Une bonne façon de montrer aux enfants combien ils comptent pour vous est d'afficher chez vous un grand calendrier sur lequel vous aurez apposé des étiquettes spéciales sur chacun des jours prévus pour leurs visites. Vous pourriez aussi laisser les plus petits décorer eux-mêmes ces jours particuliers.	• N'agissez pas en être désinvolte. Il pourrait arriver que vous soyez en retard ou que vous deviez remettre une visite (ne jamais l'annuler). Dans ces cas, efforcez-vous de prévenir chacun suffisamment tôt. Expliquez exactement à vos enfants, par téléphone, ce qui se passe et précisez le moment où vous vous verrez. Laissez-leur bien entendre que vous apportez ce changement parce que vous y êtes obligé et non parce que vous ne souhaitez pas les voir. Et soyez particulièrement aimable à l'égard de votre « ex ». Si elle avait fait des projets pour la période où les enfants devaient être chez vous, elle sera sans doute quelque peu contrariée d'avoir à changer ses dispositions en dernière minute.
• Ayez un plan pour ces journées spéciales.	• Ne surchargez pas ces journées.
• Veillez à maintenir une bonne ambiance lors de ces journées particulières. Efforcez-vous de faire sentir à vos enfants que votre nid est aussi le leur, même s'ils n'y passent que quelques jours par mois. Ils devraient avoir	• Ne jamais, au grand jamais subordonner la visite à autre chose. Le temps à passer ensemble est un droit pour chacun de vous et non un privilège et il ne peut être ôté pour aucune raison. Ne menacez donc jamais de punir en supprimant une

À faire...	À éviter...
de petites tâches ménagères à accomplir, comme faire leur lit chaque matin et dresser la table pour le dîner. Vous devriez imposer quelques règlements d'ordre interne. S'ils rétorquent : « Mais maman nous laisse faire... », votre réponse devrait être : « Chez maman, vous agissez comme maman le demande, ici, vous faites ce que je dis. »	visite. Il est parfaitement normal que vous ayez l'une ou l'autre raison de sévir, mais si les enfants croient déjà que c'est leur mauvaise conduite qui vous a éloigné du groupe familial, ils seront probablement pétrifiés à l'idée que la moindre incartade de leur part ne vous éloigne définitivement. Si donc vous vous fâchez pour une raison ou l'autre, expliquez-leur clairement que vous les aimerez toujours malgré cela et que vous souhaitez les voir chaque fois que c'est possible.
• Respectez le rôle parental de votre « ex ». Ce qui exige que vous veilliez à la bonne exécution des devoirs, que vous respectiez l'horaire habituel du coucher ainsi que les règles de discipline établies, pourvu que celles-ci soient raisonnables.	• Évitez de donner des conseils à votre « ex » sur la façon de se comporter comme parents. Sauf si elle faisait quelque chose de réellement dangereux ou stupide, laissez-la agir comme elle l'entend.
• Respectez les relations des enfants avec leur mère. Vos enfants aimeront sans doute vous parler de ce qu'ils font lorsqu'ils sont chez elle. Laissez-les s'exprimer et posez-leur même l'une ou l'autre question non insidieuse à ce sujet. La plupart du temps, ils n'ont aucunement l'intention de vous causer de la peine, mais souhaitent seulement vous faire	• N'impliquez pas vos enfants dans les démêlés avec votre « ex ». Ne la critiquez pas devant eux. Ne chargez pas les enfants de transmettre des messages qui lui sont destinés, ne leur demandez pas de prendre parti. Ne soutirez aucune information de leur part sur ce qui se passe chez votre « ex », sur les personnes qu'elle rencontre ni sur ses allées et venues.

À faire...	À éviter...
part de leur vie et ils doivent savoir qu'ils ne perdront pas votre amour s'ils aiment leur mère. Pourtant, écouter des choses que l'on n'aime pas entendre peut être plus pénible qu'il n'y paraît. Au cours des premiers mois qui ont suivi mon divorce, mes enfants n'ont pas cessé de me raconter tout ce que faisaient leur mère et son ami résident. Je croyais être un auditeur impassible jusqu'au jour où mon aînée mit fin à mes illusions en me demandant : «Pourquoi, quand nous parlons de Maman et de Matt, sembles-tu toujours prêt à vomir ? »	Parfois, dans l'espoir de s'attirer vos faveurs, les enfants pourraient se mettre à vous faire part de sentiments négatifs à l'encontre de leur mère. Si ce devait être le cas, amenez-les à dire ce qui les chagrine, mais n'approuvez pas. Efforcez-vous au contraire de défendre votre «ex» et de faire valoir ses plus grandes qualités.
• Encouragez les relations de vos enfants avec d'autres adultes. Il est bien naturel que vous souhaitiez garder les enfants pour vous seul pendant le temps de leur séjour chez vous, mais il est important pour eux d'établir aussi de bonnes et solides relations avec d'autres personnes. Un dîner, une ballade au parc ou simplement quelque temps passé en compagnie de quelques-uns de vos amis ou de membres de votre famille, pourvu que ceux-ci vivent à proximité, est par exemple très utile à vos enfants. Sinon, le téléphone ou le courrier postal ou électronique	• N'allez cependant pas trop loin. Passer un certain temps avec parents et amis est bien, mais réservez suffisamment de temps à votre intimité avec les enfants. N'abandonnez pas les enfants avec des amis pendant des heures ou même des jours alors que vous sortez ou faites autre chose. Et n'oubliez pas l'autre côté de la famille. Ne permettez pas à vos enfants de croire qu'aimer quelqu'un du côté de leur mère serait une sorte de déloyauté

À faire...	À éviter...
sont de bons moyens d'assurer de tels contacts.	vis-à-vis de vous.
• Efforcez-vous de rendre les transitions douces et acceptables pour chacun. Lorsque vous prenez les enfants en charge (ou lorsque quelqu'un les dépose), ne vous précipitez pas pour entreprendre immédiatement une activité et consacrez plutôt quelques minutes à la période d'acclimatation (sauf si vous prenez les enfants au sortir de l'école qui, elle, constitue un tampon naturel). Le même principe vaut pour la fin de la visite : ne précipitez pas les enfants du parc d'attractions dans les bras de leur mère, mais accordez-leur entre-temps une demi-heure de relaxation.	• Ne profitez pas du transfert des enfants pour vous disputer avec votre « ex ». Gardez à tous vos contacts avec elle un caractère aussi civilisé – ou aussi bref – que possible. Si vous avez quelque motif de désaccord ou un sujet de débat susceptible de provoquer des éclats, prévoyez un autre moment pour en discuter.
• Départagez nettement, du moins au début, le temps passé avec vos enfants du temps que vous consacrez à votre nouvel amour. Lisez à ce propos le chapitre intitulé Les nouvelles relations.	• N'entraînez pas vos enfants en vacances ou en voyage avec votre nouvelle amie. Sauf si vous constituez déjà une grande famille heureuse, le temps des visites doit être réservé aux enfants seuls. Voyez votre nouvel amour lorsque les enfants ne sont pas présents, sauf, évidemment, si vous prenez un long congé d'été ou à l'occasion de vacances scolaires où vous disposez de temps suffisant pour chacune des parties.

À faire...	À éviter...
• Ayez des frontières bien définies. Agissez en adulte et faites la part entre ce qu'il convient de dire et ce qu'il est préférable de taire.	• Ne pleurez pas sur l'épaule de vos enfants. Si vous vous permettiez une telle attitude, ils se sentiraient responsables de votre bonheur, responsabilité beaucoup trop écrasante pour un enfant, quel que soit son âge. Et même s'ils le demandent, ne leur donnez pas trop de détails sur les raisons de votre séparation d'avec leur mère. Entendre trop de choses pénibles au sujet de l'un ou l'autre mettrait l'enfant dans une position inconfortable.
• Invitez les enfants à donner leur avis. Demandez-leur ce qu'ils aimeraient faire lorsqu'ils sont chez vous, ce qu'ils aimeraient manger, etc.	• Ne confondez pas avis et contrôle. Les enfants peuvent devenir d'excellents manipulateurs, particulièrement s'ils subodorent votre vulnérabilité. Ne cédez donc pas s'ils exigent plus que ce que vous estimez raisonnable et normal (une tarte aux cerises comme petit déjeuner est parfaite une fois de temps en temps, mais pas tous les jours). Et ne leur permettez pas de modifier le calendrier de visites. S'ils en manifestent le désir, écoutez ce qu'ils ont à dire mais faites-leur clairement entendre que c'est leur mère et vous qui avez arrêté ce programme et que c'est celui-là qui s'appliquera jusqu'à nouvel ordre. Un point c'est tout.

À faire...	À éviter...
• Donnez toujours le bon exemple.	• Ne buvez pas, ne prenez pas de drogue et si vous souhaitez que vos enfants se conduisent plus tard avec sagesse et modération, ne réagissez pas avec agressivité au volant lorsque quelqu'un vous fait une queue de poisson.

Informer les enfants

Dès qu'il devient évident que votre relation avec la mère de vos enfants est terminée, ceux-ci devraient en être informés. C'est évidemment plus facile à dire qu'à faire ! La perspective de devoir leur annoncer que papa et maman se séparent suffit à remplir tout homme d'appréhension. En conséquence, beaucoup trop reportent le problème aussi loin que possible dans le temps, espérant ainsi épargner aux enfants une partie de la peine et de l'angoisse. Selon une étude, quatre-vingt pour cent des jeunes enfants placés dans une telle situation n'avaient été ni avertis de la séparation ni reçu d'explication à son sujet, constate le conseiller des familles, Vicki Lansky.

Avant d'en arriver à la partie essentielle de notre sujet, l'annonce elle-même, discutons d'abord de quelques points importants.

- **Essayez de faire l'annonce de la séparation ensemble, votre « ex » et vous.** Des experts de l'Aring Institute de Cincinnati constatent que lorsque les parents peuvent parler ensemble de leur divorce à leurs enfants, divers avantages en découlent :
  - L'accent n'est pas mis sur les torts de l'un ou de l'autre.
  - Les parents s'attachent à coopérer.

- Les enfants ne sont pas tentés de prendre parti.
- L'adaptation des enfants est plus rapide.

- **Faites-en l'annonce à la maison.** Vous n'adoucirez pas l'impact de la nouvelle en la faisant avaler avec une crème glacée ni en la divulguant au beau milieu d'une fougueuse séance de montagnes russes.

- **Choisissez un moment où les enfants sont parfaitement conscients et capables de réfléchir clairement.** Un samedi après-midi pourrait, par exemple, fort bien convenir ; évitez de le faire le soir au moment du coucher.

- **Prévoyez suffisamment de temps.** Ce que vous avez à dire pourrait vous demander beaucoup plus de temps que vous ne pensez. Et les enfants auront sans doute un tas de questions à poser. De toute manière, essayez de ne prévoir aucune activité importante pour le reste de la journée : ni vous ni les enfants ne seriez en état d'y faire face.

- **Préparez-vous d'avance.** Vous devriez , votre « ex » et vous, établir ensemble une liste des choses à dire aux enfants.

- **Mettez-vous préalablement d'accord.** Convenez, votre « ex » et vous, de ne pas utiliser le temps réservé aux enfants pour vous laisser aller à discuter entre vous, ni vous accuser mutuellement de ce qui arrive.

Maintenant que tout cela est au point, parlons un peu de ce qu'il faudrait dire et de la façon de le dire. La meilleure règle est d'en dire assez à vos enfants pour qu'ils soient préparés aux changements qui doivent intervenir dans leur vie, mais pas trop pour qu'ils ne s'effraient pas, conseille Shirley Thomas. Il vaut mieux, à son sens, utiliser des termes neutres pour décrire la réalité, et éviter ainsi les reproches. Tout cela paraît aussi compliqué que la quadrature du cercle, mais c'est faisable. Prenons les choses une à une.
- Commencez par leur dire que leur mère et vous ne vivrez plus ensemble désormais. S'ils sont capables de compren-

dre, expliquez-leur ce que le divorce signifie. Au cas où vous devriez vous retrouver devant un tribunal, vous devriez expliquer aussi ce qu'est un juge et un homme de loi, peut-être un psychologue, mais n'en faites encore rien en ce moment.

- Expliquez-leur les changements qui devraient intervenir dans leur vie. Le plus important est de leur faire savoir où ils vivront et avec qui, et où et quand, et pour combien de temps ils verront l'un ou l'autre de vous.

- Dites-leur qu'ils pourront toujours vous parler de tout ce qui peut arriver et que vous les avertirez toujours de ce qui pourrait changer dans leur vie.

- Rassurez-les en disant que, si les dispositions de vie de chacun seront changées, ils auront toujours un père et une mère et que ceux-ci les aimeront toujours. Fréquemment, la plus grande crainte des enfants est que, si certaines choses changent, tout le reste change aussi, souligne Lansky.

- Ne leur mentez pas. Ne leur dites pas qu'ils ont vraiment de la chance d'avoir deux maisons, ce ne serait pas exact. Et ne leur faites pas de promesses que vous ne pourriez pas tenir.

- Dites-leur très clairement que tout cela n'est pas de leur faute, que vous savez qu'ils en auront de la peine et que vous en êtes très peiné vous-même.

- Préparez vos réponses à certaines questions difficiles. On vous posera probablement des questions du genre de celles-ci : « Est-ce ma faute ? Est-ce que tu m'aimeras encore ? Pourquoi n'aimes-tu plus Maman ? ou Pourquoi Maman ne t'aime-t-elle plus ? Quand est-ce que Maman et toi formerez à nouveau une famille ? Est-ce que Maman est amoureuse du Monsieur qui habite de l'autre côté de la rue ? »

- Dites-leur la vraie raison des choses. Si vous ou leur mère avez maltraité physiquement ou moralement les enfants, si l'un de vous est alcoolique ou drogué, dites-le de la façon la moins blâmable possible. Vos enfants ont le droit de savoir que la mauvaise conduite a des conséquences, même pour les adultes. Si c'est le cas, dites aussi que les liens sexuels peuvent parfois changer. Dans certaines circonstances, cependant, si l'un de vous trompait l'autre ou si l'un de vous sortait de prison, votre « ex » et vous pourriez décider d'un commun accord de dire aux enfants que certaines choses sont de nature intime et doivent le rester.

Si vous êtes seul à informer les enfants

Il n'est pas toujours possible pour des couples qui se séparent de faire part ensemble de la situation aux enfants. Si votre « ex » a déménagé, a quitté le domicile familial sans rien dire aux enfants, ou simplement refuse de se trouver dans la même pièce que vous, vous devrez bien vous résoudre à leur parler seul. Si c'est le cas, relisez la section précédente sur ce qu'il faut dire aux enfants et sur la façon de le dire. Souvenez-vous de ne rien dire qui ressemble de près ou de loin à une critique de votre future « ex ».

Si, d'un autre côté, vous êtes celui qui a quitté le domicile familial ou qu'on a jeté dehors, ou si vous ne pouvez plus supporter une heure de plus la présence de votre femme, vous devrez trouver aussi tôt que possible un moment pour parler à vos enfants. Ceux-ci pourraient interpréter le fait que vous ne soyez pas présent au moment de l'annonce comme une indication que vous ne vous souciez pas d'eux. Ils doivent savoir que ce n'est pas vrai et que seules certaines circonstances se sont opposées à votre présence à ce moment.

Lorsque vous entrerez en contact avec eux, les enfants seront sous le coup de l'annonce qui leur a été faite. Pourtant vous devrez quand même suivre chacune des étapes décrites plus loin, en leur rappelant avec insistance que vous serez toujours là pour eux.

Quelles pourraient être leurs réactions?

Chaque enfant se comporte différemment à l'annonce de la séparation de ses parents. Les uns n'auront aucune réaction apparente ou pourraient même en rire, alors que les autres fondront en larmes, ou se mettront à geindre, ou essaieront même de vous frapper. D'aucuns pourraient être soulagés de voir les disputes prendre fin ou, à l'inverse, se montrer sincèrement étonnés d'apprendre que quelque chose n'allait pas dans le ménage. Peut-être souhaiteront-ils en discuter avec vous ou préféreront-ils s'isoler dans un coin. Les uns chercheront une consolation dans vos bras et les autres, en revanche, essayeront de vous réconforter.

Toutes ces attitudes sont normales au cours des premières heures ou des premiers jours qui suivent. Une étude détaillée des réactions des enfants est esquissée ci-dessous.

Comment les aider pendant les premiers jours

La façon dont vos enfants commenceront à réagir aux profondes modifications qui vont intervenir dans leur vie donnera le ton de leur adaptation à plus long terme. Voici quelques idées qui pourraient les aider pendant cette période de transition.

- Assurez-vous qu'ils comprennent bien ce que vous dites. Leur demander de vous dire, dans leurs propres termes, ce qu'ils ont entendu pourrait aider à dissiper tout malentendu.
- Laissez-les réagir comme ils l'entendent. Dans la plupart des cas, ils le font de la manière la plus appropriée pour eux à ce moment-là. S'attendre à une réaction donnée de leur part, ou les inciter à réagir de telle façon, perturberait leur mode naturel d'adaptation. Dites-leur qu'il est normal d'avoir des sentiments de colère et suggérez-leur l'un ou l'autre moyen sûr de donner libre cours à leurs sentiments. Ne leur dites pas de ne pas pleurer.

- Ne modifiez pas leurs habitudes. Les jeunes enfants, en particulier, ont besoin de conserver les heures habituelles de coucher, de travail à domicile ou de leçons de piano. Les enfants plus âgés, même les adolescents, ont besoin de se voir imposer des limites raisonnables.

- Rappelez-leur, à nouveau, que vous les écouterez toujours. Demandez-leur s'ils ont des questions ou un point à discuter. Dans la négative, laissez-les quelques instants seuls. Essayer de les faire parler d'un sujet alors qu'ils n'en ont pas envie ne ferait que renforcer leur attitude de refus. Peut-être pourriez-vous doucement les encourager à en parler à leurs meilleurs amis.

- Si, à un moment donné, vous ne savez plus que dire, ne dites plus rien. Parfois un gros baiser fait plus de bien qu'une réponse. Parfois même, c'est la bonne réponse.

- S'ils ne veulent pas vous parler, encouragez-les à s'exprimer autrement, par exemple par un jeu de rôle, ou en faisant un dessin, ou en écrivant une histoire. Si votre enfant est trop jeune pour écrire, proposez-lui d'écrire vous-même sous sa dictée. Mais quoi que vous fassiez, ne corrigez pas son œuvre. Le but n'est pas de faire un exercice de grammaire ni de créer une œuvre d'art, mais bien de permettre l'expression émotionnelle de ses sentiments. Que le résultat vous paraisse dénué de sens n'a aucune importance.

- Lisez-leur des histoires concernant le divorce ou proposez-leur des livres à lire.

- N'ayez pas peur de leur laisser voir que vous pleurez. Montrer à vos enfants que vous êtes affecté par la séparation, c'est leur donner l'autorisation d'avoir eux-mêmes des émotions et de les exprimer. Soyez cependant attentif à ne pas surenchérir. Lisez plus loin le passage intitulé *Quelques conseils généraux.*

- Ne vous mettez pas immédiatement en couple avec une nouvelle conquête. Un tel comportement leur donnerait l'impression que les sentiments sont interchangeables et ils s'inquiéteraient de ce qu'ayant aussi facilement remplacé leur mère, vous pourriez ensuite les remplacer de la même manière.

Comment informer la famille, les amis et les autres

Vos enfants ne sont pas les seuls à qui vous devez faire part de la séparation. Les parents, beaux-parents, familles, professeurs et enseignants, médecins, dentistes, moniteurs et amis doivent aussi être mis au courant. Comme certaines de ces personnes, sinon toutes, sont en contact avec vos enfants, ils peuvent aussi vous renseigner sur la façon dont ces derniers réagissent et vous faire connaître les points à surveiller spécifiquement.

Faites donc part de la situation à tous ceux ou toutes celles qui fréquentent régulièrement vos enfants. À ceux que vous voyez moins souvent, un appel téléphonique ou une lettre d'avis suffiront. Pour certains, la nouvelle ne sera sans doute pas une surprise, ils s'y attendaient probablement depuis quelque temps. Surprise ou non, il vaut mieux qu'ils l'apprennent par votre intermédiaire plutôt que par quelqu'un qui ne posséderait pas tous les éléments d'information pertinents. Fort heureusement, l'annonce à tous ces étrangers sera beaucoup moins difficile à faire, car vous n'êtes pas responsable de leurs sentiments et il ne vous appartient pas de les aider à supporter le choc. Rappelez-vous toutefois ceci :

- **N'entrez pas dans des détails superflus avec les personnes qui n'ont pas besoin de les connaître.** Les rumeurs circuleront déjà trop facilement et moins les gens en savent, moins ils seront tentés de les exploiter.

- **Attendez-vous à des réactions en divers sens.** Certaines personnes, comme les professeurs, les gardiennes et les médecins, apprécieront probablement d'être mis au courant de vos intentions ; ils pourraient en effet s'être demandé ce qui perturbait votre enfant. La parenté s'alignera probablement selon les clivages familiaux. Lisez plus loin, à ce propos, le chapitre intitulé *Vos relations avec les autres*. C'est cependant les réactions des amis qui peuvent être les plus inattendues. Les uns ne savent réellement quelle attitude prendre ; ceux-ci vous féliciteront et ceux-là prétendront que tout ce qui vous arrive est de votre faute. J'ai été surpris et même scandalisé par l'attitude de certains de mes amis - ou anciens amis - dont quelques-uns ont pris mon parti, alors que d'autres se sont rangés du côté de mon « ex » et ne m'ont plus adressé la parole. Seuls quelques-uns ont eu l'élégance de rester neutres.

Comment parler de la mort aux enfants

L'une des choses les plus pénibles que vous aurez jamais à faire à titre de père est d'avoir à parler à vos enfants de la mort de leur mère. Parce que c'est tellement difficile, mais aussi parce que vous-même n'avez pas encore assimilé la chose, vous serez tenté de reporter toute cette discussion à plus tard ou même de l'éviter en bloc. N'en faites rien cependant. Vous êtes un adulte et quelle que soit votre peine, vous percevez la situation et vos enfants se fient à vous comme informateur et comme guide. S'ils n'obtiennent de vous aucune mise au point, ils élaboreront leurs propres explications aux questions qu'ils se posent, et cela risque de leur faire plus de tort que de bien. Ne vous faites aucune illusion en croyant que vous protégez votre enfant si vous lui cachez la réalité ou si vous lui mentez, dit en substance Helen Fitzgerald, le prix en serait des années d'angoisses inutiles.

Vous trouverez ci-dessous des suggestions, dont quelques-unes sont proposées par Hillyard Jensen, spécialiste de la douleur, qui pourraient vous aider à parler de ce sujet éminemment sensible avec vos enfants.

- **Allez droit au but et dites la vérité.** Les enfants doivent savoir que la mort est définitive et que, bien que leur mère sera toujours avec eux en esprit, son corps ne reviendra pas sur terre. Ils doivent aussi savoir que la mort est naturelle et n'est pas une punition ni quelque chose qui n'arrive qu'à quelques-uns.

- **Répondez à leurs questions.** Répondez avec sincérité aux questions qu'ils vous posent, y compris où est le corps d'une personne décédée et ce qu'il en advient. Lorsque vous ne connaissez pas la réponse, dites-le avec simplicité.

- **Restez simple.** Votre enfant ne peut traiter qu'un nombre limité d'informations à la fois. Contentez-vous donc de répondre aux questions qu'il pose et n'anticipez pas. Lorsqu'il voudra en savoir davantage, il reviendra de lui-même sur le sujet.

- **Prenez garde à ce que vous leur dites.** Dire que leur mère est allée dormir pourrait donner des insomnies aux enfants, et leur dire que Dieu l'a rappelée ou que tout cela fait partie du plan de Dieu pourrait susciter chez eux des sentiments anti-religieux. Soyez aussi prudent lorsque vous parlez des hôpitaux, le fait que leur mère soit morte dans l'un d'eux pourrait leur communiquer la crainte des médecins.

- **Parlez de la cause du décès en termes adaptés à leur âge.** Les hôpitaux ont souvent des conseillers ou des psychologues qui peuvent vous suggérer l'attitude ou les paroles qui conviennent.

- **Soyez tendre et affectueux en leur parlant.** Votre attitude les aidera à se sentir rassurés et moins désemparés.

Remarques concernant le suicide

Expliquer à un enfant ce qu'est le suicide est une chose particulièrement difficile, mais ce devrait être fait aussitôt que possible, avant qu'il n'apprenne la nouvelle par d'autres. Il faudrait notamment garder à l'esprit les points suivants:

- **Expliquez ce qu'est le suicide.** Si l'enfant ne connaît pas le terme « suicide », expliquez-lui que les gens meurent de diverses manières et qu'il leur arrive parfois de mettre volontairement fin à leurs jours.

- **Si l'enfant demande comment c'est arrivé, dites-le, mais évitez les détails.** Au lieu de répondre à une question directe comme « Comment était-elle quand elle est morte ? », la spécialiste Helen Fitzgerald suggère de retourner la question en ces termes : « Comment crois-tu qu'elle était ? »

- **Ici aussi, cherchez de l'aide.** Étant donné que le sujet est très délicat à traiter, il serait utile de recourir à l'aide d'un psychologue spécialiste en la matière, ou à un groupe de soutien pour enfants.

Comment révéler à vos enfants que vous êtes homosexuel

Aborder cette question avec vos enfants n'est pas chose facile, surtout si vous ne vous sentez pas à l'aise vis-à-vis de vous-même. Vous appréhenderez probablement les railleries dont ils pourraient être victimes de la part de leurs camarades. Et il est presque certain qu'il en sera ainsi. Pourtant, il vaut mieux dévoiler les choses maintenant. Vous ne pouvez mentir éternellement à vos enfants au sujet de ce point si délicat.

Vous vous inquiéterez sans doute de savoir si vos enfants vous rejetteront ou cesseront de vous aimer. La réponse à cette question est simple : si vous avez toujours eu une relation étroite avec vos enfants, ils ne se soucieront guère de savoir si vous êtes homosexuel ou non. La chose la plus importante pour eux est que vous soyez leur père et que, bien que certaines choses aient évolué dans votre vie, votre amour pour eux et votre désir d'être auprès d'eux demeurent inchangés.

Si vous avez déjà dit à vos enfants que vous êtes homosexuel, fort bien ! Sinon, vous devriez commencer à réfléchir à la manière dont vous allez le faire. Les quelques règles de base ci-dessous, dont certaines sont suggérées par Bryan Robinson et Robert Barret, auteurs d'un ouvrage sur les pères homosexuels, pourront vous aider :

- **Soyez d'abord à l'aise vis-à-vis de vous-même.** Le père qui a une opinion péjorative de son homosexualité ou qui en a honte provoquera vraisemblablement une réaction négative chez l'enfant, affirment Robinson et Barret.

- **Dites-le leur si vous pensez qu'ils le soupçonnent et avant qu'ils ne l'apprennent par un tiers.** De cette façon, vous pouvez vérifier ce qu'on leur a dit et, le cas échéant, répondre à leurs questions.

- **Ne précipitez rien.** Ils seront probablement quelque peu troublés par ce que vous leur dites, réservez donc un grand laps de temps à leurs questions.

- **Ne vous inquiétez pas s'ils sont trop jeunes – ce n'est pas un problème.** Décrivez les choses de façon qu'ils vous comprennent et ne donnez pas plus de détails qu'ils n'en demandent.

Quelles pourraient être leurs réactions et comment les aider

On ne peut jamais être certain de la façon dont les enfants vont réagir, surtout à quelque chose d'aussi important que d'apprendre que vous êtes homosexuel. Leur attitude peut aller de la colère et de la confusion jusqu'au « et alors ? », surtout s'ils étaient déjà au courant ou soupçonnaient ce qui en était. « Les enfants sont perspicaces, affirme le chercheur Frederick Bozett, et on pourrait croire que les murs des pièces où les pères homosexuels peuvent se cacher sont faits de verre. » Généralement, cependant, vos enfants, surtout si vous avez des filles, vous seront reconnaissants de votre honnêteté et leur réaction sera positive et ouverte.

Sachez toutefois que vos déclarations auront un retentissement sur leur vie et vous pouvez et *devez* prendre certaines dispositions pour que ce soit aussi constructif que possible :

- **N'exigez pas qu'ils acceptent le fait que vous soyez homosexuel.** Bien que l'acceptation et le respect devraient être l'attitude idéale de leur part, contentez-vous de ce qu'ils tolèrent la chose. Vous aimer et aimer tout ce que vous faites sont deux points de vue différents ; c'est un message qu'ils devront aussi assimiler. En étant tolérant vous-même pour des choses qui vous indisposent, vous les aiderez par ricochet à vous accepter tel que vous êtes.

- **Assurez-vous que vos enfants – spécialement les filles – aient de nombreux modèles féminins dans leur vie.** Certaines filles pourraient interpréter votre position d'homosexuel comme un rejet de toutes les femmes, y compris d'elles-mêmes. Avoir des amies les aidera à prendre une certaine distance par rapport à cette appréhension. Surveillez cependant de près les réactions de vos fils au regard de vos amies. Si vous avez divorcé parce que vous êtes homosexuel, vos fils pourraient penser que, si vous passez du temps avec des amies intimes, c'est que, tout compte fait, vous aimez les femmes et que toute l'aventure n'était rien d'autre qu'une ruse pour vous débarrasser de leur mère.

- **Soyez patient.** Accordez-leur du temps pour décanter la nouvelle, y compris toutes ses conséquences.

- **Soyez compréhensif.** Les enfants dont les parents diffèrent d'une façon ou d'une autre de la norme sont susceptibles d'être en proie aux moqueries de leurs condisciples ou amis. Cela est particulièrement vrai au cours des premières années de l'adolescence, lorsque les jeunes ont à faire face à leur propre identité sexuelle et lorsque la moindre anomalie peut amener l'enfant à se sentir rejeté par ses amis. Donc, si même votre enfant n'a pas de problèmes avec le fait que vous êtes homosexuel, il peut toutefois être très inquiet au sujet des réactions de ses camarades d'école.

- **Restez discret sur votre genre de vie, surtout en face des amis de vos enfants.** Vos enfants pourraient ne pas avoir informé leurs amis de vos tendances homosexuelles et ils vous en voudraient terriblement de les trahir.

- **Encouragez-les à vous dire ce qu'ils pensent de ce que vous leur avez confié.** Mais n'insistez pas. Vos enfants pourraient ne rien avoir à dire sur le moment même, mais ils changeront probablement avec le temps. S'ils posent des questions, répondez-y, sans demeurer sur la défensive et sans vous fâcher. S'ils formulent des commentaires, écoutez-les avec attention et tâchez de ne pas prendre leurs critiques trop à cœur. Si vous leur imposiez silence maintenant, ils risqueraient de ne plus oser vous en reparler.

- **Tenez-vous prêt à leur répondre.** Voici quelques questions que vos enfants pourraient vous poser, et quelques excellentes réponses suggérées par les chercheurs Jerry Bigner et Frederick Bozett. Ajustez le niveau de langage à l'âge de votre enfant :

QUESTIONS	RÉPONSES SUGGÉRÉES
• Pourquoi me dis-tu cela ?	• Parce que ma vie personnelle a de l'importance pour moi et je veux la partager avec toi. Le fait d'être homosexuel ne me gêne pas et tu ne dois pas non plus te sentir gêné de cela.
• Que signifie être homosexuel ?	• Cela signifie être attiré par d'autres hommes. C'est ainsi que l'on peut devenir amoureux d'un homme et exprimer cet amour physiquement et sexuellement.

QUESTIONS	RÉPONSES SUGGÉRÉES
• Qu'est-ce qui fait que quelqu'un est homosexuel?	• Personne ne le sait, bien qu'il y ait à ce sujet de nombreuses théories. (Cette question peut entraîner une autre question de l'enfant, celle de savoir si lui aussi sera homosexuel.)
• Serai-je aussi homosexuel?	• Tu ne seras pas homosexuel parce que je le suis. Ce n'est pas contagieux et probablement pas héréditaire. Tu seras ce que tu seras.
• Tu n'aimes pas les femmes?	• J'aime les femmes, mais je ne suis attiré ni physiquement (ou sexuellement), ni romantiquement par elles comme je le suis par les hommes. (Si c'est votre fille qui pose la question, elle pourrait réellement se demander si vous l'aimez ou pas. Et les enfants de l'un et l'autre sexe pourraient se demander si vous aimez ou haïssez leur mère.)
• Que devrais-je dire à mes amis de tout cela?	• Beaucoup de personnes ne le comprennent tout simplement pas, il vaudrait donc mieux garder cela pour nous. Mais j'espère que tu en discuteras avec moi quand tu le voudras. Si tu veux en parler à un véritable ami, fais-le, mais dis-toi bien que cet ami pourrait ne pas accepter le fait, ou alors le révéler à d'autres. Si tu le confies à quelqu'un, dis moi comment il a réagi.

Comment aider vos enfants face à leurs sentiments

L'une des premières préoccupations du père nouvellement séparé est la réaction de ses enfants face aux modifications profondes de leur vie qui résulteront de la séparation. Dans les pages qui suivent, vous trouverez une analyse des sentiments qui envahiront vos enfants et des conseils pour les aider au mieux à y faire face. Si vous êtes veuf, passez les paragraphes qui s'adressent clairement aux hommes dont l'« ex » est toujours en vie. Vous trouverez l'information relative à chaque cas dans la section correspondant à l'âge de votre ou de vos enfants. Toutefois, comme le développement des enfants et leurs réactions devant les difficultés de la vie varient d'un cas à l'autre, je vous propose de prendre également connaissance des sections immédiatement voisines de celle qui correspond spécifiquement à l'âge qui vous intéresse.

Bébés de 0 à 12 mois

Ce qu'ils peuvent ressentir

- Bien qu'ils ne comprennent pas encore grand-chose au langage, ils sont extrêmement sensibles à ce qui se passe autour d'eux et ils perçoivent si quelque chose ne va pas. Par exemple, les bébés dont le père est surmené ont moins tendance à rechercher l'aide de ce dernier. À cet âge, les enfants réagissent en outre aussi bien à l'odeur de leurs parents qu'au son de leur voix. Et si l'un d'eux est manquant, ils savent de qui il s'agit.

- Bien qu'ils ne puissent s'exprimer verbalement, les bébés révèlent tout sentiment de tension qui les habite de diverses manières : ils sont souvent tannants, irritables et pleurent plus que d'habitude.
  Ils peuvent aussi modifier leurs habitudes de sommeil ou de propreté et protester davantage lorsqu'on les sépare de vous ou de leur mère.

- D'une manière générale, les enfants de cet âge dont les parents divorcent ont un net avantage sur leurs aînés : dans quelques années, ils ne se souviendront plus de vos disputes et n'auront plus aucun souvenir idéalisé de la façon dont les choses étaient avant le divorce. Les enfants de cet âge dont la mère meurt ont aussi l'avantage d'éviter la plus grande partie du traumatisme émotionnel relatif à la mort ; malheureusement, d'un autre côté, ils n'auront aucun véritable souvenir de leur mère.

Comment les aider

- La chose dont le bébé a le plus besoin à cet âge est la régularité de vie, de soins et d'habitudes. Tâchez donc d'éviter les changements dans chacun de ces domaines. Essayez de ne pas changer de gardienne ou prenez dès maintenant un arrangement de garde de jour ; si vous ne pouvez l'éviter, essayez au moins d'échelonner la transition sur quelques jours, le bébé passant un certain temps avec vous et progressivement un certain temps avec la nouvelle gardienne engagée. Cette méthode rassurera le bébé quant à votre retour régulier.

- Établissez et renforcez vos liens affectifs avec le bébé. Passez de temps en temps un moment ensemble à jouer, à le cajoler ou à bavarder ou lui lire une histoire. Soyez affectueux. Ces attitudes lui permettront de se rendre compte que, peut-être, le monde ne court pas à sa fin.
- Comme le bébé est très sensible aux émotions, il est particulièrement important d'éviter toute discussion ou dispute entre votre « ex » et vous en sa présence.
- Souriez souvent lorsque vous êtes auprès de lui. Les jeunes enfants sont de grands imitateurs. Ils prennent modèle sur vous et sur vos attitudes pour réagir eux-mêmes dans diverses situations.
- Si vous êtes veuf, vous pouvez renforcer la connexion entre le bébé et sa mère en lui montrant sa photo, mais seulement si vous pouvez le faire sans pleurer. Il ne faudrait pas que le bébé associe l'image de sa mère à votre tristesse.

Les petits de 1 à 3 ans

Ce qu'ils peuvent ressentir

Les enfants de cet âge comprennent beaucoup plus de choses que les bébés, mais beaucoup ne peuvent pas encore s'exprimer suffisamment bien, verbalement tout au moins. Ils ont cependant un radar affectif remarquable et peuvent détecter les problèmes autour d'eux à des kilomètres de distance. Ils croient que le monde tourne autour d'eux. Mais les récents événements de leur vie peuvent les avoir convaincus que le monde va à vau-l'eau.

- En conséquence, ils sont inquiets d'avoir vu disparaître le parent auprès duquel ils sont le moins souvent et se font bien du souci en se demandant qui va prendre soin d'eux à l'avenir.

- L'inquiétude de la séparation peut être un réel problème à cet âge (il peut débuter, réapparaître ou encore empirer). Fréquentes aussi peuvent être les crises de larmes, la tendance à s'accrocher aux personnes de l'entourage ou aux objets familiers comme la couverture, la sucette ou le jouet favori. Les périodes d'insomnie, les frayeurs nocturnes, la régression de la propreté, du comportement et du langage peuvent survenir également.
- Un certain nombre d'enfants de cet âge ont des accès de colère et peuvent présenter un comportement particulièrement agressif, dangereux et même autodestructeur à l'encontre de leurs amis, de leur famille et même des étrangers.

Comment les aider

- Tout comme les bébés, les tout petits ont besoin de régularité dans leur vie. Ils ont besoin de savoir que vous serez toujours là pour eux et ils ont besoin d'activités routinières. Si possible, coopérez avec leur mère pour préparer un programme régulier concernant l'heure du coucher, les histoires, les jeux et autres activités. Et faites en sorte que votre « ex » et vous puissiez voir régulièrement et fréquemment votre enfant.
- Évitez les disputes ou les expressions de colère face à l'enfant.
- Traitez votre petit avec respect. Expliquez-lui ce qui se passe d'une manière aussi simple mais aussi honnête que possible.
- Encouragez-le à s'exprimer de toutes les manières possibles, verbalement, physiquement ou par des dessins. Les psychologues Julien Gross et Harlene Hayne ont récemment montré que les enfants qui dessinent en même temps qu'ils parlent révèlent deux fois plus

d'informations que ceux à qui on demande seulement de parler de leur expérience.

- Passez beaucoup de temps seul à seul avec votre enfant, à jouer, à bavarder et tout simplement à être ensemble. Soyez affectueux, physiquement et verbalement, répétez à votre enfant aussi souvent que possible que vous l'aimez, qu'il est important pour vous et que vous n'avez pas l'intention de le quitter.

- Ne le gâtez pas. Des limites claires sont importantes dès maintenant. Ne pas imposer ces limites pourrait rendre votre enfant encore moins contrôlable.

- Ne vous tracassez pas au sujet de régressions. Toujours, en période de stress, ce sont les dernières choses apprises qui sont les pr mières oubliées. Mais plus les enfants reçoivent d'attention de la part des membres de la famille, plus courte est la période qui s'étend entre la régression et le retour à la normale.

- Soyez patient. À court terme, les très jeunes enfants éprouvent certains problèmes à vivre la séparation de leurs parents, mais à plus longue échéance, et parce qu'ils sont très jeunes, ils s'adapteront mieux que leurs aînés.

- N'attribuez pas tous les problèmes de votre tout petit à votre divorce ou au décès de sa mère. Agir ainsi serait négliger d'autres facteurs importants et pourrait nuire à votre aptitude à répondre comme il se doit à ses besoins.

Bambins de 3 à 5 ans

Ce qu'ils peuvent ressentir

- Ils peuvent éprouver quelque difficulté à jouer et à s'accorder avec leurs petits camarades, constate une spécialiste, ce qui pourrait, à terme, avoir des répercussions négatives sur leur développement affectif et leurs relations sociales. Selon cette personne, les enfants qui n'ont pas six ans au moment du divorce de leurs parents éprouvent ultérieurement des difficultés d'adaptation. On a certaines raisons de croire que c'est aussi le cas pour les enfants qui deviennent orphelins de l'un des parents à cet âge.

- Ils pourraient se désintéresser de certains jeux, surtout de ceux qui requièrent de l'imagination. L'expert Ross Parke a constaté qu'après le séparation de leurs parents, les enfants non seulement développent moins d'imagination dans leurs jeux, mais, si on les compare à des enfants qui vivent dans des familles unies, jouent moins souvent et observent davantage leur entourage.

- Les enfants pourraient ne pas comprendre ce que signifie la cessation d'une relation, mais ils sentent très bien que leur mode de vie a changé. Leur comportement pourrait régresser, ils pourraient même en revenir à mouiller leur lit ou à sucer leur pouce, ou à se montrer geignards ou agressifs. Vous pourriez aussi constater une recrudescence d'attitudes colériques, spécialement lors des transitions d'un parent à l'autre.

- Ils pourraient aussi devenir passivement obéissants. Dans la plupart des cas, c'est parce qu'ils ont une peur panique d'être abandonnés ; en théorie, c'est parce qu'ils croient que si l'un des parents abandonne l'autre, ils seront eux aussi abandonnés par la suite. Ils pourraient ainsi faire tout ce que vous leur demanderez, dans l'espoir que vous ne les abandonnerez pas. Ce degré anormal d'obéissance peut aussi provenir du fait que, sentant votre désarroi mental, ils croient devoir se montrer particulièrement mûrs afin de mieux vous venir en aide.

- À cet âge, les enfants se croient encore le centre de l'univers et pourraient donc se sentir responsables de votre séparation, particulièrement s'ils ont eu des pensées du genre « je voudrais te voir disparaître » décrites plus haut. Ils pourraient aussi se sentir coupables d'une faute qu'ils auraient commise, et croire que votre séparation est en réalité leur punition.

- Souvent, si l'un des parents disparaît et que celui qui reste semble perdu dans sa peine ou d'humeur sombre, les enfants finissent par conclure qu'ils ont perdu leurs deux parents. C'est plus qu'un enfant ne peut supporter.

Comment les aider

Tous les conseils pour aider les tout petits s'appliquent ici et, en outre :

- Ne vous montrez pas trop curieux, vis-à-vis de vos enfants, de ce que fait votre «ex» et ne la critiquez pas. Vos enfants doivent savoir qu'il est normal, pour eux, d'être aimés par chacun de leurs parents et d'aimer ceux-ci en retour.
- Dites-leur tout particulièrement que vous les aimez, que vous avez besoin d'eux et qu'ils ont une place imprenable dans votre cœur. Rappelez-leur aussi que ce qui est arrivé entre leur mère et vous n'a rien à voir avec eux.
- Assurez-vous qu'ils comprennent bien ce qui se passe. Si vous aviez des doutes à ce sujet, demandez-leur, par exemple, s'ils savent pourquoi leur mère et vous ne vivez plus ensemble.
- Donnez-leur beaucoup d'occasions d'exprimer leurs sentiments. Parler, dessiner, raconter des histoires ou jouer un rôle sont tous exercices excellents à ce sujet.
- Occupez-les souvent à des jeux qui exercent leur imagination ; les jeux imaginatifs peuvent être considérés comme une ressource importante qui permet aux enfants de faire face aux exigences cognitives, affectives et sociales de leur croissance, remarque le spécialiste Jerome Singer.
- Donnez-vous pour consigne d'établir et de faire respecter des limites. Trop de parents, se sentant coupables des effets de leur divorce ou de leur séparation sur leurs enfants, finissent par gâter ceux-ci exagérément. Les mêmes sentiments animent les pères veufs qui se sentent coupables de ce que leurs enfants doivent grandir sans mère. Des limites claires sont extrêmement importantes à cet âge, comme à tout âge d'ailleurs.

- Patientez quelque temps avant de leur présenter vos nouvelles amies.

Enfants d'âge scolaire, de 6 à 9 ans

Ce qu'ils peuvent ressentir

- Les réactions des enfants de 6 à 9 ans vont de la vacuité totale (au moins en apparence) à une quasi paralysie par dépression et défaut d'amour-propre. Mais quelle que soit la réaction apparente, la plupart nourrissent à cet âge l'intense désir de voir leurs parents reprendre une vie commune et peuvent, à ce sujet, proposer des schémas de réconciliation les plus fantaisistes.
- Ils ressentent encore un terrible sentiment de culpabilité. Vicki Lansky commente : « Ils sont trop âgés pour que la fantaisie leur permette de nier la situation et n'ont pas encore assez de maturité et d'indépendance pour se tirer d'affaire seuls et réaliser qu'ils ne sont nullement responsables. »
- Ils peuvent adopter un comportement adulte, faisant de leur mieux pour veiller à vos besoins et à ceux de leurs frères et sœurs plus jeunes. Les enfants adoptent souvent ce genre d'attitude simili- parentales afin de se distraire de leur propre problème, celui de se sentir émotivement abandonné par des parents trop préoccupés de leur propre situation.
- Les sentiments d'abandon seront particulièrement intenses chez vos enfants si vous ou si votre « ex » vous vous êtes installés avec un nouveau partenaire et surtout si cette nouvelle famille comprend d'autres enfants. En outre, selon le juriste de Boston, Edward Amaral, beaucoup d'enfants de cet âge développent des phobies comme celle de manquer des biens les plus fondamentaux tels que la nourriture, les vêtements ou les jouets.

- Ils peuvent être en colère contre vous et/ou votre « ex » pour ce qu'ils considèrent comme un acte injuste. Ils ont tendance à voir les choses en noir et blanc et prennent parfois parti soit en faveur du parent du même sexe, soit en faveur du parent le plus mal en point (définition qui changera fréquemment). Bien qu'ils puissent exprimer leur fureur à l'égard du parent jugé fautif, beaucoup d'enfants préfèrent se défouler au détriment des professeurs et des copains.

- Distraits par bien d'autres préoccupations, ils peuvent involontairement laisser se dégrader leurs résultats scolaires. C'est l'étape que le psychologue d'avant-garde Eric Erickson nomme « excès de zèle opposé à infériorité », ce qui signifie que les enfants de cette catégorie d'âge sont capables de se concentrer sur d'autres tâches (comme les devoirs scolaires ou les corvées ménagères) s'ils ne sont pas trop préoccupés par leurs relations avec leurs parents. Mais s'ils se voient interdire l'accès à l'un des parents par le fait de la séparation, du décès ou du divorce, ils peuvent se sentir infériorisés et perdre tout leur allant.

- Ils peuvent présenter de nouveaux problèmes physiques de santé. Certains peuvent être réels, mais la plupart ne seront guère plus qu'un moyen d'attirer l'attention. Dans certains cas, ce pourrait aussi représenter une tentative de vous réunir à nouveau, votre « ex » et vous. Si votre épouse est décédée récemment, les problèmes de votre enfant pourraient s'interpréter comme une tentative de vous demander les soins et l'amour qu'il recevait auparavant d'elle. Parfois, commente la psychanalyste Mary Lamia, ces types de maladies constituent le moyen utilisé par l'enfant pour s'accrocher au parent perdu.

- L'enfant peut développer une sorte d'obsession pour le parent qu'il voit le moins souvent. Il pourrait, dans ce cas, porter certains de vos vêtements ou adopter certaines de vos manies ou parler sans cesse de vous à sa mère, attitude qu'elle trouvera probablement très agaçante. Les enfants peuvent aussi développer des obsessions pour un parent défunt.

- À cet âge, les enfants ressentent le besoin d'être acceptés par leurs pairs et cette acceptation implique souvent de s'y associer. Bien que les divorces et les séparations soient fréquents de nos jours, les enfants risquent d'en être gênés et ne savent souvent que dire à leurs amis.

Comment les aider

Tous les conseils pour aider les plus jeunes s'appliquent aussi ici, et en outre :

- Assurez-vous que tous les intervenants importants dans la vie de vos enfants soient au courant de la situation : professeurs, gardiennes ou gardiens d'enfants, moniteurs. Demandez-leur de vous tenir au courant du comportement de vos enfants.

    Portez attention aux relations de vos enfants avec leurs amis. Si un enfant normalement sociable s'isole brusquement pendant une longue période, ou s'il ne se plaît plus dans les activités qu'il aimait, songez sérieusement à consulter un conseiller.

- Assurez-vous que les enfants aient des contacts fréquents avec l'un et l'autre de leurs grands-parents. Donnez-leur votre numéro de téléphone en leur disant qu'ils peuvent vous appeler à tout moment et permettez-leur aussi d'appeler leur mère de chez vous. Sans exagération toutefois ! Vous n'aimeriez pas qu'ils se plaignent à elle chaque fois que vous leur faites ranger leur chambre…

- Encouragez les contacts avec les grands-parents et les autres membres de la famille.

- Ne leur parlez pas de votre situation financière, surtout si elle n'est pas particulièrement brillante. Ils se sentent déjà suffisamment coupables sans cela.

- Demandez-leur s'ils ont besoin d'aide pour parler à leurs amis ou s'ils aimeraient obtenir quelques conseils.

Vos contacts avec les enfants doivent être durables. Mary Lamia attire l'attention sur le fait que les parents s'occupent trop de leurs enfants après avoir éprouvé une perte ou un deuil, mais sitôt qu'ils rencontrent une nouvelle âme sœur, les enfants passent au second plan et se sentent alors délaissés.

- N'incitez jamais votre enfant à prendre parti. Si, de toute façon, il prenait le vôtre, dites-lui quelque chose de gentil au sujet de sa mère.

Les « 10 à 12 ans »

Ce qu'ils peuvent ressentir

- D'une manière générale, les « 10 à 12 ans » vivent les mêmes étapes que les plus jeunes, mais de façon beaucoup plus intense.
- Leur façon de penser est encore très tranchée ; ils peuvent tenter de prendre parti pour le « bon » face au « mauvais », l'un et l'autre étant interchangeables de temps en temps.
- Ils peuvent passer beaucoup de temps à se soucier de vos émotions et tenter de vous materner, au point d'en ignorer leurs propres besoins affectifs.
- Face à leurs amis, ils se sentent souvent gênés et embarrassés de votre divorce.
- La qualité du travail scolaire peut en souffrir ainsi que les relations avec leurs amis.
- Ils pourraient se sentir déprimés, rejetés ou abandonnés, pour les garçons surtout si c'est vous qui avez quitté, pour les filles, surtout si c'est leur mère. Aussi bien les garçons que les filles pourraient déclarer qu'ils n'auront jamais d'enfants parce qu'ils ne voudraient jamais leur faire « cela ».
- Ils se sentent totalement incapables de faire quoi que ce soit pour améliorer leur situation. Mais cela ne les empêche pas pour autant d'essayer malgré tout. Le comportement

agressif est fréquent à cet âge tout comme les efforts déployés pour contrecarrer votre vie amoureuse.

Comment les aider

Tout ce qui a déjà été dit s'applique aussi ici, avec en outre,

- Les préadolescents sont particulièrement susceptibles de se trouver coincés entre leurs parents et, par conséquent, faire face à des conflits de loyauté. Soyez donc attentif à ne critiquer leur mère en aucune façon et à ne pas même laisser soupçonner que vous pourriez leur demander de choisir leur camp si vous leur demandez de transmettre des messages à votre « ex » ou si vous les cuisinez pour obtenir des informations à son sujet et sur ce qui se passe dans sa nouvelle vie.
- Encouragez la communication et le contact avec leur mère et avec les autres membres de la parenté.
- Suivez de près le comportement et l'adaptation de l'enfant vis-à-vis de ses professeurs, ses moniteurs et autres adultes. Et soyez particulièrement attentif aux régressions subites dans les résultats scolaires, aux changements d'habitudes, ou de loisirs, ou de fréquentations ; Se sentir abandonné et mal aimé risque d'entraîner votre enfant vers des fréquentations « malsaines ».
- Rassurez-les s'ils se sentent embarrassé face à votre divorce ou rupture en leur certifiant qu'il n'y a réellement aucune honte à cela. D'abord, ce n'est pas aussi rare qu'on pourrait le croire. Ensuite, bien que leurs parents vivent à des endroits différents, ils ont toujours deux adultes dans leur vie pour veiller sur eux.
- Encouragez les activités parascolaires, sports, distractions et autres. De telles activités aident les jeunes à construire leur indépendance. Ne soyez donc pas déçu, même si ça vous heurte, si votre enfant déclare qu'il préfère aller jouer au foot plutôt que de rester près de vous.
- N'oubliez pas de fixer des limites raisonnables, y compris pour le couvre-feu, à ne pas dépasser... et de les faire

respecter. Il est en effet tentant soit d'être trop laxiste, par le fait d'un sentiment de culpabilité, ou trop sévère, parce que vous craignez que votre enfant ne profite de vous.

- Fournissez toujours une information claire et honnête en réponse aux questions de l'enfant.
- Ne transférez pas brusquement vos responsabilités d'adulte sur votre enfant. Il est certes raisonnable de leur demander de faire davantage de travaux à la maison, comme d'aider à l'entretien, à la préparation des repas et au nettoyage, et peut-être même de faire du gardiennage occasionnel auprès d'un plus jeune. Cependant n'oubliez pas que votre enfant n'est pas encore un adolescent et que c'est vous qui êtes l'adulte.
- Ne comptez pas sur l'enfant comme ami. Même s'il semble apprécier la discussion, ne pleurez pas sur son épaule, ne lui parlez pas finances, et ne vous plaignez pas auprès de lui de la difficulté d'obtenir un rendez-vous galant. Toutes ces choses pourraient pousser l'enfant à se sentir responsable de vous et de votre vie affective et pourraient l'amener à ne plus tenir compte de ses propres sentiments.

Adolescents de 13 à 18 ans

Ce qu'ils peuvent ressentir

- Votre séparation d'avec sa mère tombe à un mauvais moment pour votre adolescent, à une période où il souhaite être indépendant et passer davantage de temps avec ses copains qu'avec vous. Il vous tiendra probablement aussi rigueur pour les responsabilités qui, par votre décision, pèseront sur ses épaules dans la nouvelle structure de la famille. Il pourrait aussi vous garder rancune pour les limitations que lui impose votre budget plus serré.

177

- Étant mieux à même, à cet âge, de comprendre la signification du divorce, les adolescents semblent s'y adapter aisément, tout au moins à court terme. E. Mavis Heatherington constate que si l'atmosphère familiale devient particulièrement difficile à supporter, les adolescents, mieux que les jeunes enfants, ont la possibilité de s'en échapper et de chercher des satisfactions ailleurs, dans le voisinage, les groupes de copains ou l'école. Toujours selon Heatherington, environ un tiers des enfants et des adolescents se libèrent de cette manière, ce qui peut être pour eux une bonne ou une mauvaise chose. Beaucoup mûrissent plus vite, créent de puissants liens d'amitié et ont ainsi l'occasion d'explorer de nouvelles activités parascolaires et autres centres d'intérêt. D'autres, par contre, dans leur tentative précoce d'indépendance, s'échappent de la maison, sombrent dans la drogue ou l'alcool, expérimentent le sexe trop tôt et se comportent de manière moins que positive.

- La dépression est un problème majeur pour les adolescents et il faut rester attentif aux symptômes dès le début de la séparation. Votre adolescent peut devenir distant, avoir des problèmes scolaires ou perdre tout intérêt pour ses amis et pour toute activité. La spécialiste des divorces Judith Wallerstein a noté qu'un tiers des enfants et adolescents qui ont expérimenté un divorce sont encore de modérément à gravement déprimés cinq à dix ans après la séparation.

- Comme le constatent Laurence Steinberg et Ann Levine :

- « Les adolescents ont tendance à être égocentriques, ils considèrent votre divorce comme un mal que vous leur faites à eux. Mais en vouloir au parent qui quitte le nid est dangereux parce que celui-ci pourrait ne plus vouloir voir ses enfants. Garder d'autre part rancune au parent avec lequel on vit comporte le risque d'être aussi abandonné de ce côté. » Ils sont donc poussés à exprimer autrement leur colère, souvent par négation de leurs sentiments en prétendant que rien d'anormal n'est arrivé dans leur vie. Ainsi que le fait remarquer Edward Amaral : « Disons que la colère des adolescents trouve sa source dans le chagrin, mais qu'elle est aussi dirigée contre l'égoïsme des parents qui brisent le ménage au moment précis où les enfants en ont le plus besoin. »

Comment les aider

- Ce qui a été dit plus haut s'applique dans ce cas également, avec ces conseils en plus :
- Permettez et encouragez leur indépendance et leurs relations avec leurs amis.
- Il est cependant important de fixer en même temps des limites raisonnables mais fermes. Bien que votre adolescent lutte pour son indépendance, il peut être inquiet que vous ne soyez plus capable de prendre soin de lui. Imposer des limites lui montre que vous vous considérez encore comme responsable et qu'il a une base solide sur laquelle s'appuyer.
- Donnez-leur plus de liberté dans l'établissement de leurs programmes. Les filles semblent préférer vivre avec leur mère tandis que les garçons pourraient préférer leur père. Si vos enfants souhaitent passer plus de temps avec leur mère, acceptez-le, sans toutefois permettre qu'ils vous rejettent entièrement.
- Arrangez-vous pour disposer de suffisamment de temps à passer en tête-à-tête avec chacun de vos enfants pour bavarder ou tout simplement ne rien faire du tout.
- Ne comptez pas sur vos adolescents pour écouter vos jérémiades. À ce stade de leur existence, ils doivent établir leur propre indépendance, chose qui se complique si vos propres besoins affectifs les obligent à se sentir responsables de vous et coupables de ne pas vouloir vous aider.
- Soyez très, très patient. Judith Wallerstein considère que les deux tiers des enfants qui étaient adolescents au moment de la séparation éprouvaient encore des

problèmes affectifs, sociaux et dans leur formation cinq années plus tard. La moitié en souffraient encore après dix ou quinze ans.

- Entretenez les relations les plus étroites possible avec vos adolescents. Cela présagera favorablement, à long terme, de leur acceptation du divorce.

- N'ayez pas peur de leur conseiller de suivre une thérapie. Les adolescents, aussi bien que les plus jeunes enfants, dont les parents divorcent ou se séparent éprouvent souvent plus tard des difficultés à établir ou à maintenir des relations avec leurs partenaires et pourraient même avoir de la difficulté à conserver un travail, ce qui est aussi une forme d'engagement. Les adolescents dont la mère vient de décéder éprouvent moins souvent de tels problèmes, quoique une thérapie peut aussi les aider grandement à soulager leur peine.

Quelques conseils généraux

Voici encore quelques attitudes que vous pourriez envisager d'adopter dans l'intention d'aider vos enfants à faire face à la situation, quel que soit leur âge :

- **Essayez autant que possible de vous entendre avec votre « ex».** Selon le juriste Michael Oddenino, les trois éléments principaux qui pourraient intervenir négativement dans l'adaptation des enfants au cours de la période qui suivra le divorce sont le niveau du conflit entre les parents, l'âpreté du conflit juridique et l'hostilité de la mère vis-à-vis du père.

- **Mettez de côté vos sentiments personnels vis-à-vis de votre « ex».** Nonobstant le lourd fardeau des problèmes et des détresses du divorce, les parents doivent accorder une attention toute particulière aux effets de la séparation sur leurs enfants. Ils doivent en outre avoir la force de faire la distinction entre leurs sentiments personnels à l'égard de leur partenaire en tant que partenaire et ceux à l'égard de leur partenaire comme père ou mère des enfants, écrit en substance Edward Amaral.

- **Efforcez-vous l'un et l'autre d'accorder vos vues concernant la discipline et la fixation de limites.** Plus il y aura concordance, mieux les enfants s'en trouveront. Une remarque : la concordance est une bonne chose, mais ne vous croyez pas obligé d'adopter toutes les façons de voir de votre « ex ». Vous êtes parents à parts égales et vous avez les mêmes responsabilités quant à la façon d'éduquer vos enfants.

- **Tâchez de ne pas rejeter sur votre « ex » la responsabilité des difficultés rencontrées par les enfants.** Il est fréquent de voir le parent qui engage le divorce percevoir les enfants comme des êtres qui se comportent parfaitement bien, tandis que le parent abandonné voit les enfants comme des êtres troublés et traumatisés, constate Vicki Lansky. Ce fut exactement mon cas : chaque fois que les enfants présentaient un problème émotionnel ou physique, je cherchais immédiatement une raison pour le reprocher à mon « ex ». Bien que cette façon de penser corresponde sans doute à votre sentiment, elle est totalement improductive et probablement pas tout à fait juste. Même si vous avez raison, est-ce que cela aidera vos enfants ?

- **Évitez ou reportez tout autre changement important.** La séparation des parents est un choc sérieux. Devoir en outre déménager, changer d'école et se faire de nouveaux amis peut être vraiment trop à supporter pour l'enfant.

- **Conservez les habitudes acquises.** Les enfants qui s'adaptent le plus facilement sont ceux qui ont à faire face à un minimum de changements en ce qui concerne l'école, les devoirs, les repas, les activités parascolaires et domestiques et l'heure du coucher.

- **N'écartez pas de l'esprit des enfants leur désir (et leurs projets occasionnels) de vous réunir à nouveau.** Permettez qu'ils aient leurs fantaisies, mais assurez-vous qu'ils comprennent bien qu'elles ne se matérialiseront pas.

- **Maîtrisez vos émotions.** Vos enfants copieront votre propre comportement. Si vous vous effondrez ou si vous vous montrez déprimé et renfermé, ils vous imiteront ; si vous ne cessez de critiquer le monde entier et si vous vous comportez en victime, ils feront comme vous. Mais si vous tenez bien la situation en main, au moins en face d'eux, ils se montreront forts également. Évidemment, cela ne signifie pas que vous deviez étouffer vos sentiments ni affubler votre visage d'un sourire béat. Cela signifie simplement : ne vous complaisez pas dans le vague à l'âme.

S'efforcer d'éviter les conflits

Avant le divorce ou la séparation, votre compagne et vous aviez sans aucun doute eu votre lot de discordes et de malentendus. Mais lorsque vous viviez ensemble, vous aviez diverses raisons de chercher à arranger les choses : peut-être estimiez-vous que votre relation valait la peine d'être sauvée, ou vous efforciez-vous de la sauver pour les enfants. Maintenant que vous ne vivez plus ensemble, vous pourriez croire qu'il n'y a plus aucune raison de faire l'effort de rester en bons termes. Détrompez-vous. En réalité, il n'a jamais été aussi important de garder d'excellentes relations avec votre « ex ».

C'est fort simple : chez les enfants, le facteur premier qui s'oppose à l'adaptation à long terme à une situation de divorce ou de séparation est le niveau conflictuel des relations entre les parents. La mésentente et le divorce peuvent lancer les enfants sur une trajectoire qui les conduira à de sérieux problèmes ultérieurs, constate John Gottman, psychologue. Au cours de ses recherches, Gottman a remarqué que les enfants dont les parents se critiquent, se blessent ou se méprisent sont davantage prédisposés à faire preuve d'attitudes antisociales ou agressives vis-à-vis de leurs camarades de jeu. Ils ont plus de difficulté à maîtriser leurs émotions, à concentrer leur attention ou à se calmer après une crise de colère. Ces enfants sont en outre sujets à certains ennuis de santé du genre bronchite ou refroidissement et semblent souffrir de stress chronique.

Il est évidemment impensable d'éliminer toute situation de conflit entre votre «ex» et vous, sinon vous seriez probablement encore ensemble. Mais vous pouvez faire l'effort d'écarter tout risque d'accrochages en présence des enfants, surtout si ce sont eux l'objet de la dispute.

Voir les parents se chamailler blesse les enfants à double titre, constate Shirley Thomas. La scène peut les effrayer et susciter chez eux des sentiments de panique ou même la crainte d'être abandonnés; elle leur enseigne aussi que les cris (ou pire) semblent des moyens efficaces de traiter les problèmes.

Il n'est pas possible de tenir les enfants à l'écart de tous les différends qui pourraient surgir avec votre «ex». Certains pourraient même leur être utiles. Nos enfants calquent instinctivement leur attitude sur la nôtre; s'ils observent leurs parents s'efforcer de mettre un terme à leur désaccord, pourvu que les choses restent dans les limites du respect mutuel, ils apprendront ainsi certaines façons efficaces de traiter leurs propres problèmes. Les enfants qui n'ont jamais eu l'occasion d'observer leurs parents en désaccord chercher ensemble une solution de compromis auront eux-mêmes beaucoup de difficulté à traiter des problèmes analogues qui seraient relatifs à leurs amis, leurs pairs, leurs compagnons de travail ou leurs futurs amoureux.

Quand faut-il faire appel à un spécialiste ?

Il se peut qu'en dépit de tous vos efforts, vos enfants aient besoin de plus d'aide que vous ne pouvez leur en apporter. Cela ne signifie pas que vous soyez un mauvais père, mais seulement que vous connaissez vos limites. Voici donc quelques points auxquels il serait bon de porter attention.

- Toute espèce de régression – l'enfant fait pipi au lit après une période de propreté, il suce son pouce, il se montre difficile après avoir été indépendant... – qui ne disparaît pas en quelques semaines.
- Désintérêt vis-à-vis des amis, de la famille, ou d'activités autrefois appréciées.
- Distanciation par rapport aux amis de longue date ou modification brutale dans les fréquentations.
- Difficultés scolaires perdurant plus d'un semestre
- Sautes d'humeur brusques et prolongées.
- Chagrin profond pour l'autre parent, qui s'éternise et ne s'améliore pas après plusieurs mois.
- Tout autre problème de comportement dont les symptômes persistent pendant des mois sans aucune amélioration.
- Pour les petits : comportement agressif injustifié ou modification importante des résultats scolaires.
- Vous avez l'impression de ne pouvoir traiter vous-même les réactions de votre enfant.

Si vous avez des fils, occupez-vous-en particulièrement. Dès l'âge de quatre ou cinq ans, les garçons, dans notre société occidentale, savent très bien que les « grands » ne pleurent pas. En conséquence, ils sont beaucoup plus stoïques qu'ils ne devraient l'être. Ce comportement pourrait indiquer que votre garçon ne traite pas ses émotions comme il le devrait. Surveillez aussi votre propre comportement à son égard. Vous pourriez inconsciemment prendre sa tendance à pleurnicher pour un signe de faiblesse et vous emporter alors que vous devriez le consoler.

Lorsque vous cherchez un thérapeute pour vos enfants, voyez plusieurs candidats avant de faire votre choix. Sélectionnez quelqu'un qui a une bonne expérience dans le traitement des enfants de parents divorcés ou d'enfants dont la mère est décédée. Il est aussi très important de choisir quelqu'un qui approuve votre désir et votre besoin de continuer à jouer un rôle important dans la vie de vos enfants, ce qui n'est pas le cas de tous les thérapeutes.

Enfin, ayez à cœur d'amener l'enfant chez le thérapeute avant de vous apercevoir des symptômes évoqués plus haut. Un spécialiste compétent peut alors amener l'enfant à traiter ses émotions de façon saine et constructive. Et éviter, tout compte fait, l'apparition de tels symptômes.

Si vous perdez votre calme

Quels que soient vos efforts, il viendra un moment où vous perdrez votre sang-froid et, au vu et au su de vos enfants, vous vous en prendrez violemment à votre « ex ». Lorsque cela se produira (je ne dis pas *si cela se produisait*), excusez-vous dès que possible auprès de vos enfants. Dites-leur que vous comprenez qu'ils aient été effrayés de voir leurs parents se disputer et expliquez-leur que leur mère et vous essayiez sincèrement d'arranger les choses, mais que, parfois, même les adultes se disent des mots qui ne sont pas particulièrement agréables. Saisissez aussi cette occasion pour leur rappeler que, quoi qu'ils pensent et quoi qu'ils aient entendu, ils ne sont en aucune manière responsables ni du différend actuel, ni de la rupture entre leurs parents.

Comme des écarts de ce genre sont susceptibles de se reproduire, voici quelques idées qui permettent d'en limiter les conséquences dommageables. Certaines de ces suggestions ont été avancées par John Gottman.

- Ne jamais, au grand jamais utiliser les enfants comme moyen de pression dans vos démêlés avec leur mère. Cela concerne aussi les visites de celle-ci aux enfants, la transmission par ceux-ci de messages désagréables, l'incitation à leur faire prendre parti, ou à les éloigner d'elle.

- Ne permettez pas à vos enfants de s'interposer. Selon Gottman, parce qu'ils sont souvent effrayés par ce qui arrive à leurs parents, ils tentent d'intervenir dans un espoir de médiation ou de résolution du conflit, tâche qui dépasse largement leurs possibilités. Assurez-vous que vos enfants sont conscients que vous appréciez leurs intentions, il n'appartient qu'à vous-même et à leur mère de résoudre ces problèmes.

- Encouragez les enfants à vous confier leurs sentiments.

- Dites-leur de temps en temps l'une ou l'autre gentillesse à l'égard de leur mère et faites-leur comprendre qu'il est parfaitement normal pour eux d'en faire autant. Leur communiquer le message inverse reviendrait à leur demander de prendre parti.

- Soyez franc en parlant de leur mère, dans la mesure du raisonnable. Si elle s'adonne à la boisson, ne dites pas qu'elle est une pocharde. Dites-leur plutôt qu'elle souffre d'une maladie appelée alcoolisme et qu'elle reçoit une aide pour s'en guérir.

- Faites tout votre possible pour rassurer les enfants et leur dire qu'en dépit de querelles, leur mère et vous les aimez et avez grand besoin d'eux.

Des garçons et des filles

Si la séparation de leurs parents est pénible pour tous les enfants, elle est particulièrement cruelle pour les garçons.

L'une des principales raisons de cette situation est que, tandis qu'ils encouragent leurs filles à exprimer leurs émotions et s'en préoccupent de près, les parents oublient souvent les besoins émotionnels des garçons et, directement ou non, les encouragent à être durs et à faire taire leurs émotions plutôt qu'à les exprimer. Les craintes, les anxiétés et les autres sentiments des garçons n'en disparaissent pas pour autant, mais s'exprimeront simplement d'une autre manière.

Il n'est donc pas surprenant que les garçons issus de familles divisées souffrent plus souvent que les filles de problèmes relationnels vis-à-vis de leurs copains. D'après les études de Ross Parke, les garçons qui grandissent dans des familles monoparentales sont plus souvent ignorés de leurs pairs et isolés que les enfants élevés dans une famille unie. Et très peu de garçons de familles monoparentales sont choisis par leurs pairs comme meilleur ami. Ils sont particulièrement vulnérables au cours des années préscolaires. Souvent, ils observent plutôt qu'ils ne participent, ils sont moins imaginatifs, moins coopérants, semblent être moins heureux et plus anxieux et prennent moins de plaisir aux jeux que leurs compagnons qui vivent dans des familles unies. Les garçons de familles désunies ont aussi plus de problèmes avec leurs professeurs, réussissent moins bien leurs études et ont plus tendance que les autres à extérioriser physiquement leurs colères.

Certains experts pensent que les femmes seraient responsables d'au moins une partie des problèmes qui affligent les garçons. « Une femme meurtrie par le divorce peut transférer son ressentiment de son ex-mari à son fils, surtout si ce dernier ressemble à son père, » affirme Mary Mattis. D'une manière générale, les femmes ont tendance à prêter moins d'attention à leurs fils qu'à leurs filles ; c'est une attitude qui débute très tôt : les garçons ne sont pas nourris au sein aussi souvent ni aussi longtemps que les filles et les mères ne répondent pas aussi rapidement à leurs cris. Pour leur part, les hommes ont plutôt tendance à porter plus d'attention à leurs fils qu'à leurs filles.

Les filles ont aussi des problèmes. Selon les chercheurs spécialisés dans le divorce, Judith Wallerstein et Joan Kelly, les filles ont tendance à se remettre plus rapidement que les garçons du choc de la séparation des parents, mais elles sont plus exposées à souffrir de ce que certains ont nommé « l'effet retard » selon lequel beaucoup de problèmes relatifs à la séparation n'apparaissent chez les filles qu'à l'adolescence ou à l'âge adulte. Et beaucoup de ces problèmes sont liés à leurs relations avec les hommes. Les travaux de E. Mavis Heatherington montrent que, par rapport aux femmes issues de familles unies, les femmes dont les parents se sont séparés des années auparavant se marient plus jeunes, sont plus souvent enceintes avant leur mariage et épousent plus fréquemment des hommes moins éduqués et moins solides économiquement. Sandra McLanahan et ses collègues ont décelé au cours de leurs recherches que les femmes ayant grandi dans des familles désunies sont plus susceptibles de divorcer elles-mêmes.

Un élément est susceptible d'adoucir presque tous les effets négatifs du divorce sur les enfants, et cet élément, c'est vous. John Guidubaldi et plusieurs autres chercheurs ont mis en évidence le fait que plus les enfants, particulièrement les garçons, ont de contacts avec leur père, mieux ils s'en trouvent. Gardez cela à l'esprit lorsque vous pensez aux arrangements que vous envisagez de conclure.

À l'intention des veufs

Bien que les enfants dont la mère est décédée réagissent à cette perte d'une manière semblable aux enfants dont les parents se séparent, on note certaines différences auxquelles il faut prêter attention. Quelques-unes de ces différences sont notées par la spécialiste Jane Burgess :

Comment aider votre enfant
à surmonter l'épreuve

Pendant les premiers mois qui suivent le décès de votre épouse, vous pourriez avoir de grandes difficultés à aider vos enfants à affronter ce drame. C'est très naturel et cela ne signifie pas que vous soyez insensible à leurs besoins. Il est difficile de consoler quelqu'un lorsque vous-même êtes dans l'affliction. Pourtant, si dur que ce soit, vous n'avez pas le choix.

Comme les adultes, les enfants passent par diverses phases de la douleur, y compris le refus, la colère, la culpabilité et la dépression. Et comme les adultes, ils peuvent exprimer ces sentiments de diverses manières. Tout cela est logique, évidemment. Mais certains problèmes peuvent survenir si vos enfants ne manifestent pas leur chagrin comme vous croyez qu'ils devraient le faire. Quelques-uns réagissent par la colère, d'autres en niant les faits. Les uns réagissent immédiatement, d'autres ne le font pas avant plusieurs mois ou même plusieurs années après le décès (c'est particulièrement fréquent pour les garçons qui, même très jeunes, ont pris à cœur le message culturel selon lequel les garçons ne pleurent pas). Certains sont tristes, d'autres jouent, d'autres encore font les deux en même temps. Parfois, ils veulent sans arrêt parler de la mort, parfois pas du tout (cela aussi est une attitude fréquente chez les garçons). Certains peuvent s'absorber totalement dans l'étude et les activités récréatives, d'autres peuvent perdre tout intérêt pour la vie scolaire.

Quelles que soient leurs réactions, il est essentiel de les laisser traiter leur peine comme ils l'entendent. L'amour que vous portez à votre femme est très différent de celui que les enfants portent à leur mère et il est évident que vous ne pouvez les forcer à ressentir ce que vous ressentez au moment où vous le ressentez. Le faire les porterait à croire que leurs sentiments ne sont pas appropriés et qu'ils sont dans l'erreur. Cela est particulièrement vrai pour les enfants en-dessous de trois ans. Les enfants de cet âge ne peuvent totalement comprendre la situation et ils ont besoin de rire et de jouer.

L'une des choses les plus importantes que vous puissiez faire pour aider les enfants de tout âge à surmonter leur affliction est de les encourager à exprimer leurs sentiments. Parfois leur parler est la meilleure façon de se comporter, mais ne vous étonnez pas s'ils vous posent la même question cent fois par jour. Parfois faire un dessin est un bon moyen, pour un enfant, de traiter ses fortes émotions. Lire ou vous entendre lire une histoire qui relate la façon dont d'autres enfants ont fait face à un problème semblable est également une solution Parfois aussi il leur suffit de se pelotonner auprès de vous, en silence. Quelle que soit la méthode, ne forcez rien : votre enfant peut simplement ne pas vouloir faire face au chagrin à ce moment-là. Essayer de l'y obliger ne pourrait que le durcir dans sa position.

LES ENFANTS QUI PERDENT LEUR MÈRE	LES ENFANTS DONT LES PARENTS DIVORCENT OU SE SÉPARENT
• Peuvent rencontrer des difficultés à accepter la perte, peuvent être submergés de chagrin et souhaitent sans aucun doute le retour de la mère. Mais la plupart comprennent que Maman ne reviendra pas. Ce qui aide les enfants à faire face à la douleur de la perte.	• Espèrent que leurs parents reprendront la vie commune. Cet espoir retarde souvent chez l'enfant l'acceptation de l'idée du divorce et la capacité à y faire face.
• Se sentent rassurés en sachant qu'ils continuent à vivre auprès de leur père.	• Restent dans l'incertitude concernant l'endroit où ils devront vivre et avec lequel de leurs parents.

LES ENFANTS QUI PERDENT LEUR MÈRE	LES ENFANTS DONT LES PARENTS DIVORCENT OU SE SÉPARENT
• Se reprochent rarement la mort de leur mère et peuvent comprendre que, normalement, personne n'est responsable de la mort.	• Croient souvent que la rupture est de leur faute.
• Sont largement encouragés à garder le souvenir de la mère décédée. Vous-même parlerez sans doute de leur mère en termes élogieux et placerez bien en vue des photos d'elle.	• Ne reçoivent pas, dans ce domaine, le soutien dont ils auraient besoin. Les parents ne s'adressent pas souvent la parole avec aménité et il est rare de trouver la photo de l'un des conjoints divorcés mise en évidence dans la résidence de l'autre.
• Verront les membres de la famille se rassembler pour se réconforter mutuellement pendant cette période d'affliction.	• Verront les familles respectives prendre parti, partager les biens et se disputer. Les relations entre les deux familles ont tendance à devenir tendues.
• Sont réconfortés et épaulés par le père en l'amour duquel ils placent toute leur confiance.	• Sont parfois pris comme otages par les parents et finissent alors par douter de l'amour de ceux-ci.

Voici quelques autres idées que vous pourriez mettre en pratique pour aider vos enfants à faire face à ces circonstances pénibles :

- **Autant que possible, maintenez la routine déjà établie**
Bien qu'ils aient été profondément secoués, le fait d'aller à l'école, de faire leurs devoirs et les petites corvées habituelles, d'avoir des heures de repas fixes, de rencontrer

leurs amis et de pratiquer leurs occupations habituelles leur montreront que le monde continue à tourner.

- **Ne dissimulez pas votre chagrin.** Le chagrin est humain, vos enfants vous prendront comme modèle pour juger ce qui est bien et ce qui ne l'est pas. Si vous vous montrer stoïque, cela leur fera croire que les larmes ne sont pas de mise.

- **Mais contrôlez vos émotions.** Ils sont devenus orphelins de mère et vous voir désemparé pourrait leur faire craindre de vous perdre aussi.

- **Aidez-les à se souvenir.** Lorsqu'ils font quelque chose de bien, dites-leur combien leur mère serait fière d'eux. Faire un album de coupures, de photos, des arrangements de souvenirs les aidera à garder vivante la mémoire de leur mère et à faire face à la perte qu'ils ont subie. Cependant, si les enfants ne sont pas disposés à rassembler ces souvenirs, n'insistez pas.

- **Rassurez-les au sujet de votre propre sort.** Ici aussi, ils ont besoin de savoir que leur univers demeure stable et que vous serez là pour prendre soin d'eux.

- **Persuadez-les qu'ils n'ont rien à se reprocher.** Parfois, les enfants disent qu'ils aimeraient que leurs parents soient morts ou leur souhaitent les choses les plus terribles. Dans la plupart des cas, rien de tout cela n'arrive. Mais si un malheur se produit, les enfants peuvent s'en croire responsables. Ils doivent pourtant savoir que, quoi qu'en disent les fées à Pinocchio, les enchantements, et particulièrement les maléfices, n'existent pas.

- **Consacrez davantage de temps aux garçons.** Les garçons sont généralement portés à dissimuler leurs souffrances morales et ont en conséquence plus de difficulté à surmonter leur peine.

- **Si vos enfants ne peuvent ou ne veulent pas vous parler, encouragez-les à se confier à quelqu'un d'autre.** Le mieux à faire, en l'occurrence, est de les adresser à un autre adulte ou à un vieil ami, car les autres enfants pourraient ne pas comprendre ce qui est arrivé, pourraient ne pas savoir comment réagir correctement ou pourraient se sentir effrayés eux-mêmes.

- **Surveillez leur état de santé.** Pour diverses raisons, la souffrance morale des enfants se traduit souvent par des maux d'estomac, des maux de tête ou d'autres ennuis de santé. Si votre épouse est décédée de maladie, l'enfant pourrait être obsédé par cette maladie et présenter lui-même des « symptômes » analogues. Si votre enfant présente l'une ou l'autre réaction physique, montrez-vous compréhensif ; ne l'accusez pas de simulacre et ne lui dites pas d'arrêter ses comédies. Si les symptômes persistent plusieurs jours ou si l'enfant fait de la fièvre, si la douleur ou le malaise semblent inquiétants, appelez le médecin.

- **Laissez l'enfant rester un enfant.** Ne dites jamais à vos enfants qu'ils seront désormais « la maîtresse de maison » ou « le maître de maison ». Cela serait un fardeau trop lourd sur leurs épaules.

Se sentir engagé vis-à-vis des enfants

*L*e psychologue Richard Warshak constate que « lorsque la société vous relègue au rang de citoyen de seconde zone vis-à-vis de vos enfants, il est facile de douter de votre propre valeur en tant que père. Le doute se renforce encore lorsque vous voyez vos relations avec vos enfants se détériorer progressivement ou devenir plus superficielles, comme c'est souvent le cas dans les conditions où les visites sont permises ».

Mais ce ne sont pas là les seuls problèmes psychologiques auxquels les pères qui n'ont pas la garde des enfants doivent faire face. On peut encore citer :

- Dépression et tristesse à l'instant de chaque séparation.
- Crainte d'être complètement séparé des enfants ou que ceux-ci n'aient plus besoin de vous ou ne vous aiment plus.
- Ressentiment contre le système ou contre votre « ex ».
- Humiliation de ne pas être capable de protéger vos enfants de la blessure qu'ils ressentent.
- Frustration face à l'impossibilité de remplir votre rôle de père à part entière par le fait que la famille ne forme plus bloc.

- Incapacité d'apprendre à vos enfants vos valeurs et votre philosophie de la vie et de vous assurer qu'ils soient équipés pour la vie.
- Sentiment d'impuissance à changer quoi que ce soit.
- Crainte de n'avoir ni les aptitudes ni la pratique nécessaires pour prendre soin de vos enfants.
- Déception due à la brièveté de vos visites ou par le fait que vos interactions avec les enfants ne sont pas « normales » comme elles l'étaient avant la séparation.

Ces sentiments, auxquels viennent se superposer la limitation des contacts imposée aux pères qui ne se sont pas vu confier la garde des enfants conduit ceux-ci à progressivement disparaître de la vie de leurs enfants.

Dans une période particulièrement sombre de votre vie, vous pourriez soudainement décider que la meilleure chose pour tous serait de vous effacer définitivement de la vie de vos enfants. En réalité, ce serait la pire. Affirmer votre présence dans la vie de vos enfants, même de façon limitée, a une énorme importance tant pour eux que pour vous-même. Au contraire, ne pas demeurer présent aurait des effets dévastateurs.

Ce que vous lirez dans la partie qui suit peut vous indisposer, vous déprimer ou vous inquiéter davantage encore, mais là n'est pas mon but. J'ai introduit ces réflexions pour attirer l'attention sur trois points importants :

- Ne vous laissez pas oublier. Vous êtes très important pour vos enfants, et vous n'imaginez sans doute pas à quel point vous l'êtes.
- Il peut être très dommageable pour les enfants de ne pas avoir de contacts avec leur père.
- En étant activement proche de vos enfants, vous leur apporterez énormément de choses utiles pour leur avenir.

Lorsque le père est absent

Délinquance

Les enfants qui grandissent hors de l'influence paternelle ont un risque accru de se voir condamner à la prison pour délinquance juvénile. Aux États-Unis, parmi les adolescents condamnés pour faits graves, plus de 70 % des assassins et de 60 % des auteurs de viol ont été élevés sans la présence du père. Le facteur principal qui entraîne la criminalité n'est ni la pauvreté, ni le chômage, ni l'éducation, mais bien l'absence du père au foyer, affirme l'avocat général américain William Barr.

Instruction

Les enfant élevés sans leur père courent deux fois plus de risques de devoir redoubler leurs classes. Adolescents, leurs résultats scolaires sont moins bons, leur assiduité moins soutenue et le risque d'abandonner prématurément leurs études deux fois plus élevé que leurs camarades issus de familles unies. Ils ont moins de chances d'entrer au collège et moins de chances d'y réussir leurs études. Plus tard dans la vie, ils sont plus touchés par le sous-emploi ou le chômage.

Problèmes psychologiques et de comportement

Les enfants de parents séparés présentent trois fois plus de risques que les autres de souffrir de problèmes émotionnels et de comportement. Ils sont plus angoissés, plus hostiles, plus renfermés, et sont moins appréciés par leurs camarades. Ils sont davantage tentés de se livrer sans précautions à des activités sexuelles prématurées et les filles se retrouvent plus souvent enceintes, ils ont tendance à se droguer et souffrent de problèmes comportementaux et affectifs. « Cet effet est particulièrement marqué chez les enfants dont les parents se sont séparés alors qu'ils avaient cinq ans ou moins », constatent David Fergusson et ses collègues, psychiatres. D'autres chercheurs ont constaté qu'en général les enfants élevés par une mère divorcée et non remariée sont moins disposés à coopérer et obtiennent de moins bons résultats dans les tests d'intelligence. Fait curieux, de tels symptômes semblent apparaître plus tôt chez les garçons que chez les filles.

État de santé

Les enfants séparés de leur père biologique sont plus fréquemment sujets aux blessures et souffrent plus souvent d'asthme, de maux de tête et de défauts d'élocution, relève Debra Dawson, chercheuse. De leur côté, le sociologue Warren Stanton et ses collègues estiment que ces enfants risquent 4,3 fois plus de se mettre très tôt à fumer la cigarette. En outre, la probabilité qu'ils vivent dans la misère est plus élevée.

Après avoir fait le point sur les dommages que le fait de vous retirer de la vie de vos enfants risque de causer à ceux-ci, considérons certains aspects plus positifs : les nombreuses façons dont votre insertion dans la vie des enfants peut aider à la fois ceux-ci et vous-même.

Si le père est présent : ce qui peut être fait et en quoi c'est important

Chacun sait que les enfants s'épanouissent mieux quand l'un et l'autre des parents les aiment, les choient et contribuent à leurs études. Bien que ce soit la mère qui les nourrisse, se lève au milieu de la nuit et, sans aucun doute, change les langes du nouveau-né plus souvent qu'à son tour, vous, le père, jouez dès le départ un rôle unique et très important dans la vie de votre enfant. Le fait est que vos enfants bénéficient largement et de bien des manières de l'intérêt et des hormones que vous leur apportez ainsi que de vos façons d'être avec eux.

Qu'apportent donc les pères à leurs enfants? D'abord, à l'inverse des mères, plus prudentes de nature, les pères ont tendance à permettre plus de liberté aux enfants. Ils encouragent l'indépendance des enfants en favorisant leur instinct d'exploration. Ils leur parlent aussi différemment; ils préfèrent par exemple faire la démonstration pratique des choses plutôt que d'en parler de manière abstraite.

Mais le domaine le plus typique et le plus important, celui qui vous appartient par excellence, est celui du jeu. N'importe qui peut témoigner que les mères suggèrent de préférence des jeux d'enfants tranquilles et à caractère visuel et verbal, tandis que les pères sont de loin les partisans de jeux physiques et plus excitants, même pour de tout jeunes enfants. Chacune de mes deux filles a, par exemple, passé une grande partie de sa première année sur mon dos, dans de longues courses en terrains accidentés et se savait tenir debout sur mes épaules, sans l'aide des mains, avant l'âge de dix-huit mois.

Il n'est pas étonnant que les bébés soient les premiers à constater que leurs parents ont des styles de comportement très différents et qu'ils réagissent en conséquence. « Les bébés savent que les femmes et les hommes se comportent différemment et ils recourent à leur père ou à leur mère pour des besoins différents, » note Gary Levy, directeur du Infant Development Center de l'Université du Wyoming. Et il ajoute : « Même âgés de quelques mois, s'ils veulent être consolés, ils cherchent leur mère mais s'ils veulent jouer, ils cherchent leur père. » Alison Clarke-Stewart, chercheuse, a découvert que, s'ils peuvent choisir leur partenaire de jeu, plus des deux tiers des enfants de deux ans et demi préfèrent leur père à leur mère.

Bien que les différences de style entre les pères et les mères puissent faire l'objet de conversations fascinantes, la grande question subsiste : qu'est-ce que ces différences signifient à la fin du compte ? En réalité, beaucoup de choses.

Jouer au ping-pong avec vos enfants dans la salle de séjour ou sauter avec eux sur le lit est fort amusant, mais ce style « remuant » apporte bien plus qu'un peu de bon temps. Au niveau le plus fondamental, lorsque vous luttez et vous vous roulez sur le sol, vous apprenez à vos enfants quelques leçons importantes de maîtrise de soi, comme le constate le spécialiste John Snarey. « Ils apprennent en même temps à exprimer leurs émotions et à les gérer correctement, à reconnaître les manifestations émotionnelles des autres et à savoir que toute forme de violence physique, comme frapper ou mordre, est inacceptable. »

Vous pouvez encore influencer la vie émotive de vos enfants d'autres manières. Le professeur de psychologie John Gottman souligne que les enfants les plus sociables vis-à-vis de leurs camarades sont ceux dont le père a conforté les sentiments et encouragé les réalisations. De tels pères, dit-il, sont des guides en matière d'émotions qui ne rejettent jamais ni ne désapprouvent les émotions néga-tives des enfants, mais leur témoignent de la sympathie et apportent leurs conseils pour les aider à traiter ces senti-ments négatifs. En particulier, Gottman a découvert que l'acceptation et l'aide apportée par le père à la tristesse ou à la colère des enfants de cinq ans était directement liée à l'intégration sociale ultérieure de l'enfant. Vers l'âge de huit ans, de tels enfants se montraient moins agressifs et développaient des relations plus harmonieuses avec leurs amis tout en affrontant moins de problèmes dans leurs études.

Une relation harmonieuse et active avec les enfants peut aussi les rendre plus intelligents ! Il est particulièrement évident que les enfants qui ont un contact avec leur père ont un avantage sur ceux qui ne bénéficient pas d'un tel apport, estime Norma Radin, un professeur émérite à l'Uni-versité du Michigan qui a conduit des travaux sur les pères pendant plus de vingt ans. Et ces avantages apparaissent dès le plus jeune âge. Dans l'une de ses études, Madame Radin a découvert que les enfants élevés avec la participation active du père surpassaient les autres dans leur élocution. Dans une autre de ses recherches, la maturité des tout jeunes enfants auxquels le père s'est intéressé spécialement a été jugée en avance de quelque six mois sur la moyenne du développement infantile en ce qui concernait la résolution de problèmes et même sur le plan social. Elle croit aussi qu'il existe un lien étroit entre l'aptitude des enfants dans le domaine des mathématiques et la qualité des contacts avec leur père.

Il faut savoir aussi que le type de compagnon de jeu que vous représentez peut avoir une incidence sur le développement cognitif de l'enfant. Par exemple, les pères qui sont des experts au jeu de balle ou de cache-cache ont des enfants aux connaissances plus avancées que les autres. Mais même si vous n'excellez pas à ces jeux, vous pourriez utilement contribuer au développement intellectuel de vos enfants en les encourageant à l'indépendance. Dans une autre étude, la chercheuse Alison Clarke-Stewart a noté que plus le père espérait voir son enfant capable de se servir tôt d'une paire de ciseaux ou de prendre un bain seul, plus avancé était le développement intellectuel de l'enfant.

FILLES ET GARÇONS

Il semble normal que vous ayez une influence sur le développement de votre fils (après tout, vous partagez ce fameux chromosome Y), pourtant trop de pères encore craignent ne pas avoir beaucoup d'influence sur leur fille. C'est faux.

FAÇONS POSITIVES D'INFLUENCER VOS FILS

• Plus un père s'occupe socialement et psychologiquement de son jeune fils, déclare Snarey, meilleurs seront les accomplissements intellectuels de ce dernier, ses succès scolaires et ses résultats en quotient intellectuel et autres tests normalisés. Pour sa part,

FILLES ET GARÇONS

Radin déclare que, d'une manière générale, plus le père s'engage auprès de son fils, plus le fils cherchera à lui ressembler et mieux il se conduira.

- Vous apportez à votre fils un modèle que sa mère ne peut lui procurer, non plus que le nouveau mari ou le nouvel ami de cette dernière.

- Vous pouvez l'aider à éviter les stéréotypes masculins. Être embrassé par vous et vous voir faire le ménage et cuisiner l'aide-ront à comprendre que les hommes savent et peuvent faire ces choses et qu'être un père tel que vous est un état auquel on peut aspirer.

- Les garçons qui n'ont pas de contacts avec leur père courent le risque de devenir trop dépendants de leur mère, soutient Neil Kalter, chercheur. Ce qui peut leur laisser un doute sur leur caractère masculin. Les conséquences de ce doute sont souvent dévastatrices. Une proportion élevée de gars en prison ou impliqués dans des associations de malfaiteurs, par exemple, ont grandi sans père à la maison. Et ils choisissent la violence ou le crime pour se prouver qu'ils sont de « vrais hommes ».

FAÇONS POSITIVES D'INFLUENCER VOS FILLES

- Ross Parke a noté que les filles dont les pères partagent souvent les jeux ont tendance à être plus sociables et plus assurées dans leur comportement. D'autres recherches ont montré que les femmes très compétentes et qui ont réussi dans la vie se souvien-nent souvent de leur père comme d'un homme actif et stimulant, amusant et enthousiasmant.

- Vous fournissez à vos filles un modèle de ce qu'elles peuvent espérer trouver chez les hommes au cours de leur vie.

- Vous contribuez à combattre les stéréotypes. Être embrassée par vous et vous voir faire le ménage et cuisiner aideront votre fille à comprendre que les femmes ne sont pas les seules à faire ces choses.

- Au cas où votre « ex » répandrait des calomnies sur votre compte, votre fille pourrait supposer que tous les hommes sont tels qu'elle le dit. Votre présence et votre comportement irréprochable per-mettront de corriger cette opinion.

- Vous pouvez lui montrer que vous l'aiderez dans ses futures ten-tatives de travail en la prenant avec vous pour travailler et en lui expliquant ce que vous faites.

Mieux encore, ces avantages de la paternité responsable semblent durer toute la vie. Les chercheurs Carol Franz, David C. McClelland et Joe Weinberger ont pris contact avec des personnes d'une quarantaine d'années dont les parents avaient été interviewés trente-six ans plus tôt au sujet de leurs pratiques d'éducation. Ils ont découvert que les personnes qui avaient vécu les relations les plus étroites avec leur père lorsqu'elles avaient cinq ans faisaient montre d'un niveau plus élevé de sympathie et d'attention pour les autres, bénéficiaient des mariages les plus heureux et jouissaient de relations sociales généralement plus satisfaisantes.

Est-ce que tout cela signifie que votre seule présence contribuera par magie à rendre vos enfants plus intelligents, plus confiants et mieux adaptés ? Sûrement pas. Bien que le temps que vous passez avec vos enfants soit extrêmement important, ce que vous faites lorsque vous êtes qvec eux l'est encore plus. La paternité incompétente, tout comme la maternité incompétente, peut avoir une série d'effets négatifs.

Gottman a remarqué que les enfants dont les pères étaient froids et autoritaires, réprobateurs et inquisiteurs subissent plus de difficultés à l'école et dans leurs relations sociales. Ils sont même, dit Gottman, moins bien lotis que les enfants dont le père est totalement absent. « Les enfants de pères humiliants et réprobateurs sont plus susceptibles de connaître des problèmes, ajoute-t-il. Ces enfants ont un comportement agressif vis-à-vis de leurs camarades, se butent à des obstacles de niveau scolaire et courent plus de risques de s'égarer dans la délinquance et la violence juvéniles. »

En revanche, les pères responsables et attentifs aux besoins de leurs enfants, respectueux de leurs sentiments et de leurs désirs, ont des enfants mieux adaptés et plus heureux.

Être proche des enfants est bon pour vous aussi

Les enfants ne sont pas les seuls à bénéficier du temps qu'ils passent avec leur père. Il y a plus de vingt ans, Maureen Green écrivait que l'une des premières choses qu'un père apprend de ses enfants est que ses propres besoins coïncident avec les leurs. Eux s'adressent à lui pour apprendre, lui aimera leur prodiguer ses conseils. Les enfants cherchent en lui un modèle, et être un modèle ajoute chez le père une nouvelle dimension à ses décisions. Ses ambitions et ses réalisations lui apparaissent sous un jour différent s'il peut les voir à travers leurs yeux aussi bien qu'à travers les siens propres. En résumé, la qualité de père peut apporter autant à l'homme lui-même qu'à ses enfants.

Être une présence dans la vie de vos enfants peut aussi être bon pour votre santé. La sagesse populaire proclame que la santé de l'homme est plus affectée par son travail que par ses relations familiales. Pourtant, selon Rosalind Barnett, chercheuse, et Caryl Rivers, professeure de journalisme, les problèmes relationnels d'un homme avec son enfant ont une influence importante sur sa santé physique alors que ses soucis professionnels n'en ont aucune... Ceux qui ont le moins de difficultés dans leurs relations avec leurs enfants ont aussi le moins d'ennuis de santé et vice versa.

Prendre une part active à la vie de vos enfants peut aussi vous aider dans d'autres domaines. Selon Snarey, les pères responsables réussissent souvent mieux leur carrière. Ils pourraient aussi avoir une plus grande aptitude à se comprendre eux-mêmes en tant qu'adultes et à aider les autres. Les hommes qui prennent résolument part à la vie familiale deviennent, lorsque leurs enfants sont grands, de meilleurs dirigeants soit en affaires soit dans leur communauté, et sont réputés être de meilleurs guides. D'une manière générale, ils sont plus intéressés à la génération montante qu'à eux-mêmes.

L'engagement au cours des années

Tout ce qui précède laisse entendre que vous pouvez jouer un rôle important dans la formation de vos enfants sur les plans physique, intellectuel, psychologique et social, que vous ayez la garde de vos enfants et voyez ceux-ci chaque jour ou que vous n'en ayez pas la garde et ne les avez auprès de vous que quelques jours par mois.

De la naissance à six mois

Pendant les premiers mois de sa vie, votre bébé va progressivement s'essayer à commander tous ses muscles, passant de la petite créature qui peut à peine lever la tête à quelqu'un qui obtient de son corps une obéissance à la demande. Il évoluera aussi de l'observation passive de tout ce qui se produit autour de lui à une interaction efficace avec les êtres et les choses qui composent son univers. Ci-dessous vous trouverez quelques conseils importants qui vous serviront à être proche de votre bébé et à l'aider à grandir.

PHYSIQUEMENT

- Pensez aux jeux susceptibles de stimuler les sens du bébé. Faites-lui respirer toutes les odeurs de la cuisine, même les relents de substances qui sont moisies, et goûter à quelques gouttes de liquide autre que le lait. Veillez à ce qu'il ait un large éventail de choses à regarder : photos, miroirs, jouets, personnes. Présentez-lui différentes textures : douces, molles, rugueuses, bosselées. Faites-lui entendre des sons divers : clochettes, sifflets, toute votre collection de disques audionumériques et, ce qui est le plus important, de multiples exemples de conversations.
- Stimulez le développement des muscles. Apprenez-lui à atteindre des objets. Tenez l'un de ses jouets favoris tout juste hors de sa portée au-dessus de sa tête, en-dessous de lui ou à côté. Mais ne le taquinez ni le forcez pas.

- Faites attention à ses réactions. Si le bébé détourne manifestement la tête ou semble vouloir s'endormir, ne l'obligez pas à jouer.
- Jouez à la poursuite visuelle. Tenez une balle à trente centimètres du nez du bébé et, lentement, faites-la passer d'un côté à l'autre. Voyez son regard suivre le mouvement et observez son sourire lorsqu'il vous sait content.

INTELLECTUELLEMENT

- Lisez à haute voix. À cet âge, vous pouvez lire n'importe quoi à votre bébé, depuis l'*Iliade* jusqu'au manuel d'installation de votre lave-vaisselle. Selon Jim Trelease, l'important est que le bébé s'accoutume aux sons rythmés de votre lecture et l'associe à une période paisible et calme de la journée. Choisissez donc une période et un endroit habituels pour la lecture. Ici encore, veillez à ce que le bébé soit heureux et attentif à ce qui se passe ; s'il ne l'est pas, cessez votre occupation.
- Jouez à n'importe quel jeu qui enseigne les relations de cause à effet. Par exemple, si vous gonflez les joues, puis les pressez brusquement d'un léger coup de poing, il en résulte un bruit amusant.
- Faites jouez de la musique. Que vous laissiez fonctionner la radio ou que vous choisissiez soigneusement un programme, assurez-vous qu'il y ait de la diversité de genre, de ton et de rythme. Certains indices semblent montrer qu'écouter de la musique classique à cet âge contribue au développement du cerveau et de l'intelligence.

PSYCHOLOGIQUEMENT ET SOCIALEMENT

- À cet âge, ce dont le bébé a besoin est la sécurité et l'amour. La meilleure façon de lui procurer ces deux choses est de passer du temps avec lui, à s'apprendre mutuellement et à s'habituer l'un à l'autre. Peu importe ce que vous faites, bien que les activités stimulantes décrites plus haut valent mieux que de regarder la télévision, ou que vous soyez dans une chambre ou au jardin. Si vous sortez, les poussettes sont pratiques, mais, si votre dos le permet, un porte-bébé ventral convient mieux parce que le bébé est en contact physique avec vous.

- Faites attention aux signaux du bébé, sourires, babillage et regards, et répondez-y en touchant l'enfant, en lui parlant et en le regardant. Les bébés apprennent ainsi une chose très importante, c'est que leurs actions sont capables de recevoir une réponse de la part des personnes qui les entourent.

De six mois à un an

Au cours de la seconde moitié de la première année, votre bébé va apprendre à ramper, à s'asseoir et peut-être même à faire un pas ou deux, probablement en se tenant à un support. Il apprend aussi des tas de choses sur ce qui l'entoure. Dans la première partie de cette période, il pense que tout objet ou personne qu'il ne voit pas n'existe tout simplement pas. Mais en quelques mois, il saura que si vous quittez la chambre, vous reviendrez et que le jouet qu'il a jeté par-dessus bord se trouve quelque part, un peu plus bas. Il peut désormais établir la différence entre les adultes et les enfants et particulièrement entre les membres de la famille et les étrangers. À douze mois, il aura un vocabulaire de six ou sept mots agrémenté d'un tas de cris d'animaux, et son intellect lui permet déjà de comprendre plus de choses.

PHYSIQUEMENT

- Jouer, jouer et encore jouer. Pour développer la coordination, choisissez des jeux qui demandent de prendre, d'organiser, d'empiler, d'insérer, de verser, de déchirer, de froisser et de broyer des objets. Les puzzles sont particulièrement intéressants à partir d'un an environ, mais ne choisissez que le modèle qui prévoit un logement séparé pour chaque pièce (chacune des pièces devrait aussi être munie d'une poignée). Pour le développement musculaire, essayez la balle que l'on pousse et repousse, le jeu de cache-cache et la course à deux à quatre pattes dans la maison. Pour exercer la coordination entre la vision et le mouvement, à partir de huit mois, répandez quelques fragments de céréales sur la tablette de sa chaise de bébé pour les lui laisser ramasser. À lui de choisir s'il les mangera ensuite ou s'il les redisposera dans la soucoupe.

- Ne dépensez pas trop d'argent en jouets de fantaisie. Les enfants de cet âge s'intéresseront probablement plus aux étiquettes et au papier d'emballage qu'à l'objet lui-même. Si vous recevez des jouets, veillez à ce qu'ils soient sans danger : pas de mécanismes, pas de fils ou de ficelles, rien de suffisamment petit qui puisse être mis en bouche ni aucune partie qui puisse être dissociée du jouet et avalée. La plupart des fabricants produisent aujourd'hui des gammes de jouets amusants et sans danger qui sont accompagnés d'une notice mentionnant l'âge du jeune usager.

INTELLECTUELLEMENT

- Jouer à trouver un objet caché, par exemple chercher le jouet favori que vous avez dissimulé sous un napperon, permet de renforcer cette importante notion que certaines choses existent même si on ne peut pas les voir.
- Imiter ou simuler. Ces jeux sont excellents pour développer l'imagination et pour apprendre les émotions aux tout jeunes enfants.
- Jouer avec des blocs. Selon Albert Einstein, ces jeux combinatoires (jeux de construction, blocs, puzzles) semblent être, du point de vue psychologique, la caractéristique essentielle de la pensée productive, avant qu'il n'y ait connexion avec la construction logique des mots ou autres sortes de signes susceptibles d'être communiqués à d'autres.

- Continuez à faire la lecture. À dix mois, votre bébé aimera s'asseoir et tourner les pages (deux ou trois à la fois). À onze mois, il pourra reconnaître les personnages d'une page à l'autre. À douze mois, il sera capable non seulement de tourner les pages une à la fois, mais aussi de répondre à des questions comme : « Qu'est-ce que le petit canard a dit ? » Assoyez le bébé sur vos genoux, le dos contre votre poitrine ; c'est la meilleure position de lecture pour lui Tenez le livre tout en entourant le bébé de vos bras et lisez par-dessus son épaule.
- Continuez à faire de la musique. Plus vous en jouerez et plus elle sera variée, mieux ce sera. Et n'oubliez pas de chanter. Votre bébé ne se souciera guère de vous entendre chanter comme Placido Domingo ou comme un goret qu'on égorge.

PSYCHOLOGIQUEMENT ET SOCIALEMENT

- Comme pour les plus jeunes bébés, votre bambin de six à douze mois a surtout besoin de savoir que vous l'aimez et que vous serez toujours là pour lui. Pratiquer chacune des activités ci-dessus, en particulier celles qui comportent un contact physique, vous aideront l'un et l'autre à établir entre vous une relation solide.
- Commencez à suivre dès maintenant une routine régulière. Habituer l'enfant à des heures fixes de repas, de lecture, de promenade et de repos l'aidera à développer un sentiment de confiance et de sécurité.
- Passez du temps à tenir, embrasser et cajoler votre bébé et n'oubliez pas de lui dire souvent que vous l'aimez. Même si vous pensez qu'il ne comprend pas vos paroles, vos sourires et le ton de votre voix lui disent plus que vous ne pensez.

De 1 à 2 ans

Votre jeune bambin se développe à un rythme surprenant. Au début de cette année de vie, il est à peine capable de tenir debout tout seul, à deux ans, il peut déjà courir (bien qu'il ne soit pas encore capable de réussir un virage en épingle à cheveux). De l'utilisation d'un mot à la fois, il réussira bientôt à en combiner deux, peut-être trois. Il est taraudé par le désir inné de comprendre comment fonctionne le monde et il se met à prendre, toucher ou mettre en bouche n'importe quoi. À l'époque de son deuxième anniversaire, il aura découvert qu'une façon efficace d'apprendre les choses est d'imiter Papa, ce qu'il tentera de faire, que vous soyez en train de balayer, de laver la voiture, de vous brosser les dents ou de vous asseoir sur le bol de toilette. Il a aussi eu le loisir de se créer un ego très sain, selon lequel le monde entier tourne autour de lui.

PHYSIQUEMENT

- Les enfants de cet âge aiment généralement les activités physiques intenses qui contribuent au développement des muscles principaux : courir l'un après l'autre ou à travers champs, sauter sur un lit, participer à des courses d'obstacles, faire de la balançoire… Veillez à ce que votre enfant ait chaque jour un temps suffisant pour courir. Comme toujours, consultez-le aussi sur ses besoins de périodes de calme et veillez à ce qu'il en bénéficie de temps en temps. Les parcs d'où les enfants ne peuvent sortir sont parfaits : votre enfant ne pourra s'en échapper et vous bénéficierez de quelques minutes de lecture tranquille. Pour le cas où vous vous poseriez la question… non, il est trop tôt pour penser à lui offrir un tricycle.
- Pour favoriser le développement de ses aptitudes manuelles et de la coordination de ses mouvements, suggérez à votre enfant de construire des tours en Duplo (variété

géante de Lego), d'empiler des blocs, de tourner une clé dans une serrure, de transvaser du sable d'un seau à l'autre et d'en faire des pâtés, de presser un citron, ou quoi que ce soit d'autre qui requiert l'usage des doigts et des mains. Chaque fois que c'est possible, utilisez des objets réels comme un clavier ou le téléphone, et évitez les jouets trop compliqués. Les fabricants ont conçu des boîtes qui renferment des jeux de boutons ou de manettes et de leviers à tourner ou à presser, mais la plupart des enfants de cet âge n'en ont guère l'usage.

- Soyez particulièrement attentif à la sécurité, surveillez bien l'endroit où l'enfant joue et avec quoi il joue.

INTELLECTUELLEMENT

- Jeux qui inculquent la notion de conséquence. Apprenez à votre enfant à manipuler un commutateur ou à presser les boutons de votre magnétoscope. A-t-il conscience de ce qui en résulte?
- Ordinateurs. Si la notion de conséquence a été assimilée par votre enfant, peut-être serait-il prêt à une introduction à l'informatique. Vous devrez trouver un clavier adapté à son âge, sans lettres ni chiffres, mais dont les touches portent des dessins, des couleurs ou des formes, et peut-être équipé d'un récepteur téléphonique. Comme en tout, tenez compte des préférences de l'enfant. Il aimera peut-être passer beaucoup de temps à investiguer toutes les choses qu'il peut faire au moyen de son corps et pourrait ne pas être tenté de s'asseoir sur vos genoux pour regarder longtemps un écran d'ordinateur.
- La lecture devient de plus en plus importante. Prenez ou poursuivez l'habitude de vos lectures vespérales. Laissez choisir le sujet par l'enfant, même si c'est la même histoire pour la quatre cent dix-neuvième fois d'affilée. Si vous en êtes lassé, épicez à l'occasion le récit en modifiant l'un ou l'autre mot clé et vérifiez si votre auditeur remarquera votre erreur. Pour rendre vos lectures plus

interactives, incluez-y des livres-jeux dont vous laissez l'enfant ouvrir et refermer les volets

- La créativité artistique : initiation à la reconnaissance des couleurs. Faites l'achat de peintures et de marqueurs non toxiques. Un autre matériau indispensable est la pâte à modeler que les enfants adorent utiliser. En voici la recette : versez 500 grammes d'amidon dans une tasse et demie d'eau froide et ajoutez-y quelques gouttes du colorant alimentaire préféré de l'enfant; mélangez jusqu'à obtention d'une pâte lisse et amusez-vous bien. Ne commencez un projet artistique que lorsque vous êtes bien disposé : l'activité peut être salissante. Pratiquez-la soit à l'extérieur où le nettoyage est plus facile, soit à l'intérieur. Dans ce dernier cas, passez quelques minutes à protéger au préalable toutes les surfaces de la pièce au moyen de papier journal.

- Préparer de la nourriture peut apprendre des tas de choses à l'enfant concernant les ingrédients, les proportions, la consistance et les modifications de celle-ci par mélange, chauffage ou refroidissement. Le Jello convient ici particulièrement parce qu'il demande même à être préparé avec de l'eau bouillante. Comme pour l'art, soyez patient. Faire la cuisine avec un enfant peut entraîner un certain gâchis, mais aussi beaucoup de plaisir.

PSYCHOLOGIQUEMENT ET SOCIALEMEMT

- Laissez l'enfant demander votre aide avant de vous précipiter pour la lui accorder. Apprendre seul à faire les choses contribue à développer l'amour-propre et confère de la confiance en soi.
- Faire des choses ensemble. Les enfants de cet âge aiment faire exactement ce que vous faites, laissez-les donc vous « aider » en passant les tapis à l'aspirateur, éponger ce qu'ils ont renverser, et même se raser (avec un rasoir électrique ou de sécurité) ou encore s'enduire de crème à raser.

- Encouragez-les à jouer avec des copains. Vous serez surpris de la rapidité avec laquelle ils se lient d'amitié au parc ou au terrain de jeu.
- Traitez filles et garçons de la même manière.
- Les bonnes habitudes de régularité pour les repas, le coucher et autres activités sont encore plus importantes pour les enfants de cet âge.
- Jouez à des jeux d'imagination. « Faire semblant » active réellement le développement cognitif et social de l'enfant, soutient Bruno Bettelheim, le grand psychologue pour enfants. Les enfants qui ont une imagination bien développée sont aimés de leurs camarades et ont tendance à être acceptés comme chefs de file. De plus, cette particularité les aide à comprendre le point de vue des autres et améliore leur intelligence de certaines situations sociales.

De 2 à 3 ans

La maîtrise du corps de votre enfant de deux ans s'améliore de minute en minute. Il ou elle ne tombe plus que rarement, peut avec ses blocs construire d'impressionnantes tours et parvient à tracer des cercles presque parfaits. L'enfant peut probablement s'habiller seul, bien que les boutons et les fermoirs causent encore quelques difficultés. Le progrès le plus marquant, au cours de cette année. est pourtant de nature verbale. À son deuxième anniversaire, il peut probablement comprendre de deux cents à cinq cents mots et en utiliser de vingt à cent. Mais à trois ans, il sera capable de comprendre la majorité des mots courants qui lui seront nécessaires pendant le reste de sa vie. Le degré d'attention varie énormément, certains enfants étant capables de rester patiemment assis pendant la durée de deux longs métrages alors que d'autres ne peuvent même pas se tenir tranquilles le temps d'une bande de lancement. L'enfant comprend de mieux en mieux les conséquences de ses actes et est parfaitement à même de jouer en coopération avec d'autres enfants de son âge. Il gagne en indépendance et ne voit aucun inconvénient à être laissé seul pendant un moment, pourvu que vous ne vous éloigniez pas trop.

PHYSIQUEMENT

- La plupart des informations reçues par l'enfant au sujet du monde proviennent de jeux. Faites-en donc autant que possible. Et si vous avez une fille, ne vous retenez pas, elle est aussi résistante qu'un garçon. Mais quel que soit le genre de l'enfant, n'exagérez pas. Tout comme les adultes, les enfants ont besoin de faire une pause de temps à autre.
- Pour les sportifs, courir, sauter, se poursuivre, botter sur un ballon, tourner sur soi-même jusqu'à tomber, danser, faire de la gymnastique, des batailles d'oreillers et enfin de la bicyclette (ou plutôt du tricycle) sont autant d'exercices excellents.
- Aux enfants plus sédentaires, proposez-leur de faire un puzzle (avec un maximum de dix pièces), la peinture, d'enfiler de grosses perles, ou encore de transvaser et mesurer.

INTELLECTUELLEMENT

- La lecture. Votre enfant souhaitera désormais « lire » tout seul. Installez-lui donc une bibliothèque de sorte qu'il puisse prendre ses livres lorsqu'il le souhaite. Qu'il le veuille ou non, faites-en sorte de lui lire quelque historiette chaque jour.
- Ordinateurs. L'enfant s'est jusqu'à présent très bien tiré d'affaires avec la logique et devrait être maintenant prêt à affronter les ordinateurs. Il devrait pouvoir manœuvrer la souris pour son troisième anniversaire. Mais veillez aux règles de sécurité : ni nourriture ni boissons à proximité de l'ordinateur (installez le plastique protecteur sur le clavier), pas de bagarres au voisinage de la machine et

si l'enfant lui décoche un coup de pied, privez-le de l'ordinateur pour le reste de la journée.

• Parlez, parlez sans arrêt. « La quantité de paroles adressées à un enfant est peut-être le meilleur indicateur du degré d'intelligence qu'il atteindra ainsi que celui de ses futures réalisations linguistiques et sociales », affirment les chercheurs Barbara et Philip Newman, de l'Université d'État de l'Ohio. Décrivez tout ce que vous faites et nommez tout ce que l'enfant désigne. Commentez ce que l'enfant dit. S'il articule : « Voiture passe », répondez par exemple : « Oui, la voiture passe devant la maison. » Enfin, ne corrigez pas les fautes grammaticales ou de prononciation. Placez simplement le mot ou l'idée dans une phrase correcte et poursuivez. S'il dit par exemple : « Moi veux bibi », vous pourriez compléter sa phrase ainsi : « Veux-tu ton biberon ? »

• Jouez au jeu d'appariement de cartes (avec un jeu de cartes ordinaire), au jeu de l'alphabet ou des chiffres. Le but est d'amener l'enfant à se familiariser avec les signes fondamentaux.

• Acquérez un ouvrage élémentaire d'initiation aux constellations et repérez-en quelques-unes dans le ciel qui soient faciles à reconnaître.

• Servez-vous rarement de la télévision et ne permettez à l'enfant de la regarder que lorsque vous êtes présent de façon à pouvoir lui expliquer ce qu'il voit. Des émissions conçues spécialement pour les enfants peuvent lui apprendre les nombres, les formes et les lettres, et l'aider sur le plan des sentiments et des émotions. Certaines vidéos peuvent aussi être utiles à cet âge parce que vous pouvez contrôler le contenu des bandes et en arrêter à volonté le déroulement pour en expliquer les points importants.

PSYCHOLOGIQUEMENT ET SOCIALEMENT

• Favorisez l'indépendance. À cet âge, vous pouvez laisser votre enfant jouer seul pour quelques moments dans sa chambre ou dans un jardin convenablement clôturé, pour autant que vous restiez à proximité.

- Apprenez-lui à être propre, spécialement si c'est un garçon. En moyenne, les garçons sont, à ce sujet, en retard de seize mois sur les filles. L'une des raisons est que les garçons ne souhaitent pas imiter leur mère à ce propos et les mères sont incapables de montrer comment on fait pipi debout et combien c'est amusant. Veillez bien à l'éduquer vous-même à ce sujet.
- Votre enfant a besoin de confiance et d'encouragements, complimentez-le donc fréquemment, dites-lui que vous l'aimez et faites-lui savoir que vous êtes au courant de ce qu'elle fait.
- Passez du temps à être tout simplement ensemble. Pique-niquez dans les bois, visitez le zoo ou allez au lac nourrir les canards.
- Faites du chahut.

De 3 à 5 ans

Les années précédant l'âge scolaire sont un temps de croissance continue, aussi bien physique que verbale, psychologique et sociale. Les bambins de cet âge ont généralement une excellente maîtrise de leur corps ; ils peuvent attraper et lancer une balle, et botter ; bien avant d'avoir cinq ans, la plupart sont capables d'écrire les lettres de leur nom, certains même peuvent reconnaître les autres lettres de l'alphabet et les dix premiers nombres. Ils commencent aussi tout juste à former leur identité, les filles et les garçons exprimant soudainement leur désir de passer plus de temps avec les enfants du même sexe. Voici comment vous pouvez rester dans le coup.

PHYSIQUEMENT

- Votre enfant devrait disposer de quelque temps chaque jour pour des activités physiques énergiques. Certaines peuvent être structurées, comme les jeux dont il vient d'être question, d'autres devraient être libres, comme courir et faire du bruit à sa guise.

- Jouer à la balle. Commencez avec un gros ballon de 20 à 25 cm de diamètre ; tenez-vous à 50 ou 60 cm de lui et laissez tomber la balle dans ses mains tendues (peut-être devrez-vous lui expliquer comment tenir les mains). À mesure que votre enfant se sent plus assuré à ce jeu, augmentez la distance qui vous sépare. N'attendez pas de miracles dès le début, votre rejeton ne sera pas capable d'intercepter un boulet avant quelques années.
- Faire du vélo (du tricycle) ensemble est amusant, mais soyez prudent. Si vous marchez à côté de votre enfant, utilisez pour lui un tricycle muni d'une poignée à l'arrière ; ce dispositif vous évitera de vous éreinter en vous penchant pour le pousser.

INTELLECTUELLEMENT

- Lisez. Votre futur écolier devient un participant actif maintenant. Laissez-lui terminer les derniers mots des phases et utilisez l'histoire comme point de départ de discussions : demandez-lui de commenter l'action représentée par les illustrations ou d'expliquer ce qu'un personnage fait ou ce qu'il ressent. Si vous souhaitez souffler un peu, la plupart des bibliothèques locales offrent des séances de lecture d'histoires pour enfants ou des heures de conte.
- Augmentez son vocabulaire en vous amusant. Un pantalon est un pantalon, mais qu'en est-il du jean ou du bermuda ? Les enfants adorent utiliser des homonymes, mots de prononciation identique mais de sens différents. Ils s'amuseront à répéter sans fin des phrases comme : « Didon m'a dit « Dis donc, manges-tu du dindon ? » »
- Art. Faites réciproquement vos portraits, dessinez ensemble des natures mortes. D'autres activités comme des collages, des sculptures en pâte à modeler, des découpages dans de vieilles revues, se peindre les doigts

ou enfiler des perles favorisent la coordination des mouvements et développent l'aptitude à distinguer les couleurs et à acquérir de l'habileté manuelle et du sens artistique en général.

- Créez des poupées avec de vieux bas. Il vous faut quelques bas dépareillés, des bouts de laine, de la ficelle, des restes de feutrine, et des yeux ou des perles de verre que l'on trouve pour quelques cents dans une boutique d'artisanat. Outre l'amusement de les fabriquer, ces poupées permettent de créer des jeux de scène sensationnels.

- Faites écouter de la musique à vos enfants. Ils devraient aussi, à cet âge, commencer à jouer du piano sur un petit instrument électronique. Ce modèle réduit leur permet de jouer quelques mélodies presque immédiatement. Même si vous ne souhaitez pas leur faire prendre de leçons de musique dès maintenant, laissez-les turluter à leur guise sur un mirliton.

- Élargissez leur horizon en les emmenant en ballade : les centres commerciaux, les parcs et même le centre d'affaires local sont des endroits où l'on peut apprendre des foules de choses. Beaucoup de villes ont créé des musées pour enfants, et si la vôtre n'en possède pas, celui qui est destiné aux adultes fera aussi bien l'affaire. N'oubliez pas l'aquarium, qui piquera également son intérêt.

- Le moment est aussi venu d'intéresser votre enfant à la science. Vous pouvez faire des expériences simples, comme secouer une bouteille d'eau gazeuse pour observer la formation des bulles, ou penser à des activités qui développent le sens de l'observation. Par exemple, remplissez de riz un bol à mesurer, puis versez-en le contenu dans un récipient très évasé. Remplissez à nouveau le bol de riz et demandez alors à l'enfant lequel des deux récipients contient le plus de riz.

- Donnez-lui un peu d'argent de poche.

PSYCHOLOGIQUEMENT ET SOCIALEMENT

- Associez les enfants à votre vie. Emmenez-les lorsque vous magasinez, allez à la banque ou cherchez un appartement. Ils ne savent pas que ces obligations sont fastidieuses, ils veulent seulement être avec vous. Vous devrez probablement écarter les activités qui exigeraient de longues périodes de silence et d'immobilité comme la pêche sur la glace ou la chasse au chevreuil.

- Apprenez à connaître votre enfant. Consacrez du temps à l'observer attentivement pour savoir ce qu'il aime ou n'aime pas faire. Abaissez-vous à son niveau et jouez avec lui sur le parquet aux jeux qu'il aime.

- Parlez à l'enfant. Posez-lui des questions sur ce qu'il pense ou ressent. Il est particulièrement important de le faire avec les garçons parce qu'ils auront moins tendance que les filles à le faire de leur propre initiative. Et n'oubliez pas de lui parler de votre journée. Ce faisant, vous lui faites parvenir le message que vous appréciez sa compagnie et, donc, lui-même.

- Encouragez ses relations avec d'autres enfants. Invitez ses amis à venir jouer ou laissez-le aller jouer chez d'autres. Les amis aident l'enfant à devenir sociable et l'encouragent à manifester son indépendance.

- Complimentez-le. Les parents passent tant de temps à critiquer et à dire « non ! » ou « arrête ! » qu'ils en oublient de voir ce que l'enfant fait de bien. Embrassez donc l'enfant et complimentez-le au moins une fois par jour. Afficher ses œuvres bien en vue est aussi une façon d'encourager son amour-propre.

- Gardez des souvenirs. Prenez des vidéos, des photos, tenez un journal, ou faites des enregistrements d'entretiens avec vos enfants. Associez-les à cette tâche, laissez-les trier les photos ou vous poser des questions à leur sujet.

De 5 à 10 ans

À partir de son entrée à la maternelle, l'école va devenir le centre de la vie de votre enfant. En quelques années, il passera de l'aptitude à lire son nom à celle de lire des romans de deux cents pages. Cependant, si vous demandez aux enfants pourquoi ils aiment l'école – ou ce qu'ils aiment dans l'école, même s'ils n'apprécient pas nécessairement celle-ci en général – leur réponse sera probablement orientée vers l'expérience sociale plutôt qu'académique, rapporte le psychologue Lawrence Kutner. Les amitiés, les équipes de sport, les clans et autres groupes sociaux prennent de plus en plus d'importance dans la vie des enfants. Le mouvement d'éloignement de vous vers le monde devient de plus en plus évident au fil des jours. Votre enfant en âge d'école a déjà sa propre vie sociale, qui souvent ne vous inclut pas, et cet enfant est déjà parfaitement capable – tout au moins il le croit – de programmer ses propres engagements et activités. Voici comment vous pouvez rester dans le coup.

PHYSIQUEMENT

- Les enfants de cet âge ont besoin de beaucoup d'exercice. Une demi-heure par jour devrait être considérée comme un minimum. Ils feront une partie des exercices à l'école, le reste à la maison.
- Si votre toute jeune écolière peut conduire correctement son tricycle, négocier un virage serré, se faufiler à travers une foule dense sans trop de dommages et pédaler à l'envers, elle est mûre pour aborder la conduite d'un deux-roues. Elle devra cependant s'y exercer quelque temps. Lorsque vous achetez un premier vélo, donnez la préférence à celui qui est muni de freins au pied. Les freins à main sont trop difficiles à maîtriser en même temps que l'on tente de garder l'équilibre.
- Encouragez-la à s'engager dans une équipe sportive, mais veillez à ne pas la pousser à faire des choses qui lui

déplaisent. Peut-être votre enfant a-t-elle les qualités athlétiques requises pour participer aux futurs jeux olympiques, mais est-ce bien là son désir ou seulement le vôtre ? Si vous insistiez trop, sa réaction pourrait être d'abandonner purement et simplement tout exercice.

- Si vos enfants préfèrent pratiquer seuls leurs activités sportives, le fait de se démener comme de beaux diables dans la maison est encore acceptable à cet âge, tout comme la course à pied.

- Assurez-vous que vos enfants disposent de l'équipement de sécurité adéquat pour les sports qu'ils pratiquent : casque de protection pour le cyclisme et l'escalade, gilet de flottaison pour la descente de rivières, genouillères et protège-poignets pour pratiquer la planche à roulettes ou les patins à roues alignées, coquilles (pour les garçons) pour le base-ball, etc.

- Encouragez-les à fabriquer des objets, petite aviation, récepteur radio ou meubles simples. De telles activités non seulement renforcent la coordination, mais apprennent également à mesurer et à suivre des instructions (y compris le nettoyage quand tout est fini). Suivez-les attentivement et assurez-vous qu'ils portent des lunettes de protection et qu'ils observent soigneusement les règles fondamentales de sécurité que vous avez fixées.

INTELLECTUELLEMENT

- La lecture reste toujours extrêmement importante et vous devriez faire la lecture quotidiennement à vos enfants jusqu'à ce que ceux-ci vous demandent d'arrêter, ce qu'ils ne feront sans doute pas avant d'être arrivés tout à la fin de ce groupe d'âge. Lorsqu'ils commencent à lire, jouez à des jeux de mots comme celui de chercher, dans un mot donné, des mots usuels plus courts qui s'y trouvent cachés (« demande », par exemple, contient « de », « ma », « mande »). Demandez-leur de temps en temps de vous lire un paragraphe ou deux, ou peut-être même tout le livre.

C'est un excellent moyen de développer en eux la fierté et la confiance en leur capacité de lire. Lorsqu'ils commencent à lire plus couramment, veillez à ce qu'ils passent au moins quelque temps à cette occupation. Certains jeux de mots plus compliqués peuvent alors devenir amusants, comme chercher tous les mots qui renferment la suite des lettres d'une plaque minéralogique (« ARD » par exemple, est contenu dans canARD, bARDe, ARDoise, etc.)

- Encouragez-les à utiliser leurs aptitudes rédactionnelles en tenant un journal.

- Parlez à votre enfant. Discutez de sa journée (et de la vôtre) au retour de l'école. Parlez-lui des événements en cours.

- Parlez de son argent de poche, et trouvez d'autres façons d'aborder les concepts mathématiques. Chez l'épicier, par exemple, faites-lui faire des comparaisons. Demandez-lui d'évaluer si une grande boîte est réellement moins chère que deux plus petites, ou de peser un produit et d'en estimer le coût.

- Enseignez-lui la lecture des cartes et laissez le indiquer le chemin à suivre, même s'il vous « perd ».

- Plantez un jardinet. Préparer la terre, semer ou planter sont d'excellents moyens de s'intéresser à la nature. Inscrivez dans un calepin ce qui a été semé, le moment où les premières pousses sortent de terre, la quantité d'eau utilisée, l'aspect des plantules, leur taille après trois jours, une semaine, etc. C'est une façon amusante d'initier les enfants aux procédés scientifiques. Les radis, les carottes, le maïs, les haricots, les tomates, la laitue, les citrouilles et les fraises poussent à peu près partout et ne demandent guère de soin.

- Intéressez l'enfant à la résolution des conflits et à la pensée créatrice. Amenez-le à envisager une série d'options possibles avant d'agir et à considérer les conséquences de chacun des choix éventuels.

- Encouragez sa participation dans les arts, la musique et dans n'importe quel autre domaine (depuis la culture des roses jusqu'à l'élevage d'iguanes) pour lequel l'enfant montrerait de l'intérêt.

PSYCHOLOGIQUEMENT ET SOCIALEMENT

- Cherchez un centre d'intérêt commun, que ce soit bricoler sur votre voiture, jouer au basket-ball ou aller à l'opéra, et poursuivez-le ensemble.
- Donnez à votre enfant l'occasion de prendre plus de responsabilités. Ce pourrait être obtenir un petit travail chez le voisin pour arroser son jardin, ou organiser, ou même préparer certains repas, ou planifier les activités de la fin de semaine.
- Aidez-le à développer son côté moral ou spirituel, sans nécessairement favoriser telle ou telle religion. Que vous ameniez votre enfant à l'église, à la synagogue ou à la mosquée, ou que vous lui parliez simplement de ces choses à la maison, l'important est qu'il ou elle apprenne comment traiter les autres, et en particulier les plus malheureux, de façon bienveillante et juste.
- Accordez votre attention aux amis de l'enfant en participant par exemple à ses projets de rendez-vous de jeux ou de séjours chez des amis et en offrant d'inviter un ou deux camarades de jeux pour loger une ou deux nuits. Montrez-lui aussi que vous vous intéressez directement à eux.
- Procurez-lui de nombreuses occasions de développer ses connaissances et ses intérêts. Et aidez-le de toutes les façons possibles.
- Intéressez-vous à ce qu'il ou elle font à l'école. Soyez un membre actif dans les associations de parents d'élèves, prenez part aux entrevues avec les professeurs, surveillez les devoirs et engagez-vous comme volontaire pour la classe de l'enfant. Tout cela aide l'enfant à comprendre que vous vous intéressez à lui en toutes circonstances.

- Enseignez-lui ce qu'il faut faire en situation difficile ou inquiétante, par exemple au cas où il se perdrait dans le parc d'attractions ou si un étranger lui offrait un bonbon, de la drogue ou de l'alcool, ou l'invitait à monter en voiture, ou en cas de bagarre avec la brute de la classe, etc. Ne l'effrayez pas pour autant. Le but est de l'amener à réfléchir aux meilleures façons de traiter ce genre de situations tout en renforçant le message qu'il est important pour vous.

De 11 à 18 ans

Voici venir le temps de grands tiraillements pour votre enfant. Les enfants de cette classe d'âge aspirent à l'indépendance, mais restent encore sous l'autorité de leurs parents, de leurs professeurs et d'autres adultes, constatent Charlene Giannetti et Margaret Sagarese. Ce mêmes enfants s'inquiètent de leur apparence alors que mère nature bouleverse leurs corps, ils sont au bord de l'âge adulte, mais ont encore des difficultés à maîtriser leurs pulsions infantiles, ils sont fascinés par le monde et veulent l'explorer, ils apprennent à formuler leurs aspirations, ils affinent leurs qualités individuelles et assemblent leurs propres valeurs et leur cadre moral. ...Et il dépend de vous de pouvoir les y aider.

PHYSIQUEMENT

Grands comme ils sont, il vous sera plus difficile qu'avant de faire le diable à quatre avec eux. Ils s'y intéresseront probablement moins aussi. Cela ne signifie pas qu'ils resteront amorphes. Ils ont besoin d'au moins une demi-heure d'exercices physiques quotidiens, mais, devenant plus grands, ils deviennent aussi responsables du choix de ces activités.

- Conseillez-leur de rester dans une équipe sportive ou de s'y inscrire s'ils n'en faisaient pas partie précédemment. Et donnez le bon exemple en demeurant vous-même physiquement actif. Si cela les intéresse, invitez-les à faire partie de votre équipe de balle-pelote, à nager ou à courir avec vous, à vous rejoindre sur le court de tennis, ou même à se risquer dans votre classe de yoga. Une autre façon de maintenir leur intérêt (et le vôtre) serait de devenir vous-même l'entraîneur d'une équipe dont il ou elle font partie.

INTELLECTUELLEMENT

- Comme pour les activités physiques, plus âgés sont vos enfants, moins vous pouvez jouer un rôle actif dans leur développement intellectuel. Cela ne veut pas dire que vous deviez abandonner la partie. Vous pouvez encore avoir une grande influence en les forçant à penser clairement et avec créativité et en les aidant à poursuivre le développement des aptitudes intellectuelles qu'ils ont acquises lorsqu'ils étaient plus jeunes. Mais votre influence viendra surtout de votre exemple et de votre soutien à l'égard de ce qu'ils veulent faire, et moins de vos conseils. S'ils n'en connaissent pas déjà plus que vous au sujet d'Internet, vous pourriez leur être utile en leur montrant comment utiliser un ordinateur pour les aider à chercher une référence ou des informations sur un sujet particulier qui les intéresse.
- La lecture est un outil essentiel et vous devriez tout faire pour l'encourager. Incitez-les à passer journellement un certain temps à la lecture et faites en sorte qu'ils vous voient lire. Emmenez-les dans les coins de lecture des librairies, confiez-vous mutuellement le sujet de vos lectures, et discutez des articles proposés à la une des journaux.
- Stimulez leur intérêt dans les domaines des arts. Peinture, sculpture, musique... Assurez-vous qu'ils disposent de l'équipement de qualité nécessaire, instruments compris, ainsi que de bons professeurs. Emmenez-les au concert et aux vernissages. S'ils sont intéressés, mais ne souhaitent pas s'y rendre avec vous, procurez-leur les billets d'entrée pour qu'ils y aillent avec un ami.

- Maintenez leur argent de poche afin qu'ils aient de l'argent à eux, mais demandez-leur de vous aider à établir un budget familial.
- Encouragez-les à penser de manière créative, particulièrement en compagnie d'autres jeunes. Mis en face de n'importe quel problème, concentrez-vous sur les quatre étapes successives : identification du problème, examen détaillé de toutes les solutions possibles (même celles qui paraissent idiotes) classement de ces solutions depuis la meilleure jusqu'à la moins bonne... et en définitive, appliquez la meilleure.

PSYCHOLOGIQUEMENT ET SOCIALEMENT

- Donnez-leur plus de responsabilités et encouragez leur indépendance. Cela s'applique à tout, depuis leur permettre de garder de très jeunes enfants jusqu'à leur laisser conduire votre voiture ou leur prêter votre concours pour choisir et planifier un voyage outre-mer.
- Fixez-vous des attentes et des limites claires et raisonnables. Certains types d'activités (drogues, alcool, films trop osés) ne sont pas acceptables. Imposez un couvre-feu et voyez à ce qu'on l'applique.
- Encouragez leurs amitiés, sauf s'il s'agit de gens peu recommandables, et entretenez leur intérêt vis-à-vis de la culture populaire. Les jeunes de cet âge sont taraudés par l'idée d'appartenir à un clan et d'y être accepté ; peut-être s'agit-il tout simplement d'avoir vu le dernier film en vogue, d'avoir assisté aux concerts sélectionnés, de porter les vêtements adéquats, et même éventuellement de s'être fait percer l'oreille (y compris pour les garçons). Tenez-vous au courant de ce qui est dans le vent, mais n'y participez pas outre mesure : la dernière chose que votre enfant aimerait est d'avoir un père qui se comporte comme un adolescent.
- Encouragez-les à s'engager dans les activités de leur communauté. Se porter volontaire dans un centre de

recyclage ou servir les repas dans un asile de sans-logis le 24 juin ou la veille de Noël sont des moyens importants de renforcer l'idée qu'on est citoyen d'un monde plus vaste. Il est indispensable que vous donniez l'exemple en agissant de même. Je me revois encore assis aux côtés de mon père, à dix ans, feuilletant les nombreuses sollicitations d'organismes de charité et le regardant souscrire chèque après chèque au profit de celles que nous estimions les plus utiles.

- Restez au diapason de la vie des enfants. Devenez chef scout ou entraîneur de leur équipe sportive, prononcez une conférence dans leur classe, emmenez-les en excursion. Si vous restez proche d'eux, ils resteront proches de vous.

- Respectez leurs sentiments. Il y a quelques années, alors que vos enfants étaient plus jeunes, ils croyaient probablement que vous étiez l'être le plus extraordinaire du monde. Aujourd'hui, vous êtes devenu une chose plutôt embarrassante. Si votre fille (ou votre fils) reçoit quatre ou cinq amis pour une soirée-hébergement, n'espérez même pas rester auprès d'eux. Si vous conduisez la voiture et s'ils souhaitent vous voir les prendre ou les déposer au coin de la rue, faites-le (pour autant que l'endroit ne soit pas dangereux). Vous pourriez aussi songer à refreiner votre habitude de les embrasser en public. Et ne soyez pas vexé s'ils ne souhaitent plus aller au cinéma avec vous. Aucun adolescent doté d'amour-propre ne voudrait risquer d'être vu en compagnie d'un chaperon.

- Faites en sorte qu'ils sachent toujours qu'ils peuvent venir vous parler de tout ou de rien. Parler et écouter sont les éléments sur lesquels sont basées les relations. Ils le savent, espérons-le.

- Cherchez l'un ou l'autre point d'intérêt commun : tourisme pédestre ou à vélo, jeux de table, arts, cinéma, musique, sports, camping, visites de musées. Montrez de l'intérêt pour leurs activités, mais ne bluffez pas.

- Utilisez avec tact les blagues ou taquineries. Les pères plus que les mères ont tendance à plaisanter avec leurs jeunes adolescents et ce n'est pas toujours une bonne chose. « Si les pères tournent tout à la blague, leurs adolescents pourraient supposer qu'ils ne prennent pas leurs sentiments au sérieux », rapporte le chercheur Reed Larson.
- Respectez leur intimité.
- Soyez attentif à tout comportement inhabituel : dépression, baisse dans les résultats scolaires, perte brutale d'intérêt pour les amis ou les activités, etc.

Petit guide de la puberté à l'usage des pères

« À aucune autre époque, sauf lors de la toute petite enfance, le corps humain ne subit de transformations aussi importantes que pendant la puberté », constate Chrystal De Freitas. Vous rappelez-vous toutes ces transformations ? Des hormones se précipitant dans tout votre corps d'enfant, le préparant à la reproduction (cette pensée n'est-elle pas absolument horrifiante ?). La puberté sera une période difficile pour votre enfant, et elle pourrait ne pas être très facile pour vous non plus. Lisez donc ce qui suit.

Ce par quoi votre enfant pourrait passer

LES GARÇONS

- Son pénis et son scrotum vont devenir plus volumineux, des poils commencent à apparaître au pubis et aux aisselles, sa voix mue et il a peut-être de l'acné.
- Il pourrait être poursuivi par l'idée de comparer ses progrès à ceux de ses copains.
- Il aura ses premières éjaculations nocturnes, qu'il trouvera soit très gênantes, soit terriblement inquiétantes. Il peut penser qu'il a mouillé son lit ou que quelque chose de très grave s'est produit.

- Le processus commence le plus souvent vers l'âge de 11 ou 12 ans, mais peut débuter entre 9 et 14 ans. Il peut prendre de 4 à 8 ans pour être complet. Si la puberté de votre fils n'a pas encore débuté à 15 ans, veillez à consulter son pédiatre.

Note complémentaire concernant les filles

Si vous n'avez pas la garde de l'enfant et que vous n'êtes en contact avec celle-ci qu'une partie du temps, il serait normal de supposer que votre fille pourra avoir les discussions nécessaires sur la puberté et les menstruations avec votre « ex ». Mais si vous êtes veuf ou si vous avez la garde principale de l'enfant (ou même, sans nécessairement avoir la garde principale de l'enfant, mais souhaitez savoir comment traiter ces questions), suivez ces trois étapes :

- Achetez quelques livres traitant du développement des adolescents et lisez attentivement les sections consacrées à la puberté des filles. Vous en trouverez dans toute bonne librairie.

- Demandez à votre fille si elle a des questions concernant les modifications qui interviennent dans son corps et dites-lui que vous serez toujours là pour elle si elle souhaite parler de quoi que ce soit. Il est très possible, cependant, qu'elle soit beaucoup trop embarrassée pour discuter de ces détails intimes avec un homme, même si cet homme est son père. Pourtant, lui faire cette offre d'une manière aimante et positive lui fera savoir que vous veillez sur elle, ce qui est réellement la chose qui importe.

- Proposez-lui de la mettre en contact avec une amie ou une parente adulte auprès de qui elle pourrait se sentir plus à l'aise pour parler de ces choses.

En quoi cela pourrait vous affecter

- Vous-même pourriez avoir conservé un souvenir ému ou affreux de votre période de puberté. Je me souviens qu'à l'âge de onze ou douze ans, mes amis et moi comparions en cachette le nombre de poils du pubis et la longueur de nos pénis.
- Vous pourriez ressentir de la fierté en voyant votre fils devenir un homme.
- Peut-être aussi pourriez-vous soudainement éprouver un sentiment de rivalité à son égard.

Ce par quoi votre enfant pourrait passer

LES FILLES

- Ses seins commencent à se former. Des poils commencent à apparaître au pubis et aux aisselles, elle peut avoir des éruptions de boutons et elle va commencer à être menstruée.
- Cela l'intéressera probablement de savoir comment elle se développe par rapport à ses compagnes.
- Le processus commence souvent vers l'âge de neuf ou dix ans, mais peut débuter entre huit et quatorze ans. Il peut demander de dix-huit mois à sept ou huit ans pour être complet. Si la puberté n'a pas encore commencé vers quinze ans, avertissez son pédiatre.
- Les filles peuvent se trouver trop grosses, embarrassées et mal à l'aise dans leur nouveau corps. Les filles qui commencent tôt à se développer attirent normalement l'attention des garçons et sont souvent considérées comme des filles délurées et faciles.

Quelques avantages du père chef de famille monoparentale

Être père et célibataire, que vous ayez ou non la garde des enfants, entraîne définitivement certains inconvénients. Mais tout n'est pas négatif. Voici quelques-uns des avantages à assumer seul le rôle de parent. Certains de ceux-ci ont été suggérés par Jane Nelsen :

- Peut-être trouverez-vous la vie meilleure en général. Découvrir que vous pouvez faire face aux exigences de la paternité fera des merveilles sur votre confiance en vous et sur votre amour-propre.

- Vous avez l'occasion de mettre au point votre propre style de parenté. Dans la plupart des ménages, c'est la femme qui donne le ton. Maintenant que vous volez seul, vous pouvez agir en père comme vous l'entendez.

- Si votre « ex » se chargeait de la cuisine, du nettoyage et des soins aux enfants, vous trouver seul en ayant tout à faire par vous-même peut vous obliger à être plus autosuffisant et plus responsable. Cette situation peut aussi élargir votre répertoire culinaire. Consommer du thon en boîte à chaque repas peut être parfait pour vous (ce l'est à coup sûr pour moi), mais non nécessairement pour les enfants.

- Vous avez aussi l'occasion d'améliorer ou de renforcer vos relations avec les enfants. « Les enfants deviennent des personnes à part entière lorsqu'ils ressentent la fierté et la joie de participer », rapporte J. Nelsen. Participer à une responsabilité partagée, faire partie d'une équipe est une des façons d'acquérir une telle expérience.

En quoi cela vous atteint-il ?

- La puberté de votre fille sera peut-être une période difficile pour vos relations. « Les filles peuvent devenir coquettes vis-à-vis de leur père de la même façon qu'elles le seraient lorsque le ménage est entier, soulignent Don et Jeanie Elium. Mais dans le cas présent, le père remarque le développement des hanches et de la poitrine de sa fille et pourrait s'en sentir troublé. Jugeant ces sentiments anormaux et honteux, il repousse alors sa fille pour la protéger de lui-même. »
- Outre l'émoi suscité par les modifications physiques de votre fille, il n'est pas rare que vous vous trouviez embarrassé ou quelque peu dégoûté par la question des menstruations.

Un dernier mot

En considérant les activités dont il est question ci-dessus, rappelez-vous que vos enfants ont besoin de périodes de repos, ne surchargez donc pas le programme de la fin de semaine.

Comment faire valoir ses droits en étant éloigné ?

Un sage a dit un jour qu'on peut mesurer la distance en kilomètres ou en larmes. Lorsqu'il s'agit des pères qui vivent loin de leurs enfants, rien n'est plus vrai. Vous pourriez, par exemple, être l'un de ces quarante pour cent de pères célibataires qui, d'après le U.S. Census Bureau, n'ont, par décision judiciaire, aucun accès auprès de leurs enfants. Vous pourriez aussi, bien que bénéficiant du droit de visite, ne pas pouvoir voir vos enfants parce que votre « ex » les a kidnappés ou interfère d'une autre manière avec votre droit de visite. Peut-être aussi bénéficiez-vous de la garde partagée, mais quoique vos relations avec votre « ex » soient bonnes, votre enfant vit si loin de vous que vous ne pouvez le voir que quelques semaines en été et pendant un congé occasionnel au cours de l'année.

Où que vous viviez, que vous soyez éloigné de votre enfant par tout un continent ou par seulement quelques pâtés de maisons, ne pas pouvoir le voir sera dur pour l'un comme pour l'autre et aura une influence sur vos relations. Mais ne confondons pas distance physique et distance psychologique. Trop de pères éloignés pensent que, puisqu'ils ne peuvent voir leurs enfants, ceux-ci ne les aiment plus ou n'ont plus besoin d'eux. Combien de ces pères ne sont-ils pas persuadés qu'ils ne peuvent plus jouer de rôle important dans la vie de leurs enfants ni avoir d'influence sur le genre de personne qu'ils deviendront plus tard, et laissent ainsi les communications s'affaiblir ou même s'éteindre totalement. Pourtant, rien ne pourrait être plus éloigné de la vérité. Vos enfants vous aimeront toujours et auront toujours besoin de vous, quelle que soit la distance où vous vous trouvez. Il est aussi très important pour eux de connaître les histoires et les légendes qui composent le passé de votre portion de gènes, et c'est quelque chose qu'ils ne pourront trouver nulle part ailleurs.

Maintenir un lien psychologique entre vous et vos enfants ne sera pas facile. Mais vous n'y pouvez rien et il le faut. Voici quelques suggestions.

- Si l'enfant ne peut venir à vous, allez à lui. Allez (en avion, en voiture,...) jusqu'à la maison de sa mère, descendez dans un hôtel voisin et passez une fin de semaine à réaliser des activités avec l'enfant. Si votre «ex» et vous êtes en bons termes et si vous ne vivez pas trop loin l'un de l'autre (ce qui pourrait représenter plus de mille kilomètres), vous pourriez la convaincre de vous rencontrer à mi-distance. Vous pourriez même passer la fin de semaine avec votre enfant dans un hôtel voisin. Cela représente de longs déplacements, mais je connais des pères qui roulent cinq ou six heures chaque semaine uniquement pour voir leurs enfants.

- Tenez-vous informé de la vie de votre enfant. Si votre « ex » refuse de le faire, écrivez au professeur de l'enfant et au directeur de l'école. Demandez-leur de vous faire parvenir copie des bulletins scolaires, des annonces des événements de l'école, des périodes de vacances, etc. Vous ne pourrez probablement assister à aucun des événements, mais au moins vous en serez informé. Sachez pourtant que ni les professeurs ni le directeur ne sont tenus de satisfaire à votre requête si vous n'avez pas au moins l'une ou l'autre charge de garde de l'enfant. Si oui, veillez à joindre une copie du document qui l'atteste, sinon, rédigez votre demande d'information dans les termes les plus civils et les moins menaçants possible.
- Téléphonez et écrivez. Lisez ce qui suit :

Par téléphone

Pour certains pères éloignés, le téléphone est précieux. Il vous donne, ainsi qu'à l'enfant, une chance de communiquer ensemble et de se raconter des choses, ou même de se chanter des chansons. Pour d'autres, pourtant, le téléphone peut poser problème. Si votre « ex » éprouve encore de l'hostilité envers vous, elle pourrait ne pas vous permettre de parler aux enfants. Même si elle le permettait, il n'y a aucune garantie qu'ils soient à la maison lorsque vous appelez, et même s'ils y sont, vous pourriez encore rencontrer certaines difficultés.

Essayer de parler au téléphone à des enfants de moins de six ans est difficile : ils ne peuvent soutenir leur attention assez longtemps pour avoir une conversation utile. Et essayer de parler à un adolescent peut être encore plus difficile. Vous devrez entrer en concurrence avec son amourette du moment, ou les sports ou l'attrait des galeries commerciales, ou ce qui passe à la télé ou à la radio, ou avec les appels en attente et bien d'autres choses qui leur semblent plus importantes que vous en ce moment. Il n'est pas rare d'en arriver à se sentir floué et, admettons-le, déçu et frustré.

Évidemment, rien de tout cela ne vous autorise à ne pas rejoindre vos enfants par téléphone. Je crois en réalité que vous devriez leur parler aussi souvent que possible, mais sachez à quoi vous en tenir. Voici d'ailleurs quelques règles qui pourraient rendre vos communications téléphoniques plus satisfaisantes et plus réussies.

- Efforcez-vous d'appeler chaque semaine (ou chaque jour, ou chaque mois) à la même heure. Comme nous l'avons déjà remarqué, les enfants aiment la routine. Plus vos appels seront réguliers, plus ils s'en réjouiront à l'avance et plus grandes seront les chances qu'ils soient à la maison au moment où vous appelez.

- Arrangez-vous avec votre « ex » de façon à éviter d'appeler au cours du dîner, des devoirs ou de la période d'entraînement au football.

- Si vous téléphonez à un adolescent, demandez-lui d'emblée si le moment de votre appel est bien choisi. Soyez prêt, et ne vous en offusquez pas, à vous entendre répondre « non ». Si c'est la réponse que vous recevez, reprogrammez votre appel pour un moment qui vous convient à tous deux.

- Si c'est votre « ex » qui répond à votre appel, soyez toujours poli. Remerciez-la de vous aider à rester en contact avec les enfants. (Cela pourrait vous déplaire souverainement, mais faites-le de toutes façons.) Ne vous laissez pas entraîner dans une dispute. Vous appelez pour parler aux enfants. Si elle a quelque chose à discuter avec vous, prévoyez un autre moment.

- Essayez de donner à vos appels un caractère autre que celui d'une simple conversation. Regardez ensemble l'un de vos programmes favoris de télévision au cours duquel vous pourriez vous transmettre vos réflexions ou commenter la publicité associée. Ce serait encore plus amusant si, l'un comme l'autre, vous grignotiez en même temps l'une ou l'autre friandise.

- Incluez une enveloppe timbrée à votre nom pour que l'enfant puisse vous répondre. Vous recevrez des nouvelles bien plus rapidement de cette façon.
- Ne placez pas vos espoirs trop haut. La plupart du temps, les enfants ne seront pas capables (ou pourraient même ne pas vouloir) répondre à votre correspondance avec le même luxe de détails.
- Variez les moyens de transmission. Si vos enfants possèdent un courriel ou ont un télécopieur à leur disposition, essayez ces façons de communiquer. Sinon, si vous en avez les possibilités financières, envisagez de leur offrir le matériel nécessaire pour rester en contact l'un avec l'autre ou les uns avec les autres.

Au cas où vous devriez partir pour un long voyage

Quelle que soit la distance à laquelle vous vivez normalement de vos enfants, il se pourrait que vous deviez les quitter pour quelque temps soit pour affaires, soit pour une longue période de vacances. Bien qu'une période d'absence de quelques semaines ou de quelques mois soit très supportable pour vous, il n'en est pas de même pour vos enfants, surtout si cela se produit au cours des premiers mois ou même des premières années qui suivent la séparation, et spécialement si vos enfants sont jeunes. Voici quelques façons de rester en contact pendant votre absence et de minimiser les dommages.

- Dites-leur où vous allez et combien de temps vous serez parti. Si vous connaissez votre itinéraire, laissez des adresses où vous pouvez être joint par téléphone, par télécopie, par courrier postal ou électronique.

- Envoyez-leur régulièrement lettres et cartes postales ; plus elles seront colorées, mieux ce sera.

- Envoyez-leur aussi de petits colis-cadeaux qui leur feront savoir que vous pensez à eux : une pomme de pin ramassée lors d'une randonnée en montagne, les petites savonnettes ou les shampoings de votre chambre d'hôtel, n'importe quoi.

- Si vous ne pouvez éviter de manquer un événement spécial (anniversaire, théâtre scolaire, récital de piano, ou autre) téléphonez avant l'événement et envoyez un cadeau. Ma fille aînée se montra désespérée lorsqu'un voyage inévitable me fit manquer sa première prestation dans une représentation scolaire, mais les fleurs que j'avais fait envoyer ce soir-là remportèrent un fameux succès.

- Lorsque vous rentrez, prévoyez un temps spécialement consacré à leur montrer les photos que vous avez prises et racontez-leur l'histoire de votre voyage.

La plume créatrice

Imaginer les sujets sur lesquels écrire n'est pas toujours facile. Le truc tout simple du chansonnier Dwight Twilley ne comporte pas beaucoup plus que le fait d'envoyer à l'enfant une série sans fin de « tests » que l'enfant peut remplir et vous retourner directement. (En réalité, cela consiste en un jeu de questions amusantes.) Pour vous en donner une idée, quelques types de ces questions sont donnés ci-dessous.

Genre de question	Exemple
De base	Quelle est ton émission de télé favorite ?
Idiote	Quelle émission de télé préfère ton chien ?
Vrai ou faux	Tu ne devrais jamais avaler un morceau plus gros que ta tête. Vrai _____ Faux _____

Choix multiple	Dans quel état est ta chambre ? A. Propre et nette. B. Acceptable. C. En désordre.
Oui ou non	Aides-tu ta mère dans les travaux domestiques ? As-tu bien reçu le cadeau que je t'ai envoyé pour ta fête ?
Oui/Non/ Autre réponse	Aimes-tu l'école ? Oui _____ Non _____ Un peu _____ Beaucoup _____
Les listes	Cite le nom de tous tes animaux familiers.
Les activités	Fais-moi un dessin (un martien, un concombre à lunettes,...) Ecris-moi une petite histoire.

L'idée de base est ici de rendre la communication facile et amusante dans un sens comme dans l'autre. Évidemment, les questions à poser et les activités considérées varieront. Il suffit d'utiliser votre imagination. Posez des questions sur n'importe quoi, depuis la politique de la pizza, ou l'utilisation d'un clou rouillé, jusqu'à l'humilité des soins du ménage ou les aléas des emplettes en ville. Presque tout sujet peut convenir (mises à part les questions concernant votre « ex » et tout homme qui pourrait partager sa vie). Commencez modestement cependant, par exemple par une vingtaine de questions pour une première approche. Et n'oubliez pas de joindre une enveloppe pré-adressée et pré-timbrée pour la réponse.

Notes :

Discipline : obtenir la coopération des enfants

À un moment ou à un autre, tous les parents ont à se soucier de faire régner la discipline, d'établir des règles, de les faire respecter, et d'obtenir que les enfants leur parlent poliment et fassent ce qu'ils doivent faire. Les chefs de famille monoparentale ont souvent davantage de difficultés à faire face à ces problèmes parce qu'ils sont la plupart du temps exténués, déprimés et tellement dépassés par la vie en général que tout ce qui demande plus d'efforts que de disposer la nourriture à table ou ranger les vêtements dans le placard semble au-delà de leurs forces.

Les conséquences ne devraient pas surprendre : « Les parents divorcés ont tendance à témoigner moins d'affection et à moins bien surveiller le comportement de leurs enfants » constate E. Mavis Heatherington, et elle ajoute : « Ces derniers sont quelque peu plus chahuteurs et désobéissants que les enfants élevés dans des familles unies. »

Il est intéressant de noter que, si vous êtes veuf, vous n'affronterez probablement pas les mêmes problèmes. Contrairement aux pères divorcés, les pères veufs se sentent mieux assurés dans leur rôle paternel et ne sont pas taraudés par la crainte de perdre leurs droits paternels au profit de quelqu'un d'autre, commente Jane Burgess, spécialiste en la matière. En outre, les enfants qui ont perdu l'un de leurs parents mûrissent souvent plus vite que les autres enfants. Ils semblent instinctivement comprendre l'importance de se serrer les coudes et de se soutenir mutuellement, ils prendront notamment de plus grandes responsabilités dans le ménage, souvent sans même qu'on doive le leur demander.

Mais, que vo\us soyez divorcé, non marié ou veuf, vous risquez de glisser dans l'un des travers classiques suivants :

- **Vous pourriez devenir trop laxiste.** Peut-être vous sentez-vous coupable d'avoir blessé vos enfants et sembliez croire qu'en étant plus tolérant, vous adoucirez leur sort. Peut-être aussi êtes-vous moins exigeant parce que, vous sentant en concurrence avec leur mère, vous espérez que si, de votre côté, vous n'établissez aucune règle à suivre et n'exigez aucune corvée, ils pourront continuer à vous aimer. Même les pères qui ont seuls la garde des enfants tombent dans ce travers parce que, craignant que leur « ex » ne s'approprie à nouveau la garde des enfants, ils espèrent que ces derniers refuseraient dans ce cas de quitter l'environnement teinté d'indulgence dans lequel ils ont vécu.

- **Vous pourriez devenir trop sévère.** Vous pourriez vous sentir tellement désemparé et incapable de gérer les choses que vous seriez tenté d'instituer quantité de règles arbitraires que vous-même auriez de la difficulté à mettre en application. Et les punitions que vous pourriez imposer seraient disproportionnées avec l'infraction (pas de télévision pendant un mois pour n'avoir pas fini un travail à domicile, par exemple).

- **Vous pourriez avoir un comportement incohérent.** C'est probablement le cas le plus fréquent. Pendant un mois ou deux, vous pourriez être trop tolérant concernant le rangement de la chambre des enfants, puis, de but en blanc, exiger qu'elle soit remise en état dans le quart d'heure qui suit sous peine de privation de dessert pendant huit jours. Les enfants ont une tendance à traiter leurs parents comme ils ont été traités, remarque Stuart Kahan. S'ils subissent un traitement idiot et incohérent, ils se comporteront, eux aussi, de manière idiote et incohérente. Tout cela sans aucun résultat positif en matière de discipline.

De toute évidence, ces trois comportements sont éminemment inefficaces. Voici comment les éviter :

- **Soyez cohérent.** Soyez logique dans votre attitude, non seulement au jour le jour actuellement, mais aussi par rapport à la façon dont vous et votre partenaire vous comportiez avant la séparation. Essayez, en plus, de mettre au point avec leur mère un plan disciplinaire cohérent de part et d'autre et convenez de vous épauler dans son application. Si la chose n'est pas possible, soyez ferme en disant à vos enfants : « Chez Maman, vous obéissez à Maman, ici, c'est à moi que vous obéissez. »

- **Fixez et faites respecter des limites raisonnables.** Aucun enfant ne sera jamais d'accord là-dessus, mais ils doivent savoir qu'ils ne sont pas les maîtres, et que celui qui assume l'autorité, c'est vous. « Tous ces changements intervenant autour de l'enfant pourraient lui laisser croire que le monde s'écroule autour de lui », remarque Helen Fitzgerald. « Pour le rassurer et lui montrer que la vie continue, il faut maintenir autant que possible l'application des règles et des routines journalières. » Cependant, mettre la barre trop haut pourrait conduire à des désillusions et frustrer vos enfants en leur donnant l'impression qu'ils sont méchants ou mauvais s'ils ne parviennent pas à vous satisfaire.

- **Associez directement les conséquences à l'acte.** « Je te reprends le marteau parce que tu as voulu me frapper, » ou bien « Puisque tu n'es pas rentré à l'heure dite, tu ne pourras pas sortir avec tes amis ce soir. »

- **Ne vous faites pas de souci.** Sauf si les limites que vous avez fixées sont totalement absurdes, votre enfant ne cessera pas de vous aimer parce que vous lui en imposez.

- **Choisissez votre terrain de manœuvres.** Certains sujets, comme ceux qui concernent la santé et la sécurité, n'ont pas à être discutés. D'autres n'ont réellement aucune importance. Il importe peu que votre enfant préfère porter une chaussette rouge et une chaussette arlequin plutôt qu'une paire assortie, n'est-ce pas?

- **Limitez les choix.** « Ou tu changes de ton en me parlant, ou tu montes immédiatement à ta chambre ! »

- **Encouragez vos enfants à l'indépendance.** Si vous faites trop pour eux afin de compenser le fait qu'ils n'ont qu'un parent, vos enfants n'auront pas la possibilité de développer leur esprit de responsabilité, leur initiative ni aucune nouvelle aptitude, commente la psychologue Jane Nelsen. N'exagérez pas toutefois. Vos enfants ont encore besoin d'une structure qui les guide.

- **Essayez de comprendre l'attitude de l'enfant.** « Les enfants difficiles utilisent un code pour nous dire ce qu'ils ressentent et ce qu'ils vivent », soutient la même psychologue. Mais comment déchiffrer ce code? Selon cette auteure, les enfants se comportent mal pour l'une ou pour plusieurs des raisons suivantes:
  – ils ont besoin d'attention.
  – ils cherchent à être guidés.
  – ils veulent vous reparler de quelque chose que vous avez fait.
  – ils sont frustrés et veulent simplement qu'on les laisse tranquilles.

Au vu de ma propre expérience, je puis vous affirmer que tenter de punir un enfant sans comprendre pourquoi il a fait telle chose est un peu comme prendre un sirop pour la toux lorsqu'on souffre d'emphysème: les désagréments disparaissent pour quelque temps, mais le problème sous-jacent demeure et empire avec le temps. La façon la plus directe de régler ce problème consiste à demander ses raisons à l'enfant ; dans la plupart des cas, il vous le dira. S'il ne veut pas le dire ou n'a pas le vocabulaire pour l'expliquer, formulez des hypothèses (« As-tu écrit sur le mur parce que tu voudrais passer plus de temps avec moi ? »).

Comprendre les motifs de l'enfant n'est qu'un des aspects du problème. Pour être meilleur expert en discipline, il vous faudra aussi faire attention aux sentiments qu'évoque chez vous l'attitude de votre enfant, à la réponse que vous y donnerez et comment l'enfant réagira à votre propre réponse. Le tableau intitulé *Comprendre les écarts de conduite de votre enfant*, que vous trouverez plus loin et qui est basé sur les travaux de Jane Nelsen, vous aidera à rassembler toutes les pièces du puzzle et à trouver des solutions qui pourraient être plus efficaces que celles que vous utilisez actuellement.

Les punitions corporelles

La fessée est de loin le comportement parental qui soulève le plus d'avis divergents et qui semble susciter de nombreux débats enflammés chaque fois que j'évoque le sujet. Si vous ne donnez ni gifles ni fessées à vos enfants, vous pouvez passer ce qui suit. Dans le cas contraire, réfléchissez à ceci : la plupart des parents qui frappent leurs enfants agissent de la sorte parce qu'ils sont en colère et non pas dans l'espoir de résoudre un problème. Il n'est pas surprenant que les chercheurs aient découvert que le fait de frapper un enfant attire certainement l'attention de celui-ci, mais ne le corrige nullement. En réalité, frapper un enfant n'a d'autre résultat que lui suggérer de recourir à la violence et à l'agression pour résoudre ses problèmes, ce qui n'est pas exactement le bon message à lui transmettre.

L'écrivain Doug Spangler pense que les pères qui frappent leurs enfants transmettent à ceux-ci plusieurs messages précis :

- Il est normal de frapper une autre personne.
- Il est normal de frapper un plus petit que soi.
- Il est normal de frapper quelqu'un qu'on aime.
- Il est normal de frapper quelqu'un lorsqu'on est contrarié ou en colère.
- L'agression physique est normale et acceptable en toutes circonstances.
- Il faut craindre le père.

Les enfants battus risquent de se former une piètre idée d'eux-mêmes, de souffrir de dépression et, plus tard, de se faire exploiter et d'accepter des emplois sous-payés.

Réunions familiales

Bien que mes parents et moi avons souvent eu des opinions divergentes concernant la façon dont ils nous ont élevés, mes sœurs et moi, une des choses sur lesquelles nous sommes toujours tombés d'accord est l'utilité de réunions familiales régulières. Ces réunions, que nous tenions environ une fois par mois, nous ont permis de parler de nos problèmes et de chercher ensemble des solutions. À mesure que nous avons grandi, elles ont permis à chacun de prendre un temps de réflexion et de nous rendre compte des problèmes des autres. En nous associant à tout, depuis l'attribution des corvées jusqu'au dénouement de graves conflits, nos parents nous ont donné le sentiment que nous étions des membres à part entière de la famille et que si notre opinion n'était pas nécessairement adoptée, elle était toujours prise en considération.

Mes sœurs et moi avons gardé un souvenir très vif de ces réunions familiales. J'emprunte ici quelques suggestions à deux chercheuses, Kathryn Kvols et Cheryl Erwin :

- **Tenez-les à intervalles réguliers.** La fréquence devrait être adaptée au temps dont vous disposez avec les enfants. Si vous avez la garde de vos enfants, organisez ces réunions toutes les deux ou trois semaines. Mais si vous ne les voyez que tous les quinze jours, une réunion toutes les deux ou trois visites serait suffisante. Prévoyez-les à un moment et en un lieu où vous ne serez interrompus ni par le téléphone ni par la télévision, ni par quoi que ce soit d'autre.

- **Fixez-leur une durée raisonnable.** Adaptez cette durée à l'âge des enfants et à leur faculté d'attention : quinze minutes est la durée idéale pour les enfants de six ans et moins, trois quarts d'heure serait un maximum pour tout âge (sauf si les enfants souhaitent davantage). Il faut que les enfants aiment ces réunions.

- **Soyez souple.** Chaque réunion ne doit pas obligatoirement être consacrée aux affaires familiales. De temps à autre, profitez de ces moments passés ensemble pour faire quelque chose d'amusant.

- **Commencez par les compliments.** Chacun, à l'ouverture de la séance, devrait faire une déclaration flatteuse à l'égard d'au moins une autre personne de l'assistance et, en retour, être l'objet d'un compliment de la part de quelqu'un d'autre. Chacune des personnes concernées devrait accepter gracieusement et remercier. Si vous êtes comme moi, cette première partie de la réunion serait susceptible de me donner des haut-le-cœur. Pourtant, elle est importante parce qu'elle empêche que la réunion ne tourne à l'aigre et au désastre.

- **Prévoyez un système d'affichage où chacun pourra inscrire les sujets à discuter à la prochaine réunion.**

- **Élisez un secrétaire et un président pour chaque séance.** Le secrétaire note les décisions finales et le président veille au respect de l'ordre du jour. Assurez-vous que chacun ait l'occasion d'occuper l'un et l'autre de ces postes. Les enfants prendront les choses plus sérieusement s'ils ont de temps en temps la responsabilité du déroulement des séances.
- **Écoutez la proposition de chacun, si ridicule soit-elle.**
- **Prenez les décisions par consensus, non pas à la majorité.** En d'autres termes, chacun doit approuver la solution, sinon le sujet devra être remis sur table lors de la prochaine session. Si vous adoptiez la règle de la majorité, la ou les personnes de la minorité se sentiraient lésées ou blessées.
- **Terminez chaque réunion par un petit « extra ».** Par exemple une légère collation, un jeu, une chanson, une vidéo. Mais soyez attentif à ce que ces douceurs ne puissent être considérées comme des incitants à assister aux réunions.

Notes :

COMPRENDRE LES ÉCARTS DE CONDUITE DE VOTRE ENFANT

SI LE BUT DE L'ENFANT EST...	IL OU ELLE POURRAIT PENSER...	CE QUI AURAIT POUR EFFET DE VOUS...	ET VOUS POURRIEZ RÉAGIR EN...
d'attirer l'attention sur lui (elle)	• « Je ne suis important que lorsqu'on me remarque ou si j'attire l'attention sur moi. » • « Je suis important seulement si je capte toute votre attention. »	• ennuyer • irriter • préoccuper • culpabiliser	• faisant un retour sur vous-même • câlinant l'enfant • faisant des choses pour lui qu'il (qu'elle) pourrait réellement faire lui-même (elle-même)
de prendre le contrôle de la situation	• « Je ne me sens bien que lorsque je suis le maître ou si je montre que personne ne peut me dicter mon attitude. » • « Tu ne peux pas me mener par le bout du nez. »	• fâcher • défier • menacer • vaincre	• vous opposant • laissant faire • pensant : « Tu n'y arriveras pas. » ou « Je te rattraperai au tournant. »
de se rendre important	• « Je ne me crois pas important, je vais donc essayer de blesser quelqu'un. » • « Je ne puis me faire aimer ni apprécier. »	• blesser • décevoir • dissuader d'y croire • décevoir	• exerçant des représailles • laissant passer • pensant : « Comment pourrais-tu me faire cela ? »
de tout laisser tomber et de rester seul	• « Je n'ai pas d'importance parce que je ne suis pas parfait. Je convaincrai donc les autres de ne rien espérer de moi. » • « Je suis incapable, il est inutile que j'essaie. »	• désespérer • laisser sans moyens d'action	• abandonnant • faire des choses pour l'enfant que celui-ci (celle-ci) pourrait faire lui-même (elle-même)

Sauvegarder la bonne entente

Supposez que votre enfant doive recevoir, la semaine prochaine, son diplôme d'études collégiales. Organiseriez-vous ensemble, votre « ex » et vous, une réception à cette occasion ? Y siégeriez-vous côte à côte ou chacun à une extrémité de la pièce ? Ou seriez-vous tellement opposés l'un à l'autre que l'un refuserait de se trouver là où l'autre serait présent ?

Vers la fin des années 1970, Kenneth Kressel, de la fondation Rutgers, nota que les thérapeutes ainsi que le clergé et les juristes étaient d'avis que les couples qui restaient amis après la séparation étaient fondamentalement déraisonnables. La façon de penser habituelle pouvait se traduire par : « S'ils s'entendent si bien, pourquoi se sont-ils séparé ? » Plus de deux décennies plus tard, peu de chose a changé. Les spécialistes lèvent encore les sourcils à la vue de couples divorcés ou séparés qui ne se sautent pas mutuellement à la gorge. Quoi que vous puissiez en penser ou pourriez voir dans les média, leurs vues ne sont vraies qu'à moitié.

Au cours des quelques premières années après leur séparation, les couples ont tendance, selon la chercheuse Constance Ahrons, de l'Université de Caroline du Sud, à se ranger dans l'une des quatre catégories suivantes :

PARFAITS COPAINS (DOUZE POUR CENT DU TOTAL)

- Étaient déjà de bons copains avant leur idylle et se considèrent encore maintenant comme de bons copains.
- Prennent généralement ensemble la décision de rompre leur relation.
- S'épaulent mutuellement dans leur rôle de parents, s'entraident pour élever les enfants et prennent toutes leurs décisions en veillant au plus grand bien de ceux-ci. Ils n'auraient aucun problème à planifier ensemble la célébration d'un anniversaire ou le couronnement des études des enfants en invitant de surcroît les membres des deux familles.
- Ils peuvent encore se sentir meurtris de leur échec conjugal, mais se respectent mutuellement comme individus et maintiennent un intérêt mutuel qui dépasse le niveau des enfants. Ils peuvent passer du temps ensemble en copains et se téléphoner simplement par plaisir. Ils gardent habituellement de bonnes relations avec leurs belles-familles respectives.

COOPÉRANTS (TRENTE-HUIT POUR CENT DU TOTAL)

- Acceptent de ne plus avoir grand-chose à faire ensemble, si ce n'est pour les enfants.
- Gardent encore quelque animosité l'un vis-à-vis de l'autre et aussi des différends, mais coopèrent pour les aplanir, sachant qu'il y va de l'intérêt des enfants.
- Ne se parleront probablement pas pour des motifs autres que les enfants et n'auront probablement pas de réceptions en commun, mais assisteront tous deux, peut-être même côte à côte, aux événements importants.

ASSOCIÉS HOSTILES (VINGT-CINQ POUR CENT DU TOTAL)

- Pourraient encore rester très aigris et amers l'un vis-à-vis de l'autre concernant les circonstances de leur séparation.
- Sont rarement capables d'avoir un entretien sans qu'il ne dégénère en dispute.

- Assisteront l'un et l'autre aux célébrations importantes, mais ne s'installeront jamais côte à côte.
- Ne s'épaulent pas volontiers dans les devoirs parentaux et parfois, par inadvertance, pourraient interposer les enfants entre eux.
- Souhaiteraient sincèrement qu'il y ait moins d'antagonisme et plus de communication au sujet des enfants.

ENNEMIS JURÉS (VINGT-CINQ POUR CENT DU TOTAL)

- Se considèrent mutuellement comme ennemis. Si on les interroge, ils répondent éventuellement qu'ils ne souviennent de rien de bon au sujet de leurs relations.
- Ne se voient pour ainsi dire jamais et n'ont absolument aucun rapport entre eux.
- Passent beaucoup de temps devant les tribunaux ou menacent d'y recourir.
- Sont susceptibles de saper l'influence de l'autre parent en perturbant le calendrier des visites, en éloignant les enfants, ou en les kidnappant.
- Incitent souvent les enfants à prendre parti contre l'autre parent.
- Refuseraient formellement de se trouver l'un et l'autre dans la même pièce au même moment.
- Cinq ans après la séparation, ils sont tout aussi aigris vis-à-vis l'un de l'autre qu'ils ne l'étaient au premier jour.
- Souhaiteraient qu'il y ait moins d'aversion et plus de communication au sujet des enfants.
- Le père disparaît de la vie de ses enfants dans les quelques années qui suivent la séparation.

Que votre « ex » et vous soyez « parfaits copains » ou « ennemis jurés » dépend largement de votre aptitude, à l'un comme à l'autre, à coopérer dès le début de votre séparation. Le type de relations que vous établirez au cours de la première année sera déterminant pour le reste de vos jours.

Voici deux raisons pour lesquelles il est important de garder de bonnes relations avec votre « ex » :

- Sauf si vous avez la garde primaire ou complète des enfants, c'est votre « ex » qui contrôlera et règlera vos contacts avec les enfants. Si elle n'apprécie pas, ou tolère mal, les relations qu'elle peut avoir avec vous, vos rapports avec les enfants pourraient en souffrir.
- Un niveau conflictuel aigu et une piètre coopération entre parents tendent à handicaper les contacts père-enfant et particulièrement l'influence paternelle, tandis qu'un faible niveau conflictuel et un soutien efficace favorisent l'intervention du père dans la vie des enfants, constatent Constance Ahrons et son coauteur Richard Miller.

Les réunions

Si vous voulez jouer convenablement votre rôle de père, vous ne pourrez éviter d'avoir certains contacts avec votre « ex » : vous la rencontrerez lors des entretiens parents-professeur ou au moment des joutes sportives de l'école, ou lors du transfert des enfants d'une maison à l'autre. Il peut aussi arriver qu'elle décroche le combiné lorsque vous téléphonez aux enfants. Que vous vous voyez souvent ou non en personne, vous devrez de toute façon discuter des diverses questions relatives aux enfants telles que les modifications de programmes, les activités scolaires et extra-scolaires, les problèmes de santé et de sécurité et les assurances. Même si vous vous entendez parfaitement aujourd'hui, chacune de ces interactions pourrait devenir un ferment de discorde.

Méfiez-vous de ces embûches

Traiter avec votre « ex » sera probablement difficile même dans les circonstances les plus favorables. Pour compliquer les choses, il existe bien des raisons qui pourraient venir gêner votre bonne volonté réciproque à instaurer entre vous des relations normales, saines et ouvertes. Toutes ces raisons ne s'appliqueront probablement pas à votre cas, mais s'il en était ainsi pour l'une (ou plusieurs) d'entre elles, ayez conscience de son potentiel destructif et tâchez de l'éliminer à l'occasion de contacts avec votre « ex ».

- Si elle avait été infidèle, vous pourriez être tenté de le lui faire payer de diverses façons ; si c'est vous qui aviez été infidèle, vous pourriez être tenté de céder à n'importe quelle demande de sa part, si absurde soit-elle.

- Si elle vous a abandonné, vous pourriez prendre tous les torts sur vous espérant qu'elle revienne ; si c'est vous qui l'avez quittée, elle pourrait vous supplier de revenir sur votre décision.

- Si vous êtes de ces hommes qui essaient d'éviter tout conflit par un sourire en disant « Oui, Chérie », vous pourriez encore vous comporter de la même manière aujourd'hui. Ou, au contraire, saisir n'importe quel prétexte pour entamer une querelle, partant de l'idée que, ne vivant plus ensemble, vous vous sentez libre de vous conduire de manière déplaisante.

- Les tensions occasionnées par la répartition des biens et des dettes peuvent avoir soulevé toutes sortes de problèmes délicats.

- Vous pourriez être ulcéré du fait que, bien que vous soyez séparés, votre « ex » vous demande encore de faire toutes ces choses que vous faisiez auparavant, comme de vous occuper de ses taxes, réparer sa voiture, déplacer un meuble, etc.

- Vos avocats pourraient avoir exacerbé vos antagonismes resectifs et vous avoir rendus plus hostiles l'un à l'autre que vous ne l'auriez normalement été.

C'est pourquoi il est important d'avoir préparé un plan qui permette à l'un comme à l'autre de discuter tout en minimisant le risque de confrontation. Si votre « ex » et vous ne vous classez pas exactement dans la catégorie des bons amis, prévoyez des réunions régulières pour discuter des questions relatives aux enfants. Vous pourriez vous rencontrer tous les trimestres ou tous les mois ou même plus fréquemment si vous le croyez utile. Mais avant de sortir vos agendas, chacun de vous devrait accepter les règles de base suivantes :

- Mettez-vous d'accord à l'avance sur les sujets à discuter.
- Limitez vos discussions aux problèmes des enfants. Tout autre sujet est exclu, sauf si vous en êtes tous deux d'accord. Toutes les solutions devraient être prises dans l'intérêt des enfants, non pas dans le vôtre.
- Soyez courtois l'un vis-à-vis de l'autre. Pas de mots blessants, d'injures ni d'insultes.
- Accordez-vous mutuellement le bénéfice du doute.
- Pas de questions ni de commentaires sur vos vies privées respectives.
- L'un comme l'autre, vous pouvez demander une interruption à tout moment, demande qui doit être acceptée.
- Si vous ne parvenez pas à vous mettre d'accord sur un point particulier, reportez-le à la réunion suivante.
- Si vous n'arrivez pas à vous entendre après un nombre raisonnable de réunions, recourez à un médiateur.

Principes pour une bonne communication

Si la communication entre votre « ex » et vous a cessé bien avant que vous ne vous sépariez, peut-être avez-vous oublié comment vous parler d'une façon courtoise et efficace. Même si vous êtes en bons termes, soyez vigilant : les choses ont une vilaine propension à évoluer, et pas toujours dans le bon sens. Voici donc quelques principes à respecter :

- L'un ou l'autre expose ce qu'il a à dire, sans être interrompu. Évitez les locutions du genre : « Tu as toujours... »

ou « Tu n'as jamais… » ainsi que toute autre formule qui pourrait mettre brutalement fin à la conversation.

- Celui qui a parlé demande alors à son vis-à-vis de reprendre, dans ses propres termes, les points essentiels qui viennent d'être exposés. « Je comprends ce que tu dis » n'est pas suffisant dans ce cas. Reformuler les phrases aide à la compréhension, sans nécessairement sous-entendre l'acceptation de la part de l'autre.

- Celui qui a parlé le premier reprend alors la parole pour confirmer ou infirmer ce que l'autre a cru comprendre. En cas de malentendu, il reprend son commentaire original et son interlocuteur résume à nouveau. On peut répéter le processus jusqu'à ce que le locuteur soit assuré que son vis-à-vis ait bien compris ses propos.

- On reprend ensuite au point 1, mais en intervertissant les rôles.

Quelques règles pour la conduite d'une réunion

- Choisissez un endroit et une heure qui vous conviennent à tous deux. Si vous craignez quelque éclat, envisagez le choix d'un endroit public où les emportements ne seraient pas de bon ton.

- Soyez à l'heure au rendez-vous.

- Fixez à l'avance votre position sur chacun des points de l'ordre du jour. Vous pourriez préparer un petit plan stratégique comportant vos arguments et prévoyant des positions de repli.

- Rappelez-vous les principes énoncés plus haut.

- Commencez la réunion par les points sur lesquels vous avez le plus de chances d'être d'accord. Ne passez pas au point suivant sans avoir épuisé le sujet ni avoir convenu de le reporter.

- Restez centré sur le sujet en discussion. Si les choses semblent tourner mal, interrompez immédiatement la séance.

- Cherchez des solutions. Cela signifie que chacun de vous doit mettre sur table le plus de solutions possible au problème en discussion et les considérer les unes après les autres, même les plus farfelues, en éliminant celles qui, manifestement, ne sont pas praticables.
- N'en faites pas une affaire personnelle. Si vous n'aimez pas une proposition de votre « ex », dites-le lui carrément et pourquoi. Ne lui dites pas qu'elle (la proposition) est stupide. Cela serait la meilleure façon de terminer la réunion prématurément.
- Prenez des notes. Gardez trace des décisions. Donnez-en une copie à votre « ex ».
- Soyez brefs. Toute réunion de plus d'une heure est déconseillée. Terminez à temps et prenez rendez-vous pour la prochaine séance avant de vous séparer.

Prendre la grand-route

La communication et la coopération sont en principe des voies à double sens, mais la réalité n'est pas toujours ce qu'on voudrait qu'elle fût. Quelles que désagréables que soient l'attitude et la façon dont vous traite votre « ex, il est essentiel que vous appreniez à être un « mensch » (terme qui désigne, en yiddish, un homme digne de ce nom, celui qui fait son devoir). Espérons que si elle vous voit adopter cette attitude pendant assez longtemps, elle décide finalement de vous suivre. Voici quelques suggestions qui pourraient vous aider à faire de vous le « mensch » souhaité par vous comme par vos enfants.

- Rappelez-vous que tout ce que vous faites doit être fait pour le plus grand bien des enfants.
- Sauf si votre « ex » fait quelque chose de réellement dangereux, laissez-la agir à son gré vis-à-vis des enfants. Peut-être a-t-elle été une épouse

décevante, mais cela ne signifie pas qu'elle est une mauvaise mère.

- Ne vous servez pas des enfants pour lui transmettre des messages.

- Honorez vos engagements. Ne soyez jamais en retard, respectez vos promesses, suivez à la lettre les termes de votre accord relatif aux enfants et effectuez en temps utile les versements de la pension alimentaire.

- Échangez l'information. Adressez à votre « ex » copie de toute information intéressante que vous recevriez au sujet des enfants et qu'elle n'aurait pas reçue, notamment les bulletins scolaires, les avis de réunion de parents, les photos scolaires et même la copie des projets parascolaires des enfants.

- Rappelez-vous que vous ne pouvez pas la commander, mais qu'en revanche, vous avez la possibilité de vous maîtriser.

- Évitez autant que possible les comparaisons. Soit, elle vit dans une belle maison alors que vous dormez dans un vieux lit défoncé, dans le garage de vos parents. Mais c'est ainsi que sont les choses.

- Soyez souple. Les enfants sont malades et les programmes sont bouleversés, d'accord. Mais ne vous laissez pas pour autant marcher sur les pieds. Défendez vos droits si nécessaire.

- Ne faites jamais délibérément des choses que vous savez être désagréables à votre « ex ».

- Écoutez ce qu'elle veut vous dire. Essayez de voir ce qu'il y a de juste dans tout cela. Peut-être vient-elle réellement vous proposer quelque chose qui peut vous aider.

- Accordez-lui le bénéfice du doute, au moins pendant quelque temps. Ne supposez pas d'emblée qu'elle cherche à vous blesser.

- Cherchez de l'aide. Si vos ressentiments vis-à-vis de votre « ex » sont si forts qu'ils perturbent vos devoirs parentaux, recourez à une aide extérieure.

- Excusez-vous auprès d'elle si vous avez mal agi. La démarche peut être pénible, surtout si, de son côté, elle ne s'excuse jamais auprès de vous, mais c'est malgré tout la chose à faire.

- Ne préjugez jamais de ce qu'elle dira ou fera dans une situation donnée. Vous avez vécu ensemble pendant des années et, dans des cas semblables, elle a toujours réagi de la même façon, mais n'importe qui peut changer de comportement Accordez-lui une chance. Et si elle réagit de la façon habituelle, au moins, vous n'en serez pas surpris.

- Efforcez-vous d'arriver à de raisonnables compromis. Il est vrai que vous êtes maintenant un père solitaire et, de ce fait, vous êtes débarrassé de l'obligation naturelle de devoir coopérer avec votre épouse pour sauvegarder les relations familiales. Pourtant, il pourrait être plus important maintenant qu'alors de pouvoir juger du moment où il est indiqué de lâcher du lest.

- Tâchez de ne pas rester sur la défensive. L'une des critiques les plus dures que votre « ex » puisse vous adresser est de mettre en doute vos capacités de prendre soin des enfants. Si votre « ex » lançait une telle accusation, avant d'exploser, prenez une seconde de réflexion et demandez-vous honnêtement s'il y a la moindre parcelle de vérité dans ses propos. Si réellement il y a des domaines dans lesquels vous avez besoin d'aide, recourez aux classes pour parents que vous offre le collège local.

- Cessez d'attendre son approbation. Vous êtes suffisamment grand et capable d'agir dans le sens que vous jugez bon.

- Apprenez à contourner ses colères. Ne vous laissez pas entraîner dans une compétition de hurlements, même si, a priori, ce serait tentant. Rien de bon ne pourrait en résulter. Au lieu de répondre à une exigence déraisonnable, ignorez-la. Et rappelez-vous ceci. Rien ne vous empêche de vous dérouiller un peu les jambes à l'occasion. Rien non plus ne vous oblige à vous laisser maltraiter, que ce soit verbalement ou de tout autre manière.

Vos relations avec les autres

V otre nouveau statut de père isolé a eu un effet important sur vos relations avec vos enfants et, que vous soyez divorcé ou non marié, avec votre « ex ». Mais attendez-vous aussi à de profondes modifications dans vos relations avec les autres.

La famille de votre « ex »

Il semblerait naturel que la famille de votre « ex » prenne parti en sa faveur et contre vous. Pourtant les choses ne sont pas toujours aussi nettes. Même si vous aviez les meilleures relations avec votre belle-famille, votre séparation sera pénible pour tous. Vous pourriez regretter ne plus pouvoir passer autant de temps avec eux que précédemment et eux peuvent se trouver coincés entre le désir de conserver de bonnes relations avec vous et celui de soutenir leur fille.

Si vos relations avec votre belle-famille n'étaient pas particulièrement empreintes de sympathie auparavant, la séparation n'y changera rien. Ce pourrait même être une bonne chose : pour vous, plus de réunions familiales ennuyeuses et, pour eux, une bonne occasion de hausser d'un cran le niveau de leur ressentiment à votre égard.

Si vos beaux-parents n'ont pas pris parti et si vos relations vis-à-vis d'eux sont encore empreintes de sympathie, ou sont restées à tout le moins courtoises, rassurez-les et dites-leur que votre séparation d'avec leur fille n'affectera en aucune manière leurs relations avec vos enfants. (J'ai moi-même accepté que mes enfants aillent chez leurs grands-parents maternels pour des occasions spéciales. C'est peut-être la raison pour laquelle, jusqu'à ce jour, je reçois encore de mon ex-belle-mère une boîte de bonbons aux arachides à chaque anniversaire.)

Même si vos relations avec votre ex-belle-famille sont hostiles, il est malgré tout important que vous appuyiez leurs relations avec vos enfants, exception faite évidemment du cas où il y aurait risque pour la santé ou la sécurité. Ne confiez jamais, au grand jamais, vos sentiments à vos enfants. Ces personnes peuvent ne plus faire partie de votre famille, mais les enfants restent toujours vos enfants.

État des relations de vos enfants avec la famille de leur mère

Savoir que vous encouragez leurs relations avec votre ex-belle-famille enseigne à vos enfants une leçon importante : la rupture d'une relation avec une personne n'affecte pas nécessairement les relations avec d'autres personnes. Votre attitude évitera aussi aux enfants de se croire déloyaux vis-à-vis de vous s'ils aiment des personnes qui ne font plus partie de votre famille. Il ne faut donc jamais menacer d'écarter les enfants de leur parenté ou vice versa.

Si vous n'avez pas la garde des enfants, vous n'aurez pas trop à vous soucier d'encourager les relations de vos enfants avec leur autre famille. Dans le cas contraire il vous faudra le faire, car votre ancienne belle-famille se sentira sans doute trop mal à l'aise pour vous demander de pouvoir passer quelque temps avec les enfants. Même si vos relations sont quelque peu tendues, ce sera donc à vous de prendre l'initiative, en maintenant le contact avec eux afin qu'ils puissent voir suffisamment les enfants, en leur offrant d'inclure ces derniers dans leurs activités familiales, et en suggérant des périodes où ils pourraient simplement être réunis tous ensemble.

Le veuf et la belle-famille

Vous pourriez croire que le décès de votre femme aurait tendance à rapprocher les deux familles, pourtant ce n'est pas toujours le cas, en particulier si les relations n'étaient déjà pas excellentes avant le deuil. Les beaux-parents pourraient par exemple vous en vouloir, sans raison, d'être encore en vie alors que leur fille est décédée, ou imaginer que vous êtes en quelque sorte responsable de son décès. S'ils sont très traditionalistes, ils pourraient aussi se demander si vous serez capable d'élever convenablement vos enfants sans leur mère, et vous répéter à satiété que vous vous y prenez mal.

Si vos beaux-parents adoptaient cette attitude, vous ne pourriez rien y faire sinon ignorer leurs commentaires ou les prier de s'abstenir de juger la façon dont vous élevez vos enfants. Si nécessaire, rappelez-leur qu'en présence des enfants et quelle que soit leur opinion, ils n'ont pas à vous critiquer ni à critiquer votre comportement. Dites-leur qu'en agissant de la sorte, ils pourraient vous forcer à limiter leurs contacts avec les enfants. Mais faites-en sorte que les choses n'aillent pas aussi loin, car, en imposant ainsi vos vues, vous puniriez indirectement les enfants.

Votre famille

Votre famille se comportera probablement d'une manière analogue à celle de votre « ex ». Et une part de leurs réactions sera fonction du type de relations qu'ils avaient avec elle. S'ils ne l'aimaient guère, ils prendront probablement votre parti et ils souhaiteront célébrer votre libération d'un engagement qu'ils n'ont jamais vu d'un bon œil. Mais s'ils l'aimaient bien, les choses seront un peu plus compliquées. Si c'est elle qui vous a quitté, ils pourront se sentir blessés d'être rejetés. Mais si c'est vous qui l'avez quittée ou si vous avez eu une aventure avec une autre femme, ils pourraient être furieux contre vous d'avoir détruit un mariage parfait.

Qu'ils approuvent ou non votre nouvelle situation, la plupart de vos parents, s'ils ne sont pas trop collet monté, viendront finalement vers vous, vous apportant leur aide de diverses manières : pour garder les enfants, vous consoler, ou vous proposer leur aide pécuniaire. Mes parents, par exemple, s'offrirent à financer la thérapie dont j'avais grand besoin après mon divorce. Parfois cependant, recevoir une aide de la parenté, et particulièrement des parents, peut être difficile et causer toutes sortes de problèmes que vous préféreriez éviter. Par exemple, accepter de l'argent de leur part (ou le leur emprunter), peut-être pour la première fois de votre vie, ou devoir accepter leur hospitalité, peut ternir les meilleures relations. La situation peut soulever un problème intéressant : vos parents pourraient hésiter à vous offrir leur aide pour ne pas vous gêner, et vous ne voudriez pas en demander parce que vous en seriez gêné. De fait, si vous avez besoin de l'aide que vos parents peuvent vous procurer, demandez-la, cela fera plaisir à chacun.

État des relations de vos enfants avec votre famille

Si vous avez la garde de vos enfants, leurs relations avec votre parenté ne changeront pas beaucoup. Dans le cas contraire, votre séparation risque de modifier sensiblement ces relations, votre « ex » pouvant dans ce cas gérer le temps que vos enfants passeront auprès des membres de votre famille. L'attachement affectif que vos enfants portent à ces derniers pourrait être grandement miné par la rareté des contacts. Vous trouverez ci-dessous quelques suggestions qui vous aideront à limiter ce risque.

- **Ne monopolisez pas vos enfants**. Comme le temps qu'ils passent avec vous est limité, vous pourriez être tenté de les garr constamment auprès de vous. Il faut pourtant leur permettre de passer aussi quelque temps auprès de leurs grands-parents et des autres membres de la famille.

- **Ne permettez pas à vos parents de dire du mal de votre « ex » devant les enfants.**

- **Surveillez les motivations de votre parenté.** Ils pourraient couvrir les enfants de cadeaux, les entraîner pour faire des emplettes ou les emmener au théâtre ou ailleurs. Si c'est pour s'amuser, parfait. Mais parfois, c'est pour subtilement gagner l'affection des enfants en essayant de rendre le temps passé dans votre famille plus amusant que le temps passé dans la famille de leur mère. Ce qui pourrait sembler une bonne idée à première vue amène souvent à un retour de flamme, les enfants espérant cadeaux et gâteries chaque fois qu'ils voient un membre de votre famille.

- **Assurez-vous que vos parents envoient toute espèce de cadeau à votre adresse.** Que les enfants soient d'un côté ou de l'autre ce jour-là, ces présents, même s'ils doivent être reçus quelques jours en retard, doivent clairement être perçus comme venant de votre côté. S'ils étaient expédiés à l'adresse de votre « ex », les enfants ne sauraient jamais que ces cadeaux viennent du côté de votre famille et ils pourraient croire que vous ne les aimez plus.

Un mot concernant les grands-parents

« Les relations entre les générations sont importantes pour le développement des enfants » souligne Patrick McKenry, professeur de relations familiales et de développement humain à l'Université d'État de l'Ohio.

« Cependant, après un divorce, de telles relations peuvent être encore plus importantes. Elles apportent un soutien social additionnel, et certains types de support que ne peuvent procurer les parents. » Les grands-parents apportent aussi aux enfants un sens de la communauté, d'appartenance à une famille qui évolue, avec un passé et un futur.

Malheureusement, les enfants ont souvent beaucoup moins de contacts avec ceux des grands parents « du côté qui n'a pas la garde des enfants », selon l'expression de McKenry, c'est-à-dire vos parents si vous n'avez pas la garde des enfants, ou ceux de votre « ex » dans le cas contraire. Efforcez-vous de corriger cette lacune. Beaucoup d'enfants sont très proches de leurs grands-parents et les « perdre » à cause du divorce ou de la séparation peut les perturber et, la plupart du temps, conduire à la dépression.

Si vous êtes revenu chez vos propres parents

Si vous devenez veuf, il y a de bonnes chances que vous n'ayez pas à quitter votre demeure, mais si vous divorcez, peut-être aurez-vous à le faire. Et si vous êtes dans la situation de nombre de jeunes pères isolés et manquez des ressources nécessaires pour vous reloger immédiatement, il se pourrait que vous ayez à réintégrer pour un temps le logis paternel. Dans mon cas, il m'a fallu environ deux mois après la vente de ma maison pour trouver un appartement d'un prix abordable qui soit suffisamment grand pour accueillir mes enfants et mon bureau. Comme je l'ai mentionné précédemment, réintégrer le logis paternel, même si ce n'est que temporaire, peut poser certains problèmes. En voici quelques-uns :

- **Intimité.** Quel contrôle auront vos parents sur la façon dont vous menez votre vie pendant que vous vivez sous leur toit? Pourraient-ils imposer un couvre-feu? Peuvent-ils limiter vos rendez-vous ou au moins votre liberté de ramener une femme à la maison? (Il semble de toute façon un peu difficile de le faire si vous dormez dans un lit de fortune coincé dans votre ancienne chambre de garçon.)

- **Contraintes.** Aurez-vous un loyer à payer ou non? Devrez-vous faire le jardin? Faire votre lit? Au minimum, vous aurez à passer chez l'épicier, laver votre linge de temps à autre et vous efforcer de ne rien salir.

- **Espace vital.** J'ai dormi dans la chambre d'amis, mes parents ayant transformé ma chambre en bureau. La solution fut vivable jusqu'à l'arrivée des enfants qui rendirent l'endroit fort exigu.

- **Identité.** La maison paternelle vous donne un sentiment d'amour et de sécurité, mais vous vous y retrouvez aussi comme un enfant, sentiment parfois gênant.

- **Ressentiment.** Vos parents peuvent être heureux de votre présence ou du moins la tolérer, mais ils peuvent aussi penser que vous les utilisez pour garder votre progéniture chaque soir.

- **Relations.** Votre retour à la maison vous mettra plus étroitement en contact, vos parents et vous, que vous ne le pourriez parfois le souhaiter.

Contacts avec les professeurs et l'administration scolaire

Comme beaucoup de pères abandonnent à leur épouse ou à leur conjointe tout souci concernant les écoles des enfants, ils n'ont jamais l'occasion d'établir des relations avec les professeurs ou les administrateurs de ces écoles. C'est une grave erreur. Vos enfants passent beaucoup de temps à l'école et, si vous n'êtes pas au courant de ce qui s'y passe, vous vous désintéressez d'une partie importante de leur vie.

Si vous avez la garde légale conjointe, ce qui est probablement le cas, vous avez le droit de connaître tout ce qui pourrait concerner l'enfant dans son cadre scolaire, comme les tests psychologiques ou de connaissances, et vous avez le droit de recevoir un exemplaire de tout document que votre enfant ramène de l'école, notamment les bulletins scolaires, les avis de vente de livres et de friandises ou les invitations aux joutes de soccer.

Malheureusement, simplement parce que vous êtes un homme, professeurs et administrateurs pourraient supposer soit que vous n'avez pas droit à ce genre d'informations, soit qu'elles ne vous intéressent pas. Si tel était le cas, détrompez-les poliment mais fermement. Lorsqu'il s'agit de vos droits, tout ce que vous avez à faire est de produire une copie du document relatif à la garde conjointe. S'il s'agit de faire preuve de votre intérêt pour la chose scolaire, la meilleure chose à faire est de vous porter volontaire pour aider l'école. J'ai toujours trouvé incroyablement surprenant le fait qu'on suppose a priori que les mères s'intéressent à leurs enfants alors que, de leur côté, les pères doivent prouver l'intérêt qu'ils portent à leurs enfants pour qu'on les prenne en considération. Nous ne pouvons malheureusement rien changer actuellement à cette façon de voir. Mais d'une façon générale, plus vous consacrerez de temps à l'école, mieux on vous connaîtra et plus on vous respectera. Comme de toute façon ils n'espèrent pas grand-chose de vous, la moindre chose que vous pourriez faire sera considérée comme un acte d'héroïsme. Tandis que vous êtes à l'école, consacrez quelques minutes à faire la connaissance de la secrétaire de l'établissement. C'est probablement elle qui est chargée d'expédier le courrier.

Quoi que vous fassiez, cependant, vous devrez quand même veiller à rester informé. Il m'a fallu plus d'une année pour obtenir du personnel de l'école de ma fille aînée qu'ils fassent ce que je leur demandais, en dépit du fait que je participais comme volontaire aux travaux une heure par semaine (ce que ne faisait pas mon « ex »), que je coordonnais et aidais à préparer pour toute l'école trois lunches-spaghetti par an (ce que ne faisait pas non plus mon « ex »), et que mon « ex » et moi avons la garde partagée et partageons à égalité toutes les dépenses.

Toutefois garder un œil sur les écoles de vos enfants n'est qu'une partie de votre travail. Vous devez encore veiller à ce que les devoirs soient bien faits, que les enfants participent aux répétitions de l'orchestre et qu'ils soient vêtus convenablement pour les excursions scolaires. Tout cela est particulièrement compliqué lorsque les enfants passent alternativement d'une maison à l'autre. Un devoir que l'enfant commence chez votre « ex » peut devoir être remis le jour où il est chez vous. Vous pourriez penser que veiller aux devoirs et autres tâches scolaires sont la responsabilité de l'enfant. C'est vrai lorsqu'ils ont dix ans ou plus. Mais comme vous êtes l'adulte, vous devez l'aider autant que faire se peut. Ne pas vous occuper des devoirs ou les négliger peut décevoir les enfants. Leurs professeurs peuvent les critiquer, leurs résultats peuvent en souffrir, et peut-être plus grave encore, leurs amis pourraient se moquer d'eux.

La meilleure façon de traiter ce genre de problème est de coopérer avec votre « ex » afin de vous assurer que l'un comme l'autre vous êtes complètement informés de tout ce qui a rapport aux écoles des enfants et d'établir de part et d'autre des règles cohérentes pour les devoirs. Si ce n'est pas possible, vous pourriez encore demander aux professeurs de vous envoyer un duplicata de tous les devoirs importants.

Notes :

Lorsque les choses vont mal

Problèmes d'accès aux enfants

Le système des lois sur la famille a pour objectif de sauvegarder les relations de l'enfant avec l'un et l'autre de ses parents. Mais si vous espérez pouvoir compter sur les tribunaux pour garantir vos relations avec vos enfants, il vaudrait mieux revoir votre position. Comme nous l'avons constaté précédemment, le système juridique et les tribunaux interposent nombre d'obstacles entre les pères et leurs enfants, le premier d'entre eux étant de confier la garde principale aux mères dans environ quatre-vingt-cinq pour cent des cas. Mais les juges et les législateurs ne sont pas les seuls à ne pas apprécier les relations père-enfant.

« Très souvent, la mère tentera de perturber la visite en engageant les enfants dans une activité réellement amusante juste avant l'arrivée du père, constate le Dr Richard Warshak. De cette façon, si le père tente d'appliquer les conventions de visite, les enfants le considéreront comme le vilain, celui qui interrompt un jeu amusant. »

Les spécialistes Judith Wallerstein et Joan Kelly rapportent que vingt à cinquante pour cent des mères qui se sont vu confier la garde des enfants cherchent activement à saboter la rencontre avec le père en envoyant sciemment les enfants ailleurs juste avant l'arrivée de celui-ci, en prétendant que l'enfant est malade ou a un devoir à domicile urgent à faire, en provoquant une scène ou en refusant tout simplement que le père puisse jouir de son droit de visite légalement octroyé. Traduit en chiffres, cela signifie que plus de six millions d'enfants se voient chaque année refuser la possibilité de voir leur père.

L'interférence de la mère face au droit d'accès du père se manifeste aussi de façon plus subtile, expliquent Wallerstein et Kelly. Votre « ex » pourrait par exemple refuser toute modification au calendrier des visites qui ferait votre affaire, « oublier » que c'est le jour de visite, insister pour que vous suiviez un programme rigoureux lors de chaque visite, refuser que l'enfant vous accompagne si vous n'êtes pas seul et, par de multiples tracasseries mesquines, humilier le visiteur et le déprécier aux yeux des enfants.

Faire respecter votre droit d'accès ?
Bonne chance !

Théoriquement, les juges ont le pouvoir de pénaliser votre « ex », de la citer pour désobéissance à la cour ou même l'emprisonner. Mais ne vous réjouissez pas trop vite. Le premier obstacle sera le coût. Même si vous avez l'argent nécessaire et même si vous gagnez, il n'y a aucune garantie de voir se modifier la situation. Autant les juges ont tendance à faire écrouer un père qui serait en retard pour le paiement de la pension alimentaire, autant ils hésitent à punir la mère qui refuse de se soumettre aux injonctions relatives aux visites. En 1989, par exemple, Cyndy Garvey, l'ex-épouse de Steve Garvey, l'ancienne star des Dodgers, fut convaincue de quarante-deux violations volontaires de l'arrêt de la cour permettant à son ex-mari de visiter sa fille. Elle fut condamnée avec sursis.

Une enquête récente dans l'Indiana a révélé que deux cent soixante-douze pères qui avaient demandé justice en vue de faire appliquer leur droit de visite imposé par la cour avaient été déboutés. Seulement soixante-deux pour cent avaient été entendus. Aucune des mères ne fut emprisonnée pour avoir violé un ordre de la cour. Et soixante-dix-sept pour cent des hommes qui avaient été entendus ont déclaré que le déni d'accès avait empiré après le jugement. Le message qui en émane est clair. Violer les ordres du tribunal n'entraîne pas de conséquences, pour les femmes tout au moins.

Que alors si votre « ex » s'oppose à l'arrêt du tribunal concernant votre droit de visite ? D'abord essayez de discuter. Rappelez-lui aimablement que vous avez un ordre du tribunal et qu'elle enfreint la loi si elle s'y oppose. Fait plus grave, elle porte atteinte aux enfants. Vous pourriez insister sur le cas dans une lettre rédigée en termes fermes mais non polémiques. Si la situation ne s'améliore pas, demandez à votre avocat de parler au sien ou de lui adresser directement une lettre d'avertissement non équivoque.

Si malgré tout elle bloque vos contacts avec les enfants, vous pourriez procéder comme suit :

- Restez calme. Pas de jurons, pas de casse ni autres gestes du même genre, en particulier devant les enfants.

- Prenez un témoin qui assistera à la façon dont votre « ex » s'oppose à votre droit de visite.

- Notez le détail des entrevues, ce qu'elle dit, vos réponses, les réponses des enfants (s'il y a lieu) et tout ce que vous croyez utile à votre cause.

- Si la chose est légale (voyez ce point avec votre juriste), pensez à enregistrer une scène typique, depuis votre approche de la maison jusqu'à votre départ sans les enfants. Parlez lentement, présentez une copie de l'ordre du tribunal et vérifiez si l'enregistreur capte ce qu'elle dit.

- Adressez-vous à la police. Prenez une copie de la décision du tribunal, passez au bureau de police et demandez qu'un agent vous accompagne pour faire valoir vos droits.

- Déposez une plainte au tribunal. Même si cette action coûte cher et même si vos chances de succès sont limitées, votre attitude lui indiquera que vous ne vous laisserez pas manipuler et qu'elle ne pourra continuer indéfiniment à vous traiter de la sorte.

- Présentez-vous à chaque visite prévue, même si vous savez que votre « ex » s'y opposera. Votre attitude fera savoir aux enfants que vous n'abandonnez pas l'espoir de les voir.

- Apprenez à connaître les professeurs des enfants, leurs moniteurs sportifs et tout qui est susceptible de vous tenir au courant des événements concernant la vie de vos enfants et dont votre « ex » ne se soucierait aucunement de vous informer. Vous pourriez aussi vous engager dans l'association Parents-Maîtres ainsi que dans d'autres activités qui vous feraient connaître et apprécier d'autres personnes.

- Abstenez-vous de toute action inconsidérée. N'envisagez jamais, par exemple, de kidnapper vos enfants. Ne suspendez pas le paiement de la pension destinée aux enfants. Je suis d'accord qu'il est tentant de croire que ce moyen pourrait faire pression sur votre « ex », mais il pourrait aussi vous conduire en prison. Selon les juges, pension et droit de visite sont deux choses totalement séparées et vous seriez mal venu de croire qu'il est possible de les associer. En outre, vous donneriez à votre « ex » une excuse pour ne pas vous laisser voir les enfants et pour l'amener (selon son point de vue) à prendre des mesures de rétorsion comme l'aliénation parentale ou le kidnapping.

- Inscrivez-vous dans une association locale ou nationale de défense des droits des pères. Vous y rencontrerez d'autres hommes dans la même situation que vous et pourrez bénéficier de leur expérience. Même si vous ne trouvez rien qui puisse améliorer votre situation, peut-être pourriez-vous venir en aide à quelqu'un d'autre.

La plus subtile des interférences

Même si votre « ex » ne gêne pas vos contacts avec les enfants, elle peut encore perturber les périodes où vous êtes ensemble. Comment ? En insistant pour que vous suiviez certaines règles pendant que les enfants sont avec vous. Peut-être a-t-elle simplement cédé à la « mystique de la maternité » et cru qu'elle savait d'instinct, mieux que vous, comment soigner les enfants. Peut-être aussi suppose-t-elle que, lorsque vous gardez les enfants, vous lui donnez simplement un coup de main, un peu comme une gardienne le ferait. De toute manière, vous trouverez sans doute son attitude assez irritante, sinon humiliante.

Si possible, parlez-lui, sans lui faire de reproches, de ce que vous ressentez et rappelez-lui que si, de son côté, elle peut choisir librement son attitude en tant que mère, en contrepartie, sauf si vous étiez négligent ou mettiez les enfants en danger, votre propre comportement en tant que père est aussi une affaire de jugement personnel.

Pour pères homosexuels seulement

En matière de problèmes avec leur « ex », les pères gais suivent la règle générale. Si donc votre « ex » n'approuve pas votre style de vie (ce qui est très probablement le cas si l'homosexualité a été la cause principale de votre rupture), relisez attentivement la section *Les pères qui sont homosexuels*, à la fin du chapitre intitulé *La garde des enfants..* Et si vous croyez que sa colère est réellement sérieuse, attendez-vous à ce qu'elle monte les enfants contre vous. Si vous supposez qu'il en est bien ainsi, lisez les considérations ci-dessous au sujet des manipulations parentales.

Souvent, la colère de votre «ex» pourra être dissipée grâce à l'intervention d'un conseiller ou d'un médiateur. Mais que ce moyen ait un résultat positif ou non, rappelez-vous ceci : vos enfants ont tout autant besoin de vous que n'importe quel enfant a normalement besoin de son père. Ne cédez donc à aucune pression qui vous inciterait à renoncer à la garde ou à accepter des visites moins fréquentes, et cela quel que soit votre sentiment de culpabilité vis-à-vis de votre «ex» ou votre souhait d'être débarrassé d'elle. Une telle attitude peut soulager l'un ou l'autre des protagonistes pour quelque temps, mais aurait, à terme, un impact négatif sur vos enfants.

Que votre séparation d'avec votre «ex» ait été amicale ou orageuse, vous feriez bien de garder toujours à l'esprit les points suivants, conseille l'avocat Hayden Curry :
- Prenez en considération les sentiments et les besoins de votre «ex».
- Évitez, autant que faire se peut, le recours aux tribunaux.
- Même si vous êtes certain que vous ne pourrez éviter ce recours, persistez dans vos efforts.

Manipulations parentales

Dans la plupart des cas, lorsqu'une relation conjugale se brise, les parents sont capables de faire passer leurs problèmes et leurs besoins personnels après ceux des enfants. Même si la séparation est extrêmement amère et conflictuelle, ces parents veillent à sauver ce qui est véritablement important. Et l'un des moyens d'atteindre cet objectif est, pour chacun des parents, d'inciter les enfants à maintenir de bonnes relations avec l'autre parent.

Parfois, pourtant, l'un des parents pourrait céder à ses propres tendances émotionnelles et chercher des moyens de manipulation pour infliger de la peine à l'autre. Pour quelqu'un qui a de telles intentions, les enfants constituent une arme disponible et particulièrement efficace. Dans ce cas, ce parent demandera aux enfants de le soutenir dans une alliance souvent dirigée contre l'autre parent, et entamera éventuellement une campagne de dénigrement contre ce dernier.

Vous croyez que j'exagère? Certainement pas. Dans une étude datée de 1991, les chercheurs Clawar et Rivlin ont découvert que quatre-vingts pour cent des enfants du divorce ont été manipulés en faveur de l'un des parents.

D'une manière générale, ce type de comportement – l'accaparement des enfants ou leur manipulation pour leur faire choisir un camp – fait partie de ce que le Dr Richard Gardner, psychiatre à l'Université Columbia, nomme le syndrome de manipulation parentale. Selon Gardner et bien d'autres chercheurs dans ce domaine, quatre-vingt-dix pour cent des parents possessifs sont de sexe féminin.

La manipulation parentale existe à divers niveaux. Nous jetterons un bref regard sur chacun d'eux, en repérant quelques-uns de leurs traits caractéristiques suggérés par le Dr Gardner et la D^{re} Peggie Ward, qui a également effectué des recherches poussées dans ce domaine. Si vous décelez l'un ou l'autre de ces symptômes, lisez plus loin le passage intitulé *Que faire si l'on a tenté de détourner l'enfant de vous.*

Mère faiblement manipulatrice

La mère faiblement manipulatrice ne cherchera pas manifestement à dresser l'enfant contre vous, mais elle perçoit mal la nécessité d'un contact père-enfant. Elle pourrait, par exemple, dire : « Si tu veux vraiment voir ton père, c'est ton affaire. » Elle ne voit pas non plus l'intérêt de la communication père-enfant entre deux visites et, bien qu'elle ne décourage pas cette communication, elle ne fera rien pour l'encourager ou la faciliter. Elle répugne à l'idée de se trouver quelque part en même temps que vous et dira à l'enfant que si vous y êtes, elle n'y sera pas. Elle est aussi toute disposée à déménager avec l'enfant, sans aucune considération pour ce que vous représentez aux yeux de ce dernier.

Mère modérément manipulatrice

La mère modérément manipulatrice est beaucoup moins réservée quant à ses critiques à votre égard. Elle dira par exemple aux enfants: «Vous pouvez voir votre père, mais vous savez ce que j'en pense.» ou bien «Si vous n'allez pas voir votre père aujourd'hui, il nous traînera devant la justice.» Elle s'efforcera sciemment de détruire votre image aux yeux de l'enfant en jetant aussi vos photos, les choses que vous avez faites ou tout ce qui pourrait vous rappeler au souvenir de l'enfant. Elle dira «inconsciemment» des choses négatives sur vous comme «ton père est un buveur – oh! je n'aurais pas dû te dire ça» ou «si au moins tu savais les idioties qu'il a faites...». Lorsque vous venez prendre les enfants, elle pourrait vous refuser l'entrée de sa maison ou même ne pas vous laisser sonner. Elle vous cherche querelle, vous traite de tous les noms et vous jette des accusations incongrues au visage, et ce à portée de voix des enfants. Le message, subtil mais clair, est que les enfants s'en trouveraient bien mieux s'ils étaient loin de vous.

Mère manifestement manipulatrice

La mère manifestement manipulatrice est convaincue que le père est et a toujours été un piètre individu qui doit être tenu à l'écart des enfants. Si elle vous voit, elle manquera de la courtoisie la plus élémentaire. Elle ment à votre sujet devant les enfants: « Il ne paie jamais votre pension. » ou « Ne restez jamais seuls auprès de lui, il vous ferait du mal. » Elle vous critique ouvertement: «Votre père est un moins que rien»; elle demande aux enfants de vous cacher des choses: «Ne dites pas à votre père ce que nous avons fait cette fin de semaine»; elle pourrait même menacer de retirer sa tendresse aux enfants s'ils exprimaient le désir de vous voir ou s'ils s'arrangeaient pour vous rencontrer. Elle pourrait aussi dire aux enfants que vous êtes seul responsable de la séparation. Peut-être pourrait-elle même négliger de vous informer d'événements importants ou de nature urgente et dire aux enfants que si vous n'êtes pas venu, c'est parce que vous ne vous souciez pas d'eux. Et aller jusqu'à prétendre que le nouvel homme qui est entré dans sa vie est leur « nouveau papa », que l'autre doit être oublié.

Mère gravement manipulatrice

Quand les choses vont aussi loin, l'enfant a été soumis à un lavage de cerveau qui lui fait croire toutes les vilaines choses que sa mère dit de vous. La mère et l'enfant sont engagés dans ce que les psychiatres appellent une folie à deux. « À ce stade, l'enfant est tellement sous l'emprise du parent manipulateur qu'il est entièrement persuadé que l'autre parent est un scélérat et le rebut de l'humanité » soutient Ward et il ajoute : « L'enfant accepte les désirs, les émotions et les haines du parent manipulateur et les assimile. » À ce point, vos enfants se réclameront de n'importe quelle excuse pour ne pas vous approcher. Il n'est pas rare, en outre, que la haine de l'enfant s'étende à toute votre famille, à vos amis et à tous ceux de votre entourage avec qui l'enfant avait auparavant de bonnes relations.

Ne vous comportez jamais de cette façon

J'ai utilisé le mot « mère » pour décrire le parent manipulateur, mais peut-être pourriez-vous reconnaître votre comportement dans les descriptions ci-dessus. Si tel était le cas, cessez ces manœuvres manipulatrices immédiatement et prenez un temps de réflexion pour essayer de comprendre les raisons de votre comportement. Loin de faire la leçon à votre « ex », c'est votre enfant que vous atteignez, et gravement. D'abord, vous lui apprenez qu'il est normal de mentir pour atteindre un but. Plus grave encore, vous placez votre enfant dans une situation inextricable dans laquelle il croit qu'il doit choisir lequel des deux parents il préfère, considère Peggie Ward. Devoir choisir entre les parents est préjudiciable à l'enfant et, si le résultat est l'exclusion de l'un des parents de la vie de l'enfant, le dommage est irréparable.

Enfin, vous pourriez vous-même courir un risque. Si votre « ex » vous accuse d'éloigner d'elle les enfants et si le juge admet cette accusation, vous pourriez vous retrouver avec un droit de visite limité et supervisé comme cela a été mentionné précédemment.

Fausses allégations de maltraitance

L'accusation de maltraitance d'enfants est peut-être l'arme de manipulation la plus horrible utilisée de nos jours. Le jour où vous apprenez que vous êtes accusé, votre enfant a probablement déjà été examiné par un spécialiste qui se considère chargé seulement de confirmer l'accusation. Et à partir de ce moment-là, les choses vont très vite. Dès l'instant où vous êtes accusé d'avoir molesté l'enfant, tous vos contacts avec celui-ci sont coupés, ou vous ne pouvez le voir que sous supervision jusqu'à ce que la cause soit entendue par le tribunal, ce qui peut demander de quelques jours à quelques mois.

Si vous pensez que votre « ex » pourrait utiliser cette arme, il est important de penser à vous protéger immédiatement. Voici comment :

- Ne vous laissez jamais entraîner dans une discussion vive, particulièrement au téléphone. Votre « ex » et son avocat ne cherchent qu'à démontrer que vous êtes violent et instable. Ne répondez pas à des questions du genre : « Pourquoi avez-vous donné une claque à Sally à tel endroit ? » Niez catégoriquement de telles accusations et terminez la conversation immédiatement.
- Enregistrez vos conversations avec elle. Mais avant de mettre votre enregistreur en fonctionnement, vérifiez avec votre juriste si la chose est légale. C'est un point juridique délicat, soyez donc prudent.

Soyez sur vos gardes pendant tout le procès en divorce et le jugement relatif à la garde des enfants : ne buvez pas, ne conduisez pas trop vite, ne frustrez même pas une serveuse de son pourboire. Un avocat subtil (défendant votre « ex ») pourrait transformer une faute aussi anodine qu'une contravention pour excès de vitesse en une preuve irréfutable que vous êtes une brute irresponsable.

Que faire si l'on a tenté de détourner l'enfant de vous ?

Déceler une quelconque forme de manipulation de l'enfant par sa mère est une chose ; y remédier en est une autre. Voici quelques dispositions à prendre si vous soupçonnez que votre enfant a été détourné de vous.

- Renforcez vos relations avec l'enfant. Même si votre « ex » s'arrange pour rendre votre prise en charge de l'enfant désagréable, passez le prendre. Meilleures seront vos relations avec l'enfant, moins il y aura de risques qu'il accorde crédit aux allégations de sa mère à votre égard.

- Prenez des dispositions dès les premiers signes. Dans les cas les moins graves, votre « ex » pourrait même agir sans s'en rendre compte. Le lui faire remarquer gentiment pourrait suffire à régler le problème.

- Assurez votre « ex » que vous ne cherchez pas à lui nuire. Beaucoup de mères possessives adoptent une attitude négative par crainte que le père ne tente de leur enlever l'enfant. Si vous pouvez convaincre votre « ex » que là n'est pas votre intention, elle pourrait changer d'attitude.

- Demandez-lui un entretien et écoutez-la. Une attitude possessive provient souvent d'un sentiment d'isolement ou d'incompréhension. Plus elle pourra vous parler de ses appréhensions, moins elle aura tendance à utiliser les enfants comme arme contre vous.

- Avertissez votre avocat sans délai. Les tribunaux sont actuellement plus attentifs à la façon dont les pères et les mères facilitent mutuellement leurs relations avec les enfants. Si l'un des parents était convaincu d'obstruction délibérée, le juge pourrait être tenté de limiter son droit de garde.
- Ne brusquez rien. Exaspérer votre « ex », prendre des attitudes de matamore, formuler haut et fort des exigences désagréables relatives à vos droits ne pourraient qu'envenimer les choses.
- Coopérez avec votre « ex », mais prudemment. Certains pères sont si désireux d'arranger les choses qu'involontairement ils se laissent écarter de leur objectif de se rapprocher des enfants par une « ex » vindicative.
- Assurez-vous d'être bien informé du problème.
- Faites passer un examen psychologique à l'enfant, mais seulement si vous avez des raisons de soupçonner une manipulation. Un psychologue compétent est capable d'en déceler les indices.

Allégations de maltraitance sexuelle dans le cas du divorce

Des accusations de maltraitance peuvent être formulées à l'encontre de pères de familles unies, mais elles sont beaucoup plus fréquentes dans les cas de divorce. Dans ce cas, elles atteignent jusqu'à trente pour cent des disputes relatives à la garde des enfants. Cependant, plusieurs études ont conduit à estimer que cinquante pour cent de ces allégations sont sans fondement en Amérique du Nord alors qu'on en décèle dix pour cent au Canada.

Vers la fin des années 1980 et au début des années 1990, des psychologues ont identifié cliniquement ce qu'ils ont appelé le syndrome des « allégations sexuelles dans le divorce » (ASD), qui caractérise une série de comportements typiques incluant de fausses accusations de maltraitance sexuelle et qui, s'il est débusqué, devrait éveiller la prudence chez les investigateurs.

Souvent, les femmes qui émettent délibérément de fausses accusations sont obsédées par le désir de porter préjudice à leur ex-mari. Elles entraînent fréquemment leurs enfants à faire des déclarations qui portent atteinte au père et s'évertuent à trouver un thérapeute, médecin ou autre spécialiste, disposé à soutenir leur thèse. Tous les parents réellement soucieux de leurs enfants espèrent en revanche que ceux-ci n'ont pas subi d'agression sexuelle et sont soulagés lorsqu'un spécialiste conclut à l'improbabilité de la chose.

On trouvera ci-dessous quelques indices sur la base desquels une accusation pourrait être due au syndrome ASD. Un ou plusieurs de ces indices pourraient indiquer que l'accusation est sans fondement.

- C'est la mère et non l'enfant qui porte la première accusation.
- L'accusation fait surface longtemps après la rupture des relations.
- La mère n'a jamais porté d'accusations semblables pendant la période de vie commune.
- Le père s'est récemment remarié ou a récemment entrepris une relation avec une autre femme.
- Le père vient de se voir accorder un régime de visites plus libéral.
- L'enfant semble avoir été manipulé, utilise des termes trop spécialisés pour son âge ou cherche du regard l'approbation du parent accusateur pendant sa propre déposition.
- Ni les questions pécuniaires ni les modalités de garde des enfants n'ont encore été arrêtées et sont toujours vivement débattues.

Que faire si vous êtes faussement accusé

Être faussement accusé d'agression sexuelle sur votre enfant vous marquera pour le reste de vos jours. L'accusation aura aussi un impact sur vos relations avec l'enfant et même sur la façon dont vos parents et amis vous considéreront. Il y a pourtant des mesures à prendre pour minimiser les conséquences qu'une fausse accusation de maltraitance peut avoir sur vous et sur votre enfant :

- Maîtrisez vos réactions. En supposant que vous soyez innocent (si vous ne l'étiez pas, fermez ce livre et allez vous rendre à la justice), vous aurez probablement envie d'étrangler votre « ex » et son avocat. Un tel geste vous soulagerait sans aucun doute, mais il aggraverait votre cas. La plupart des juristes considèrent qu'une attitude violente, irrationnelle et agressive ne peut que rendre plus suspicieux le tribunal, les juges, les psychiatres et tous ceux qui sont mêlés de près ou de loin à votre procès, et les mal disposer à votre égard.

- Apportez une coopération totale. Négliger ce point entraînerait toutes sortes de soupçons.

- Répondez immédiatement et avec pugnacité. En ce moment, vous avez deux missions essentielles à remplir, remarque l'avocat Jeffery Leving : éviter à votre enfant des traumatismes supplémentaires (les interminables examens psychologiques et médicaux que les fausses accusations entraînent immanquablement) et prouver votre innocence.

- Engagez un avocat d'excellente réputation dans la défense de cas d'agression sexuelle sur les enfants. Cela sous-entend que vous aurez à remplacer votre avocat actuel ou à lui adjoindre un expert. Ce peut être coûteux, mais un conseiller incompétent ou inexpérimenté vous coûterait vos enfants, votre réputation et votre liberté, souligne Leving.

- N'acceptez de vous soumettre à un examen psychologique qu'à condition que l'état mental de votre « ex » soit également examiné.

- Accordez à votre « ex » le bénéfice du doute. C'est peut-être difficile, surtout après que les murs du système ont commencé à se refermer sur vous. Mais elle aurait pu remarquer un signe qu'elle aurait sincèrement interprété comme un symptôme d'agression. Essayez d'imaginer comment vous réagiriez si, de votre côté, vous aviez cru remarquer quelque chose de suspect. Votre but est de faire triompher la vérité, non d'obtenir une revanche.

La direction de la protection de la jeunesse

C'est habituellement la Direction de la protection de la jeunesse (DPJ) qui reçoit un signalement d'agression ou de maltraitance. Son intervention doit se limiter aux situations les plus graves et s'arrêter lorsque la situation d'un enfant n'est pas compromise. Le signalement est d'abord évalué au Service de réception et de traitement de la DPJ. C'est ce service qui détermine si un signalement doit être retenu et qui évalue le degré d'urgence d'intervention. Un signalement est retenu lorsque l'information obtenue laisse entendre que la sécurité ou le développement de l'enfant ou du jeune pourrait être compromis. Si le directeur de la protection de la jeunesse est vraiment convaincu que la situation est inquiétante, un de ses représentants rencontre le parent et l'enfant, ainsi que toute autre personne qui peut le renseigner sur les conditions de vie des enfants. Si la gravité de la situation l'exige, l'intervention est immédiate, sinon la DPJ s'assurera de donner suite dans les plus brefs délais. C'est donc dire que vous devrez probablement subir des mesures provisoires en ce qui concerne la garde de vos enfants même si les accusations sont fausses.

Autres allégations de maltraitance

Une plainte pour violence domestique peut avoir à peu près le même effet qu'une accusation de maltraitance sexuelle : aucun contact avec l'enfant jusqu'à ce qu'un juge se soit prononcé sur la question. Mais, si étrange que cela puisse paraître, n'oublions pas que les hommes sont aussi souvent victimes de violences domestiques que les femmes. Cependant les hommes considèrent rarement le fait que leur femme les bouscule, les frappe ou casse un plat comme des actes de violence.

Il est temps de changer cette façon de voir. Si votre « ex » s'est montrée violente à votre égard ou vis-à-vis des enfants, déposez une plainte immédiatement. Cette action a deux effets : elle protège les enfants contre des abus ultérieurs et elle contribue à vous protéger vous-même au cas où votre « ex » voudrait déposer plainte contre vous.

Ne réagissez pas outre mesure

Bien que quatre-vingt-dix à quatre-vingt-quinze pour cent des plaintes pour maltraitance dans les affaires de divorce émanent de femmes, les hommes ne sont pas à l'abri de poussées de haine ou de rage qui trop souvent conduisent à ce type de comportement. Comme vous avez pu le voir dans les pages précédentes, une accusation, même portée dans une bonne intention, peut avoir des conséquences dévastatrices. Avant même de penser à accuser publiquement votre « ex » d'avoir frappé les enfants, prenez une profonde inspiration et voyez s'il n'y a pas d'explication raisonnable à ce qui vous tracasse (érythème fessier, contusion, problème médical, etc.) Si, malgré tout, vous êtes inquiet, parlez-en avec elle, mais ne le faites pas de façon agressive. Votre objectif est simple : découvrir l'origine du problème chez l'enfant. Traitez votre « ex » comme vous aimeriez être traité dans des circonstances analogues.

Enlèvement d'enfant

Chaque année, on estime que 350 000 enfants aux États-Unis et 60 000 enfants au Canada disparaissent. Près de quatre-vingts pour cent de ces disparitions sont des fugues, mais certains enfants sont enlevés, non pas par des étrangers mais par l'un de leurs parents. Avant de paniquer, considérez ceci : dans la grande majorité des cas, il s'agit de retards du retour de l'enfant chez le parent qui en a la garde. Parfois, ces retards n'excédent pas quelques minutes, mais dans la plupart des cas, ils s'étalent de quelques jours à une semaine, seulement dix pour cent des cas dépassent le mois et seulement dix-sept pour cent des parents en attente ne savent pas où se trouve l'enfant.

Tranquillisé ? Pas nécessairement. Par an, aux États-Unis, plus de 3 000 enfants sont enlevés et dissimulés pendant de sordides batailles juridiques, estime Tim Riley, un expert en relevés statistiques. Certains de ces enfants sont cachés pendant des années et quelques-uns ne réapparaissent jamais. Au Québec, en 1999, les autorités ont traité soixante et un cas d'enlèvement parental.

Aussi bien les pères que les mères sont susceptibles de séquestrer les enfants mais, note le criminologue canadien John Kiedrowski, dans des circonstances qui peuvent être très différentes.

Près des trois quarts des séquestrations d'enfants concernent des enfants de deux à douze ans (environ trente-cinq pour cent ont moins de cinq ans, vingt-deux pour cent ont entre six et huit ans et vingt-six pour cent ont de neuf à onze ans). Les enfants de moins de deux ans et les adolescents sont rarement séquestrés. C'est plus fréquemment au départ de la maison plutôt que de l'école ou de la garderie que les enlèvements ont lieu.

LES MÈRES QUI SÉQUESTRENT LEURS ENFANTS...	LES PÈRES QUI SÉQUESTRENT LEURS ENFANTS...
• Réalisent l'enlèvement des enfants après le prononcé du jugement. Elles sont déçues du fait que le père reçoit un droit de garde ou de visite plus favorable que prévu.	• Réalisent l'enlèvement des enfants avant le prononcé du jugement. Ils craignent que la cour n'accorde la garde à la mère.
• Sont souvent des chômeuses.	• Sont souvent des chômeurs.
• Gardent généralement les enfants plus de deux mois.	• Gardent généralement les enfants moins d'une semaine.
• Prennent les enfants dans le but précis de les soustraire à leur père.	• Prennent les enfants dans l'espoir de pouvoir passer plus de temps avec eux.

Signes avant-coureurs auxquels il faut veiller attentivement

Voici quelques signes qui devraient au moins attirer votre attention :

- Votre « ex » a menacé de reprendre prochainement les enfants.
- Elle est furieuse contre vous et cherche un moyen de vous punir.
- Elle n'a pas réussi à vous séparer des enfants.
- Elle n'a pas réussi dans ses tentatives de réconciliation.
- Elle vous a accusé de brutaliser les enfants ou vous en accuse actuellement.
- Le tribunal vous a récemment accordé, contre le gré de votre « ex », la garde des enfants ou un droit élargi de visite.

Comment limiter les risques

Si votre « ex » est résolue à enlever les enfants, il n'y a pas grand-chose que vous puissiez faire pour l'éviter. Quelques mesures de précaution sont cependant à prendre pour en réduire le risque, dont certaines sont suggérées par *Child Find America.*

- Restez en bons termes avec votre « ex ». Plus vous êtes proches et prêts à coopérer, moins de motifs aurez-vous l'un l'autre de priver l'autre des enfants.

- Respectez les conditions de visite. Ne perturbez pas ses visites et de votre côté, veillez à toujours ramener les enfants à l'heure dite. Si elle est a priori fâchée sur vous, contrevenir à ces détails ne pourrait qu'envenimer vos rapports.

- Ayez un accord légal clair au sujet du droit de garde et de visites qui empêche chacun des parents d'emmener les enfants sans l'accord de l'autre. Il vous serait difficile d'obtenir l'écoute de quiconque si vous ne pouvez pas prouver que vous avez au moins certaines responsabilités vis-à-vis des enfants.

- Parlez à vos enfants. Apprenez-leur ce qu'il y a lieu de faire en cas d'enlèvement. Dites-leur souvent que vous les aimerez toujours ; que, sauf si vous étiez mort – et cette éventualité n'est pas près d'arriver – vous chercherez toujours à les avoir auprès de vous.

- Demandez un passeport pour l'enfant et adressez-vous à n'importe quel bureau des passeports au Canada (ou, si vous êtes à l'étranger, au bureau du gouvernement du Canada le plus proche) pour faire inscrire son nom sur la Liste de contrôle des passeports. Grâce à cette liste, si une demande de passeport est faite au nom de votre enfant, on communiquera avec vous.

- Demandez au bureau du gouvernement du pays étranger de ne pas délivrer de passeport à votre enfant s'il a une double nationalité. La demande doit être écrite et contenir une copie certifiée de toute ordonnance du tribunal concernant la garde de votre enfant ou ses voyages à

- l'étranger. En effet, le gouvernement du Canada ne peut pas empêcher les bureaux du gouvernement d'un autre pays, au Canada ou ailleurs, de délivrer un passeport à un enfant de nationalité canadienne qui est aussi citoyen de ce pays.

- Ouvrez un dossier au nom de votre « ex » qui renferme toutes les informations importantes à son sujet : son numéro de sécurité sociale, le numéro de son permis de conduire, le numéro de la plaque minéralogique de sa voiture, les informations de sa carte de crédit, le nom, le numéro de téléphone et l'adresse de son employeur et, autant que possible, les coordonnées de ses parents et de ses amis.

- Si elle menace d'enlever les enfants, efforcez-vous de trouver un témoin à ces menaces ou enregistrez celles-ci. Informez la police et laissez une copie de la décision concernant la garde des enfants en précisant les raisons de votre inquiétude.

- Donnez aussi une copie de cette décision à la garderie ou à l'école des enfants. Donnez en même temps une liste des personnes autorisées – et de celles qui ne sont nulle-ment autorisées – à prendre l'enfant en charge.

- Assurez-vous que votre enfant connaît son nom, votre nom, votre adresse, votre numéro de téléphone et sache comment faire un appel à frais virés. Il doit savoir qu'il a le droit de chercher un moyen de vous joindre, quelles que soient les interdictions en vigueur. S'il en est capable, vous pourriez aussi lui faire mémoriser le numéro télé-phonique de National Center for Missing or Exploited Children (NCMEC), soit 1-800-THE LOST (843-5678) ou de Child Find of America, soit 1-800-I-AM LOST (426-5678). Ces deux organisations aident les parents à retrou-ver leurs enfants perdus. En outre, apprenez à votre enfant à se servir du téléphone et, en particulier, à faire des appels interurbains et internationaux à frais virés. Montrez-lui surtout comment faire des appels à frais virés à partir d'un téléphone public.

Que faire en cas de séquestration de l'enfant

- Déclarez immédiatement la disparition auprès du commissariat de police local, en n'oubliant pas de produire une copie de votre droit de garde. Si vous pensez que votre « ex » a quitté le territoire avec l'enfant, déclarez-le, la police peut avertir les autorités du pays présumé.
- Prenez contact avec le NCMEC ou le Child Find.
- Prenez contact avec votre avocat. Même si votre « ex » avait la garde principale, la séquestration de l'enfant est en infraction avec votre propre autorisation de garde et le juge compétent doit en être averti immédiatement. Votre avocat doit aussi en être informé parce que c'est sur lui que vous aurez à compter : les départements de police et même le NCMEC ou le Child Find sont extrêmement hésitants à aider les hommes, même s'ils sont titulaires d'un droit de garde. Si vous êtes sûr que votre « ex » et l'enfant ont quitté le pays, signalez-le à l'Autorité centrale du Québec au ministère de la Justice. Assurez-vous de n'oublier aucun des détails suivants :
  - Nom complet de l'enfant (y compris les surnoms)
  - Date et lieu de naissance de l'enfant
  - Numéro du passeport de l'enfant, date et lieu d'émission
  - Copie des ordres de justice et rapports de police
  - Nom complet de votre « ex » (y compris les surnoms)
  - Date et lieu de naissance de votre « ex »
  - Numéro du passeport de votre « ex », date et lieu d'émission
  - Profession de votre « ex »
  - Date probable du départ
  - Informations sur le vol
  - Relations avec un pays étranger, noms, adresses et numéros de téléphone – parents, employeurs ou relations d'affaires.

N'envisagez surtout pas de séquestrer l'enfant

- Si vous craignez que votre « ex » ne maltraite les enfants ou constitue une menace pour eux, prenez toutes les dispositions légales pour faire opposition à cette situation.
- Séquestrer les enfants est une chose à exclure absolument. Leur mère leur manquerait, tout comme vous leur manqueriez si la situation était inversée. Si vous êtes préoccupé à l'idée que votre « ex » pourrait vous empêcher de rencontrer les enfants, à l'inverse, empêcher les enfants de voir leur mère n'est certainement pas la solution souhaitable.
- De plus, une telle action serait illégale. Si vous étiez jugé coupable, ce qui serait certainement le cas, vous seriez condamné à la prison. Aimeriez-vous vraiment que les enfants viennent vous voir dans cette situation ?
- Il y a toujours un retour de flamme. Les enfants réagiraient, vous reprocheraient (à juste titre d'ailleurs) de les empêcher de voir leur mère et finiraient probablement par vous haïr.

Notes :

Trouver l'équilibre entre travail et famille

Comme le fait remarquer l'écrivain David Giveans, la plupart des pères, célibataires ou non, sont partagés entre l'obligation de faire face aux besoins économiques de la famille et le désir d'être attentifs à leur progéniture. Trouver le juste milieu entre ces devoirs apparemment inconciliables est déjà très malaisé lorsque l'on est deux pour y faire face. Si vous êtes seul, le problème n'en est que plus difficile, surtout si vous avez la garde principale des enfants.

Il vous est tout simplement impossible d'assurer un contact satisfaisant avec les enfants si vous ne pouvez leur consacrer que peu de temps. Heureusement, bien que vous ne puissiez jamais espérer résoudre complètement le dilemme travail / famille, il existe quelques tours de passe-passe pour optimiser le temps consacré à la famille et réduire votre tension nerveuse tout en évitant de ruiner votre carrière.

Reconsidérer le problème

L'horaire variable

L'une des conditions pour que l'homme puisse se préoccuper de l'éducation de ses enfants et s'y consacrer sérieusement est de bénéficier d'heures de travail souples, estime John Snarey. Si vous n'avez pas la garde principale de vos enfants, peut-être pourriez-vous envisager, avec votre employeur, l'une des modifications suivantes dans votre horaire :

- Les jours où vous n'avez pas les enfants sous votre garde, vous pourriez fournir dix heures de travail, ce qui vous permettrait de récupérer la totalité des journées que vous consacreriez aux enfants.
- Si cette solution était impraticable, vous pourriez proposer, pour les jours où vous avez les enfants, d'adopter un horaire différent de l'horaire normal en travaillant par exemple, ces jours-là, de six heures du matin à deux heures de l'après-midi plutôt que durant le classique neuf à cinq.
- Ou considérer le travail à domicile un jour ou deux par semaine. Cette solution ne réduirait sans doute pas vos heures de travail, mais elle vous permettrait de récupérer, pour les enfants, le temps perdu dans les embarras de la circulation ou dans le métro.

Si vous bénéficiez de la garde principale, les options souples considérées ci-dessus pourraient vous aider à résoudre certains problèmes. Sinon, peut-être pourriez-vous considérer l'une ou l'autre des options plus audacieuses ci-dessous (en supposant toujours que vous puissiez vous le permettre) :

- Partage du travail. Partagez avec une autre personne, peut-être un autre père dans votre cas, les responsabilités du poste que vous occupez. Vous pourriez sans doute utiliser le même bureau et la même table et, par exemple, travailler deux jours la première semaine et trois jours la semaine suivante tandis que votre partenaire ferait l'inverse. Cependant, veillez à négocier attentivement le maintien de vos assurances. Beaucoup d'employeurs pourraient les supprimer pour les emplois à temps partiel.

- Engagez-vous pour un travail à temps partiel, ce qui équivaut presque au partage du temps de travail, sinon que vous n'aurez probablement pas à partager votre bureau avec quelqu'un d'autre.

- Engagez-vous comme conseiller auprès de votre ancien employeur. Ce serait une magnifique façon pour vous d'obtenir une grande souplesse dans vos occupations. Il y a aussi certains avantages fiscaux, surtout si vous installez un bureau chez vous (voir aussi à ce sujet les commentaires du point suivant). Au moins, vous pourriez déduire votre kilométrage pour la voiture, une partie de vos frais de téléphone et peut-être même une partie de votre loyer ou de vos charges hypothécaires. Prenez pourtant soin de consulter au préalable un expert à ce sujet. Le ministère du Revenu définit certains critères qui permettent de distinguer un employé d'un consultant. Si, par exemple, votre client met un bureau à votre disposition, avec une secrétaire, des cartes professionnelles et une voiture de service, peu importe le libellé de votre contrat de consultant... vous serez néanmoins considéré comme employé. N'oubliez pas non plus que si vous devenez consultant, vous perdrez vos avantages sociaux. Veillez donc à prévoir leur compensation dans le montant des honoraires que vous négocierez avec votre ex-patron.

Le travail à domicile

Beaucoup trop de patrons croient encore à l'importance du face-à-face journalier, c'est-à-dire du temps de présence effective au bureau. Ce sentiment est pourtant largement surestimé. Pendant des années, j'ai écrit des articles dans de nombreux journaux et périodiques dont la plupart sont publiés à des milliers de kilomètres de chez moi. Et, le plus souvent, je n'ai jamais rencontré mes éditeurs. L'un des disc-jockeys qui anime mon émission radiophonique sur l'art d'être parent à la station de San Francisco vit à Washington, D.C. Cette dame enregistre son introduction musicale sur bandes de très haute qualité et nous les fait parvenir par courrier de nuit. Je suis le premier à admettre qu'être écrivain, ou présentateur d'émissions radiophoniques, n'est pas très courant, mais des millions d'Américains occupent des emplois qui n'exigent leur présence physique ni à un endroit déterminé ni à un moment précis. Je pense ici à tous ces ingénieurs, ces programmeurs et à tous ceux qui s'installent à un bureau. Si vous ne travaillez pas dans le domaine de la construction ou dans un commerce de détail, vous êtes sans doute un candidat idéal à l'emploi à domicile.

Ne soyez cependant pas trop enthousiaste : il vous faudra tout de même rencontrer votre patron de temps en temps. La plupart des travailleurs à domicile ne sont absents du bureau qu'un jour ou deux par semaine. Avant que cette option ne devienne réellement praticable, vous devrez, tout comme votre patron, vous y accoutumer. À l'exemple des options considérées plus haut, le travail à domicile vous permet de consacrer plus de temps à votre famille. Mais si vous espérez faire l'économie de frais de gardiennage ou garder le bébé sur vos genoux tandis que vous alignez des chiffres, vous vous faites de dangereuses illusions.

Si vous voulez goûter au travail à domicile, voici quelques accessoires qui vous seront sans doute indispensables :
- un ordinateur compatible avec celui de votre employeur,
- une seconde ligne téléphonique, sinon plus d'une,
- un modem,
- un télécopieur ou un combiné fax / modem,
- un endroit calme où installer tout cela.

En ce qui me concerne, l'un des principaux avantages du travail à domicile est que je ne suis pas obligé de me raser chaque jour, que je suis libre de travailler en robe de chambre, ou de m'installer au jardin, ou encore de m'accorder un petit somme l'après-midi. Il y a cependant quelques inconvénients. Le tout premier est l'absence de contacts humains ; vous avez peut-être horreur du trajet en métro à travers la ville ou de ce raseur qui, chaque matin, partage la voiture avec vous, mais après quelques mois, ces désagréments vous manqueront réellement. Vous regretterez peut-être aussi le repas de midi pris en compagnie des collègues ou tout simplement le fait de les croiser dans un couloir. De plus, si, comme moi, vous avez un amour immodéré du travail, il faudra vous forcer à prendre une pause de temps en temps. Je ne vous dirai pas combien de fois je me suis aperçu, à dix heures du soir, que je n'avais pas mangé de toute la journée et que je n'étais sorti que pour prendre le journal dans la boîte.

Si vous êtes un employé

Bien que le nombre d'entreprises attentives aux soucis familiaux de leurs employés croisse d'année en année, la plupart des employeurs restent encore quelque peu hésitants à suivre cette voie. La première des choses à faire, si vous proposez un changement d'horaire, est de vous arranger pour être au bureau pendant les heures où l'activité est la plus intense (la plupart du temps, entre onze heures et quatorze heures). Savoir que vous serez présent pour les réunions et les dîners avec les clients pourrait tranquilliser votre employeur et le rendre plus réceptif à vos suggestions.

Pour vaincre les dernières résistances, vous pourriez faire remarquer que de nombreuses recherches sur la souplesse des horaires dans les entreprises ont montré que plus les travailleurs sont satisfaits des accommodements travail / famille, plus ils sont heureux au travail. Les entreprises qui aident leur personnel à trouver cet équilibre constatent une diminution de la rotation du personnel et de l'absentéisme, et leurs employés sont plus heureux et plus productifs. En revanche, les entreprises qui se montrent moins souples en matière de coordination travail / famille obtiennent des résultats inverses : importante rotation de personnel et pertes économiques, ainsi que le constatent les experts Fran Sussner Rodgers et Cahles Rodgers. « Le personnel qui perçoit que les dirigeants restent insensibles aux problèmes familiaux présente un niveau de stress plus élevé, souffre d'un absentéisme plus marqué et éprouve moins de satisfaction professionnelle. »

Si vous êtes un employeur (ou un patron)

« Les entreprises rivalisent dans la recherche de femmes compétentes, dit Sue Shellenbarger, chroniqueuse au Wall Street Journal, mais beaucoup croient encore que les hommes continueront à travailler quelle que soit la façon dont ils sont traités en tant que pères. » Sachant combien la vie est difficile pour un père qui est chef d'une famille monoparentale, vous êtes particulièrement bien placé pour apporter un changement à cette attitude néandertalienne et aider les hommes (et les femmes) à s'investir davantage dans leur famille.

• Modifiez votre propre attitude. Beaucoup de vos employés masculins hésiteront à vous demander une modification de leurs horaires de travail. Si vous connaissez quelqu'un qui vient de se retrouver à la tête d'une famille monoparentale, prenez donc l'initiative d'aborder la question. Il vous en sera sans doute reconnaissant.

• Ouvrez votre entreprise aux questions familiales. Si vous avez assez de personnel, organisez des classes et des groupes de soutien pour les jeunes parents et particulièrement pour les parents seuls. Même si vous n'avez pas beaucoup d'employés, vous pourriez encore organiser sur place ou dans les environs une garderie gratuite ou subsidiée. Vous pourriez aussi encourager vos employés à recourir au partage du temps de travail, au travail à mi-temps ou à horaire variable. Et d'une manière générale, la politique de votre entreprise devrait reconnaître explicitement que tous les parents (et non seulement les mères) sont responsables du soin et du développement de leurs enfants.

• Ne vous souciez pas du coût. Comme cela a été mentionné plus haut, les entreprises qui pratiquent une politique qui soit soucieuse du bien-être de la famille découvrent que le coût de la mise sur pied des programmes familiaux est plus que compensé par l'amélioration de l'ambiance et de la productivité, par la réduction de l'absentéisme et par une moindre rotation du personnel. C'est aussi une remarquable publicité pour le recrutement.

Et si vous ne parveniez pas à trouver un bon équilibre entre le travail et la famille?

Malheureusement, tous les pères n'ont pas la chance de bénéficier d'un horaire de travail adapté qui leur permet d'être auprès de leurs enfants aussi longtemps qu'ils le souhaiteraient. Peut-être même avez-vous un employeur qui refuse ce genre de compromis. Ou un travail qui n'autorise aucune souplesse dans les horaires. Ou encore souhaiter disposer de plus de temps avec vos enfants qu'aucun accommodement ne pourra jamais vous offrir. Quelle que soit votre situation, il est important d'éviter de tomber dans l'un des pièges suivants:

- **Mettre les bouchées doubles pour regagner le temps perdu.** Rien de tel qu'une longue journée de travail pour vous faire sentir combien vos enfants vous ont manqué. En rentrant à la maison, vous pourriez être tenté d'essayer de regagner le temps perdu en accumulant un tas d'activités et de contacts physiques avec les enfants dans le peu de temps qui précède le coucher (le vôtre ou le leur). Le seul moyen de combler un programme hyper-chargé serait d'être à la fois « trop dirigiste, trop dérangeant et trop excitant », affirme le psychiatre Stanley Greenspan. Avant donc de commencer à cajoler, taquiner et lutiner vos enfants, consacrez quelques minutes à la lecture et à bavarder de vos journées respectives en apprenant à vous retrouver les uns les autres.

- **Se sentir coupable.** En plus de vous priver de vos enfants, une longue journée de travail risque aussi de provoquer chez vous un sentiment de culpabilité pour les avoir laissés seuls si longtemps. Bien que ce sentiment de culpabilité soit une bonne chose en soi, il peut, chez les parents, prendre des proportions déraisonnables et, pour rendre supportable la charge émotionnelle, commente Greenspan, certains parents ont tendance à se distancier de leurs enfants. Il est en tout cas essentiel de trouver un moyen terme entre le contrôle trop strict ou le trop grand relâchement. Le meilleur moyen est de faire en sorte que, lorsque vous êtes avec les enfants, vous le soyez à cent pour cent. Oubliez le téléphone, oubliez les journaux et la télévision, oubliez la vaisselle, et même oubliez de manger si c'est possible. Tout cela, vous pourrez le faire lorsque les enfants seront couchés ou le lendemain matin, avant qu'ils ne s'éveillent.

Qui veillera sur vos enfants pendant que vous êtes au travail?

Enfants d'âge scolaire

Si vos enfants ont plus de cinq ans, ils sont très probablement à l'école et vous n'avez donc pas à vous soucier de leur sort au cours de la journée, que vous en ayez la charge en tout temps ou seulement pendant un temps limité. Mais que faire d'eux entre le moment séparant la sortie de l'école de celui de votre retour à la maison? Diverses options sont possibles: prévoir quelque temps à passer régulièrement chez leurs amis, les inscrire à des programmes sportifs, artistiques ou scientifiques parascolaires, les confier quelque temps à grand-père et grand-mère, ou avoir recours à un ou une gardienne d'enfant. Vous pouvez aussi inscrire vos enfant dans un service de garde en milieu scolaire.

LES SERVICES DE GARDE EN MILIEU SCOLAIRE

Si vos enfants vont à l'école, ils peuvent être inscrits à un service de garde en milieu scolaire. Les enfants y sont généralement reçus le matin avant les cours, le midi et l'après-midi jusqu'à dix-sept ou dix-huit heures. Ce type de service est principalement axé sur des activités récréatives et est offert pour une contribution réduite de 5 $ par jour pour les enfants de cinq à douze ans. Ce sont les commissions scolaires et les écoles qui sont responsables de l'organisation et de l'administration des services de garde en milieu scolaire. Si ce service n'existe pas dans votre localité, vous pouvez cependant bénéficier d'une place à contribution réduite dans un centre de la petite enfance, même si votre enfant est d'âge scolaire.

Enfants de moins de cinq ans

Si vos enfants ne fréquentent pas encore l'école, la situation est totalement différente et certainement plus compliquée.

Si vous êtes veuf, vous avez l'entière responsabilité de trouver une gardienne de qualité. Mais si vous avez la garde principale des enfants ou si c'est votre « ex » qui a la garde principale, les décisions vous appartiennent à l'un comme à l'autre, puisque l'autorité parentale n'est pas déchue par le divorce. Cela signifie que vous pouvez participer aux décisions. Même sous la responsabilité de votre « ex », les personnes qui ont la garde des enfants peuvent avoir une influence notable sur leur santé et leur développement. Lisez donc attentivement les points suivants et intéressez-vous dès que possible au processus de choix du système de garde.

S'il s'agit de trouver quelqu'un qui veillera sur de tout jeunes enfants, vous avez deux choix fondamentaux possibles :
- la garde à domicile, assurée par une gardienne non résidente ou résidente, une gardienne au pair (probablement résidente), ou une domestique (résidente ou non).
- la garderie soit en centre de la petite enfance, soit en milieu familial, soit en garderie à but lucratif, soit en milieu scolaire.

Gardienne à domicile ou domestique ?

Il y a une grande différence entre la notion de gardienne et celle de domestique. Selon la Loi sur les normes du travail, la gardienne est une personne qui demeure ou non chez vous et dont la seule tâche est de s'occuper des enfants et d'exécuter les tâches ménagères liées à leurs besoins immédiats. La domestique est une salariée, qui demeure ou non chez vous, qui exécute des tâches ménagères pour la famille et s'occupe aussi des enfants. Cette différence est importante parce les gardiennes ne sont pas protégées par la Loi sur les normes du travail alors que les domestiques le sont.

Si vous êtes veuf ou si vous avez la garde principale de vos enfants, la garde à domicile est probablement l'option la plus pratique. Vous n'aurez donc pas à vous soucier des horaires de garderie et vos jeunes enfants resteront dans leur environnement habituel. De plus, ils recevront une attention personnalisée et, si vous y veillez attentivement, le gardien ou la gardienne vous tiendra régulièrement informé des progrès des enfants. Enfin, en restant chez eux, les enfants seront moins exposés aux maladies contagieuses.

La garde à domicile peut aussi convenir même si vous n'avez les enfants qu'une partie du temps, en particulier si vous les gardez pour des périodes prolongées d'une semaine ou deux. Pourtant, si votre « ex » n'habite pas loin de chez vous et si vos enfants vont normalement à la garderie lorsqu'ils sont chez leur mère, il vaut peut-être mieux maintenir le même régime quand ils sont chez vous.

Laisser vos enfants aux soins d'une étrangère peut être une expérience pénible et même traumatisante pour vous, surtout au début. D'une part, vous vous inquiétez de savoir si vous connaissez suffisamment cette personne et si vous pouvez lui faire confiance. Vous pourriez aussi être préoccupé, comme je le fus moi-même, par l'idée que personne, mieux que vous, ne pourrait soigner et choyer vos enfants. D'autre part, vous pourriez connaître ce que le psychologue et expert de la famille, le Dr Lawrence Kutner, nomme la « rivalité naturelle » entre parents et gardiennes. « En tant que parents, nous souhaitons que nos enfants se sentent proches (dans une certaine limite) des autres personnes qui interviennent dans leur vie. Mais nous craignons que, si l'attachement devient trop fort, ces personnes ne finissent par nous supplanter dans le cœur des enfants. » Heureusement, personne ne pourra jamais ni vous remplacer, ni remplacer votre amour. Et il existe d'excellentes gardiennes d'enfants qui peuvent apporter beaucoup à votre chérubin. Il suffit de les trouver.

COMMENT TROUVER UNE GARDIENNE À DOMICILE

Vous pourriez trouver une gardienne à domicile par l'intermédiaire :

- d'agences,
- de recommandations d'amis ou de proches,
- d'annonces (que la personne réponde à votre annonce ou que vous répondiez à la sienne).

Le premier contact a lieu par téléphone. Un tel entretien pourra déjà vous permettre d'éliminer les candidates qui manifestement ne vous conviennent pas, par exemple celles qui cherchent un emploi d'un mois seulement ou celles qui ne savent pas conduire si c'est là une de vos conditions. Invitez ensuite chaque finaliste à passer une entrevue chez vous. Veillez à ce que la personne demeure quelques minutes avec les enfants et observez la façon dont elle se comporte. Quelqu'un qui approche les enfants gentiment et leur parle d'une façon rassurante avant de les prendre sur ses genoux est quelqu'un qui comprend et qui respecte les sentiments des petits. Quelqu'un qui leur caresse les cheveux, entame une conversation et leur propose un truc « magique » est de loin préférable à la candidate qui reste plantée sur une chaise à regarder passivement les enfants.

Un autre bon test consiste à laisser la candidate jouer quelques minutes avec les enfants. Propose-t-elle un jeu ou une chanson, demande-t-elle aux enfants de lui apporter leur livre favori ou au contraire semble-t-elle à court d'idées?

Après avoir retenu les meilleures, demandez leurs références et vérifiez-en au moins deux (c'est ennuyeux, mais indispensable). À chaque vérification, demandez pourquoi la candidate a quitté son poste et quelle est sa principale qualité et son plus grave défaut. Demandez aussi à la candidate elle-même de répondre au questionnaire suggéré ci-dessous.

Lorsque vous avez fait votre choix final, essayez de vous libérer un jour ou deux de votre travail pour vous permettre de faire connaissance et de vérifier la façon dont la personne se comporte.

LES QUESTIONS À POSER

Voici quelques questions importantes à poser aux candidates. Vous pourriez aussi en ajouter l'une ou l'autre inspirée des paragraphes consacrés aux garderies.

- Quelle expérience du gardiennage avez-vous (y compris éventuellement la garde de jeunes frères et sœurs) ?
- Quel âge avaient les enfants que vous avez gardés ?
- Parlez-moi de votre propre enfance.
- Que feriez-vous si… ? (Donnez quelques exemples de choses que les enfants pourraient faire et qui pourraient requérir une mesure disciplinaire.)
- Dans quelles circonstances donneriez-vous une gifle aux enfants ? (Si la réponse est autre chose que « Jamais », cherchez une autre candidate.)
- Que feriez-vous en cas d'urgence telle que… ? (Citez une série de situations d'urgence, blessure sérieuse à la tête, bras cassé…)
- Savez-vous ce qu'est la réanimation cardio-respiratoire ? (En cas de réponse négative, vous pourriez envisager de lui offrir de suivre un cours de formation.)
- Quelles choses préférez-vous faire avec les enfants ?
- Avez-vous un permis de conduire ?
- Quels sont vos disponibilités (jours et heures) ? Pouvez-vous éventuellement modifier ces heures en cas de nécessité ?
- Parlez-vous d'autres langues que le français ?

AUTRES POINTS IMPORTANTS À DISCUTER

- Montant de la rétribution (pour les tarifs pratiqués et les périodes de vacances, informez-vous auprès de personnes d'expérience). Les domestiques qui résident chez l'employeur doivent recevoir un salaire minimum de 280 $ pour une semaine de quarante-neuf heures.
- Consignes d'utilisation du téléphone.
- Liste des responsabilités : nourrir, baigner, langer, changer

les vêtements, lecture, etc., éventuellement quelques petites tâches ménagères quand les enfants dorment.

- Connaissance suffisante du français, particulièrement importante dans les cas d'urgence (il faut pouvoir décrire avec précision le problème soit au médecin, soit au ou à la réceptionniste du 911).
- Citoyenneté ou statut d'immigrante (concernant ce point et d'autres problèmes juridiques, voir les pages suivantes).

Peut-être souhaiterez-vous rédiger un contrat type reprenant la liste des responsabilités de la gardienne à domicile, afin qu'il n'y ait aucun malentendu.

VÉRIFICATIONS COMPLÉMENTAIRES

Même si votre candidate a répondu de manière satisfaisante à toutes vos questions, comment pouvez-vous savoir vraiment qui elle est ? La meilleure façon d'y arriver est de faire un contrôle complet de son passé. Non, cela ne veut pas dire que vous deviez engager un détective privé pour cuisiner les voisins de la candidate ou relever les empreintes digitales sur tous les verres de limonade dans lesquels elle aurait pu boire. Il vous suffira de son numéro d'assurance sociale et de son autorisation signée à consulter son casier judiciaire. Votre agent de quartier ou la police locale seront aptes à vous dire comment et dans quelles conditions vous pourrez obtenir les informations qui vous intéressent.

Gardienne à demeure

Lorsque vous engager une gardienne à demeure, c'est comme si vous ajoutiez un nouveau membre à la famille. Le processus d'engagement est semblable à celui qui est décrit ci-dessus pour la recherche d'une gardienne à domicile. Vous pouvez aussi utiliser les questions reprises plus haut pour les entrevues de sélection. Après avoir fait votre choix, prenez la personne choisie à l'essai comme non-résidente pendant quelques semaines, pour vous assurer que tout se passe à la satisfaction générale.

LA GARDIENNE AU PAIR

La gardienne au pair est souvent une jeune fille ou une jeune femme qui séjourne dans le pays grâce aux programmes d'échanges linguistiques et culturels. Au point de vue légal, la personne au pair est admise en tant que touriste pour un séjour maximum de six mois. Par conséquent, vous n'avez pas besoin d'obtenir pour elle un permis de travail ou un visa, elle est reçue dans votre famille à titre d'invitée.

Les prestations hebdomadaires de la gardienne au pair se situent entre trente et trente-cinq heures de garde plus une ou deux soirées de gardiennage. En échange, vous lui fournissez la pension complète et vous lui versez une contribution hebdomadaire (qui peut être de l'ordre de 100 $). Le travail au pair n'étant pas autorisé au Canada, cette contribution n'est pas considérée comme un salaire. Elle est volontaire et sert à couvrir ses dépenses personnelles.

Le programme d'accueil d'une stagiaire en immersion linguistique et culturelle n'est soumis à aucune réglementation provinciale ni fédérale à la condition qu'elle ne soit pas une employée et qu'elle ne reçoive pas de salaire. L'argent que vous lui donnez est plutôt considéré comme argent de poche.

Engager une jeune fille au pair procure aussi une excellente occasion, pour vous comme pour les enfants, de côtoyer une culture étrangère. Il existe un inconvénient cependant : ces jeunes filles ne sont autorisées à séjourner que six mois dans le pays et vous aurez donc à changer souvent de gardienne. En outre, il ne faut pas oublier que, du point de vue de la jeune femme, l'objectif est essentiellement culturel. En théorie, elle doit s'occuper des enfants, mais en réalité, elle sera plutôt poussée par intérêt à visiter l'un ou l'autre centre commercial avec des amis et à bavarder avec le fils de votre voisin.

Taxes et réglementations gouvernementales

Si vous engagez une gardienne, vous n'êtes pas considéré comme employeur, mais si cette personne effectue aussi des tâches ménagères, elle est considérée comme domestique selon la Loi sur les normes du travail. Vous devez alors vous enregistrer comme employeur auprès de l'Agence des douanes et du revenu du Canada, retenir et verser l'impôt sur le revenu ainsi que les cotisations de l'employé à l'assurance emploi. Vous devrez également vous inscrire auprès du ministère du Revenu du Québec, retenir et verser l'impôt sur le revenu ainsi que les cotisations au Régime des Rentes du Québec. Vous obtiendrez plus de détails en vous adressant aux ministères concernés.

Si la perspective de toutes ces démarches ne vous engage pas à quitter votre emploi pour rester à la maison avec les enfants, rien n'y réussira. Votre comptable pourrait probablement se charger pour vous de certaines de ces démarches fastidieuses, sinon de toutes.

Les garderies

Au Québec, il existe plusieurs types de services de garde : les centres de la petite enfance, les garderies à but lucratif, les services de garde en milieu familial régis et les services de garde en milieu familial non régis. Lorsque votre enfant est d'âge scolaire, il peut aussi bénéficier des services de garde en milieu scolaire.

LES CENTRES DE LA PETITE ENFANCE

Les centres de la petite enfance accueillent des enfants à partir de la naissance jusqu'à la fréquentation de la maternelle, c'est-à-dire de la naissance à quatre ans. Les centres de la petite enfance sont généralement administrés par les parents et offrent deux types de garde : en installation, de type garderie ou en milieu familial. Ces centres offrent des places à contribution réduite, soit des places à cinq dollars par jour, à tous les enfants en âge de les fréquenter. Les centres de la petite enfance doivent détenir un permis du ministère de la Famille et de l'Enfance et offrir un programme éducatif adapté à l'âge de l'enfant.

LES GARDERIES À BUT LUCRATIF

Les garderies à but lucratif sont des entreprises privées. Elle doivent détenir un permis du ministère de la Famille et de l'Enfance, mais elles sont indépendantes. Elles peuvent choisir d'appliquer le programme éducatif des centres de la petite enfance, mais elles n'y sont pas tenues. Il est possible, dans certaines de ces garderies, d'avoir des places à contribution réduite.

LES SERVICES DE GARDE EN MILIEU FAMILIAL RÉGIS

Ce sont les centres de la petite enfance qui coordonnent, surveillent et contrôlent les services de garde en milieu familial régis. Ce type de service de garde accueille un maximum de six enfants pour un adulte responsable et un maximum de neuf enfants pour deux adultes responsables. Les services de garde en milieu familial régis peuvent aussi offrir des places à contribution réduite.

LES SERVICES DE GARDE EN MILIEU FAMILIAL NON RÉGIS

Toute personne peut offrir un service de garde à domicile non régi, mais elle ne peut accueillir plus de six enfants. Ces services de garde ne sont supervisés par aucune instance gouvernementale et bien que plusieurs offrent des services adéquats, les parents doivent être plus attentifs lorsqu'ils évaluent ce type de garderie.

Si vous ne trouvez pas de gardienne à domicile pour votre enfant, ou si vous ne voulez pas, ou ne pouvez pas vous permettre d'en engager une, la meilleure solution serait de vous adresser à un centre de la petite enfance ou à une garderie. Votre enfant bénéficiera de toute l'attention souhaitée et aura en même temps l'occasion de fréquenter d'autres enfants.

Beaucoup de parents, y compris ceux qui pourraient se permettre une gardienne à domicile, préfèreront avoir recours à une institution spécialisée. D'une part, un bonne garderie est, en principe, beaucoup mieux équipée que votre maison ou n'importe quelle autre maison particulière, et offrira aussi à l'enfant un choix plus étendu d'activités stimulantes. Mais sachez bien, avertit Lawrence Kutner, qu'il n'y a absolument aucune relation entre le coût de la pension et la qualité des soins que votre enfant y recevra. Les meilleures garderies investissent plutôt dans la qualité de leur personnel que dans le nombre de jouets.

Beaucoup de parents préfèrent aussi les garderies parce qu'elles offrent aux enfants plus d'occasions de jouer les uns avec les autres. La plupart des experts en éducation pensent que la possibilité de jouer avec de nombreux autres enfants contribue, à terme, à la bonne insertion de l'enfant dans la société et développe son indépendance. Le revers de la médaille est qu'il ne pourra pas bénéficier d'autant d'attention particulière de la part des éducateurs. De plus, les contacts avec les autres enfants sous-entendent aussi un contact avec leurs microbes ; l'enfant aura tendance à être beaucoup plus souvent malade que s'il était gardé en maison particulière.

Nous allons chez Grand-papa (ou chez Grand-maman)

Si vos parents, vos beaux-parents ou autres proches vivent dans les environs, ils peuvent offrir une solution de remplacement facile, aimante et peu coûteuse à la garderie. Selon un récent sondage du U.S. Census Bureau, environ seize pour cent des enfants en-dessous de cinq ans sont gardés par leurs grands-parents pendant que les parents travaillent, et la moitié de ceux-ci le sont dans la maison même des grands-parents. La garde par d'autres membres de la famille compte pour huit autres pour cent de tous les enfants d'âge préscolaire.

COMMENT DÉCOUVRIR UNE GARDERIE

Vous avez certaines possibilités de trouver l'institution que vous cherchez soit par ouï-dire, soit en consultant les petites annonces de la presse spécialisée destinée aux parents. La façon la plus facile et la plus sûre d'y arriver serait de vous adresser au ministère de la Famille et de l'Enfance. Ne basez pas le choix de la garderie sur une recommandation, mais passez plutôt quelque temps à en examiner sur place et posez beaucoup de questions. Vous trouverez ci-dessous quelques exemples de ces questions, dont certaines ont été suggérées par des organismes spécialisés. Sauf remarque particulière, toutes les réponses doivent être positives.

CONCERNANT LE PERSONNEL

- Les moniteurs et les monitrices semblent-ils réellement aimer les enfants? Et les enfants leur rendent-ils la pareille?
- S'inclinent-ils à hauteur de l'enfant pour lui parler?
- Les enfants sont-ils accueillis à leur arrivée à la garderie?
- Les besoins des enfants sont-ils rapidement satisfaits, même en cas de surcharge de travail?
- Le personnel est-il initié à la réanimation cardio-respiratoire, aux premiers soins et aux développements précoces de l'enfance? (Au moins l'un des membres du personnel devrait l'être.)
- Combien de personnes, parmi les moniteurs et monitrices, suivent-elles des cours de formation continue?
- Le programme tient-il compte de l'évolution des intérêts des enfants?
- Les moniteurs et monitrices sont-ils toujours prêts à répondre aux questions des enfants?
- Vous rapportent-ils ce que votre enfant a fait chaque jour?
- Acceptent-ils les suggestions des parents? Y aurait-il des possibilités de collaboration pour vous si vous le souhaitiez?
- Le personnel est-il suffisant par rapport au nombre d'enfants? Au Québec, renseignez-vous à ce propos auprès du ministère de la Famille et de l'Enfance.

CONCERNANT LES INSTALLATIONS

- L'atmosphère est-elle claire et agréable?
- Est-il interdit de fumer dans les locaux?
- L'établissement dispose-t-il d'une plaine de jeux clôturée et pourvue d'équipements conformes aux normes de sécurité actuelles?
- Les responsables sont-ils à même de surveiller en tout temps la totalité de l'aire de jeux?
- Les enfants ont-ils l'occasion de participer à des activités alternativement dynamiques et calmes, et comprenant entre autres des jeux au choix, une initiation artistique et musicale, et des jeux en groupe ou individuels? Trouve-t-on un choix suffisant de jouets et de livres adaptés à l'âge des enfants pour que ceux-ci n'aient pas à attendre leur tour pour s'amuser.
- Y a-t-il différentes aires spécialement réservées au repos, aux jeux tranquilles et aux jeux actifs?
- Quelles sont les précautions prises pour s'assurer que les enfants ne soient repris que par les personnes autorisées? Des étrangers ne pourraient-ils avoir accès aux installations?
- Des mesures adéquates sont-elles prises pour tenir les enfants à distance des fenêtres, des clôtures, des prises de courant, des appareils ménagers et des ustensiles et équipements dangereux (couteaux, fours, cuisinières, produits d'entretien, etc.)?
- Les cuisines, les tables, les parquets et les dortoirs sont-ils propres? Les poubelles, les salles de bains, ainsi que les jouets susceptibles d'être mis en bouche par les petits, sont-ils convenablement et régulièrement désinfectés?
- Y a-t-il un plan d'urgence, y compris un exercice périodique d'alerte incendie? Les extincteurs sont-ils aisément accessibles aux adultes?

CONCERNANT LES PROGRAMMES

- Le programme quotidien de jeux, de contes et de repos est-il équilibré ?
- Les activités sont-elles adaptées à l'âge de chaque groupe d'enfants ?
- Y a-t-il assez de jouets et de matériel didactique proportionnellement au nombre d'enfants ?
- Les jouets sont-ils propres, sans danger et à la portée des enfants ?
- Si l'école fournit les repas ou les collations, la nourriture est-elle variée, suffisante et substantielle ? Les menus sont-ils disponibles à l'avance ?
- Les périodes de repos et de sieste sont-elles établies afin que chaque enfant puisse disposer d'une place individuelle propre pour la sieste ? Des activités calmes sont-elles prévues pour les enfants qui ne dorment pas ?
- Les responsables portent-ils des gants jetables et se lavent-ils les mains à l'eau et au savon à chaque changement de couche ? Se lavent-ils les mains après avoir aidé un enfant aux toilettes et avant de manipuler de la nourriture ?
- L'eau courante, le savon et les essuies en papier sont-ils disponibles, à hauteur des enfants, lorsque ceux-ci ont utilisé les toilettes et avant chaque repas ?
- Les parents sont-ils avertis immédiatement de tout accident ou maladie contagieuse ? Existe-t-il des règles précises sur les mesures à prendre (isolement, tout d'abord) si un enfant est malade à l'école ?
- L'école a-t-elle une règle de conduite vis-à-vis des enfants violents ? Bien que quelques bourrades, bousculades, et morsures soient courantes entre jeunes enfants, toute action plus violente (comme celle de porter des coups, de frapper avec un objet lourd, ou d'attaquer à répétition et sans provocation) ne le serait plus.
- Des enfants peuvent-ils occuper le siège avant du véhicule au cours d'excursions ? (Voir la législation en vigueur dans chaque province.)

DIVERS

- Êtes-vous d'accord avec les règles de discipline et la philosophie de l'établissement?
- Les enfants semblent-ils heureux?
- Les programmes ont-t-ils été approuvés ou sont-ils soumis à un règlement? Par qui?
- Les visites impromptues des parents sont-elles encouragées?
- Votre enfant se plairait-il dans cette institution?

N'oubliez pas de demander aux responsables de la garderie quelles dispositions ils prennent pour les vacances ou en cas d'indisponibilité de leur part. Risqueriez-vous de vous trouver inopinément sans garderie, ou l'enfant pourrait-il alors être gardé par quelqu'un que ni vous ni lui (ni elle) ne connaissez?

Efforcez-vous de visiter plus d'une fois chacune des institutions envisagées, et après avoir pris votre décision, faites quelques visites impromptues pour voir ce qui s'y passe lorsque les parents ne sont pas attendus. Enfin, posez-vous la question de savoir si vous auriez aimé avoir été vous-même, enfant, dans l'institution que vous avez choisie.

Quelques mots concernant les autorisations et les licences

Au Québec, c'est le ministère de la Famille et de l'Enfance qui accrédite les centres de la petite enfance, les garderies à but lucratif et les services de garde en milieu familial régis. Il peut vous indiquer comment trouver les établissements de votre région qui répondent à ses normes. Adressez-vous au Service des renseignements à la population au (514) 873-2323 si vous résidez dans la région de Montréal ou au 1-800-363-0310 (sans frais) si vous résidez ailleurs au Québec. Vous pouvez aussi consulter le site du ministère à l'adresse suivante : http://www.famille-enfance.gouv.qc.ca. Ne vous fiez pas non plus à l'accréditation en tant que substitut à votre propre jugement après avoir passé en revue les candidats possibles dans votre région. Le fait d'avoir obtenu la licence et l'autorisation de fonctionnement ne constitue pas nécessairement une garantie que la qualité de l'institution est ce qu'elle devrait être.

VEILLEZ ENCORE À QUELQUES AUTRES DÉTAILS

À mon avis, toute garderie ou tout jardin d'enfants qui ne satisferait pas à chacune des conditions reprises dans ces pages devrait être sujette à caution. En outre, voici quelques points qui, chacun, devraient vous amener à rayer définitivement l'institution de votre liste.

- Les parents ne sont pas admis à visiter les lieux sans préavis. Vous devez vous annoncer avant toute visite et avant de reprendre votre enfant, sans quoi vous n'êtes pas autorisé à entrer.
- Votre enfant est malheureux ou devient craintif après quelques mois de fréquentation.
- Le personnel semble changer chaque jour.
- Le personnel ignore toutes vos recommandations.
- Votre enfant vous dit qu'il a été frappé ou maltraité, ou vous entendez des critiques semblables de la part d'autres parents. Vérifiez cependant soigneusement les faits. Les enfants ont tendance à l'affabulation.

Trouver une bonne garderie est un processus long et difficile et il est important de ne pas renoncer à chercher avant d'être totalement satisfait. La moitié ou les trois quarts des parents qui ont recours aux services de garde de jour croient qu'ils n'ont pas le choix et doivent se contenter de ce qu'ils trouvent. Le résultat ? souligne Sue Shellenbarger : la plupart des enfants sont médiocrement traités. La journaliste relève qu'une étude récente menée par le Work and Families Institute (WFI) a trouvé que seulement huit pour cent des institutions examinées pouvaient être considérées comme étant de « bonne qualité » alors que quarante pour cent étaient cotées « en-deçà du minimum ». Selon la présidente du WFI, Ellen Galinsky, dix à vingt pour cent des enfants reçoivent des soins si médiocres que ceux-ci représentent un risque pour leur développement. Soyez donc prudent.

Connaissez bien votre enfant

Sans doute l'élément le plus important à considérer dans l'évaluation des options de gardiennage est-il l'enfant lui-même, son niveau d'énergie, sa sensibilité à l'environnement, sa capacité d'attention, son adaptabilité à des situations nouvelles, etc. Avec d'autres, ces éléments constituent le tempérament de l'enfant que nous n'aurons pas le loisir d'analyser en détail ici. Voici comment il devrait intervenir dans le choix de l'institution :

TRAIT DE CARACTÈRE	CONSIDÉRATIONS PARTICULIÈRES
NIVEAU D'ÉNERGIE	
• Élevé	• Votre enfant aura besoin d'espace pour courir et de nombreux équipements pour les activités d'intérieur, les jours de pluie, pour brûler son excédent d'énergie. Il lui faudra cependant des activités modérément structurées. Cherchez des institutions où il y a beaucoup d'enfants de son âge ou plus âgés : il admirera leurs performances et voudra les imiter. Assurez-vous que le niveau d'énergie des moniteurs soit suffisant pour tenir tête à l'enfant.

TRAIT DE CARACTÈRE	CONSIDÉRATIONS PARTICULIÈRES
• Faible	• Cet enfant a besoin d'un encadrement plus calme, dans des groupes plus petits.
• Modéré (particulièrement les enfants qui mettent longtemps à s'habituer à une nouvelle situation)	• Votre enfant se tiendra probablement coi pendant quelques jours, observant et apprenant. Il se mêlera au groupe après une semaine peut-être. Il aime plus de structure et de prévisibilité et s'adapterait mal dans de grands complexes où il y a beaucoup d'enfants de son âge plus actifs que lui, et qui pourraient lui paraître effrayants.
SENSIBILITÉ Votre enfant est-il extrêmement sensible à la lumière, aux sons ou aux bruits…	• Cherchez un environnement très calme, doux et détendu. Beaucoup de bruit, de couleurs et d'activité peuvent effrayer l'enfant.
NIVEAU D'ATTENTION • Faible	• Cet enfant aura besoin de changer constamment d'occupation. Cherchez une équipe de moniteurs suffisante pour que l'un d'eux puisse passer plus de temps avec votre enfant et lui montrer de nouvelles choses.
PRÉDICTABILITÉ • Élevée	• Cet enfant aura besoin d'un programme régulier, d'heures fixes pour les repas et la sieste, etc.
• Faible	• Cet enfant n'a pas besoin de beaucoup de programmes, mais il lui en faudra un de toute façon.

TRAIT DE CARACTÈRE	CONSIDÉRATIONS PARTICULIÈRES
ADAPTABILITÉ • Lente	• Évitez des institutions à horaires rigides et activités très structurées. Mais évitez aussi les programmes non structurés. Cherchez des moniteurs et du personnel qui feront un effort particulier pour intéresser l'enfant à de nouvelles choses. Assurez-vous que vous pourrez rester auprès de l'enfant quelques minutes chaque matin, au moins pendant la première semaine, pour faciliter son adaptation.
• Modérément lent à s'adapter	• Cet enfant pourrait occasionnellement mordre ou frapper d'autres enfants. Cette tendance s'atténuera à mesure de son adaptation. Il peut être perturbé quand vous l'amenez à la garderie et tout aussi perturbé lorsque vous venez le reprendre.

Notes:

Installer votre nouveau nid

Si vous êtes veuf ou si vous avez la garde principale des enfants, vous n'aurez pas à vous soucier d'une nouvelle installation, notamment de chambres à coucher, le tout étant probablement déjà en place. Par ailleurs, si vous êtes dans la situation de ces pères nouvellement célibataires et si vous vous trouvez dans un appartement presque vide, vous pourriez vous sentir un peu perdu. Si tel est le cas, imaginez ce que les enfants doivent, eux, ressentir.

D'une manière générale, votre nid doit être aussi accueillant et d'un aspect aussi familier que possible. Si vos enfants entrent dans un endroit entièrement nouveau, ils auront sans doute l'impression d'être des intrus. À plus forte raison si vous vous êtes installé avec une amie et si cette amie a elle-même des enfants vis-à-vis desquels les vôtres se sentiront en compétition.

Si possible, installez votre nouveau nid avant d'y emmener les enfants. Décorez-le avec de multiples objets réconfortants : photos de famille, leurs dessins, des peintures connues, quelques-uns de leurs livres préférés, un siège qui leur est familier et même une paire de chandeliers de l'ancienne maison. Le but est de leur faire sentir immédiatement que, même si c'est une nouvelle demeure, ils ne sont pas des invités, c'est bien leur maison.

Ne reléguez pas les créations des enfants dans les coins les moins en vue. Accrocher le masque de papier mâché que l'enfant a fabriqué à l'école à côté de votre Picasso authentique confirme le message que les créations de l'enfant comptent réellement pour vous, souligne le conseiller styliste Ro Logrippo.

La chambre à coucher des enfants

Si la garde des enfants ne vous est pas confiée, vous pourriez penser que moins vous avez de mobilier d'enfant et de jouets autour de vous, moins vous serez harcelé par les souvenirs pénibles de votre ancienne vie. Et même si vous avez la garde des enfants, dans votre empressement de mettre tout en ordre dans votre nouvelle demeure, il est tentant de faire table rase de la chambre des enfants. Évitez cette erreur. Passer alternativement d'une maison à l'autre peut être à la fois perturbant et frustrant pour de jeunes enfants. C'est pourquoi il est extrêmement important que leur espace vital comporte autant de touches réconfortantes que possible. Arriver dans une pièce remplie des jouets habituels (ou au moins qui en contient), de livres et de vêtements familiers allégera l'anxiété de la transition.

Dans cet aspect de leur vie, comme dans les autres, les enfants ont besoin de continuité. Si possible, arrangez-vous pour transférer quelques-uns de leurs objets favoris de leur ancienne chambre à la nouvelle. Si ce n'était pas possible, essayez de convenir avec votre « ex » de certains thèmes communs qui uniraient les deux chambres d'enfant. Avoir le même tapis, le même papier peint, la même table de toilette ou le même couvre-lit peut aider énormément l'enfant à se trouver chez lui de part et d'autre, suggère Ro Logrippo.

Si vous ne pouvez pas assortir parfaitement les dessins, essayez au moins d'assortir la couleur. Comme vous devrez sans doute acheter de nouveaux draps et de nouvelles couvertures, profitez-en pour laisser l'enfant en choisir qui soient à son goût. Si aucune de ces possibilités n'est praticable dans votre cas, demandez à l'enfant ce qu'il préfère pour sa nouvelle chambre, ou laissez-lui énumérer quelques-uns des éléments qu'il préfère dans la chambre qu'il occupe chez sa mère. Vous pourriez même proposer de repeindre sa chambre et lui laisser choisir la couleur.

L'équipement de la chambre de l'enfant dépend des choses et du budget dont vous disposez. Il est possible d'acquérir à bon marché la plupart des objets repris ci-dessous.

Les éléments de base

- **Les lits.** Lits normaux ou lits superposés selon le nombre de vos enfants et l'espace dont vous disposez. Cependant, si les enfants sont très jeunes ou très remuants, les lits superposés peuvent être dangereux ; dans ce cas, envisagez plutôt des lits gigognes. Si possible, laissez les enfants essayer leurs nouveaux lits avant de les acheter. Évitez les lits pliants, les matelas gonflables et les sacs de couchage qui ne sont pas recommandables pour de jeunes dos et qui donneraient aussi aux enfants l'impression de n'être que des visiteurs. Vos enfants doivent savoir que votre maison est également la leur et non pas seulement une résidence de passage. Ce ne serait pas non plus une bonne idée de faire dormir les enfants dans votre lit, surtout si quelqu'un d'autre le partage déjà avec vous.

- **L'espace de rangement.** Il est important de réserver aussi à vos enfants une place où ranger leurs jouets et leur matériel, et de leur inculquer l'habitude de s'en occuper eux-mêmes – rien de tel que d'avoir à nettoyer leur chambre pour leur faire sentir qu'ils sont bien chez eux. Si vous disposez de placards ou d'étagères, c'est très bien, sinon, chez le quincaillier du coin, vous pourriez trouver des boîtes superposables. Les petites boîtes, genre boîtes à chaussures, sont plus pratiques que les grandes parce qu'elles augmentent les possibilités que leur contenu soit utilisé. Veillez à acheter des boîtes transparentes qui permettent de voir facilement ce qu'elles contiennent. Étiquetez-les clairement pour faciliter le rangement. Si vos enfants ne savent pas encore lire, vous pourriez par exemple coller une pièce du jeu de Lego sur le couvercle de la boîte où l'on range ce jeu ou encore colorier chaque boîte selon un code à établir.

Le but est de rendre accessibles et faciles à trouver tous les jeux et objets appartenant aux enfants et surtout ne pas les dissimuler, ce qui pourrait suggérer aux enfants l'idée qu'eux-mêmes ne sont pas les bienvenus. Après tout, si les objets qui vous appartiennent ne sont pas cachés, pourquoi les leurs devraient-ils l'être?

- **Le coin pour l'étude et le travail.** Une table, une chaise et une lampe sont indispensables. Vos enfants doivent avoir un endroit réservé où ils peuvent lire, faire leurs devoirs ou écrire des lettres. Veillez à associer vos enfants à l'achat des fournitures de bureau qui leur sont destinées. Si la chaise est trop dure ou la table trop basse, ils ne s'en serviront pas. Pensez à acheter des meubles, particulièrement les chaises, qui s'adapteront au fur et à mesure à leur taille.

- **Le calendrier.** Un programme complet, montrant l'endroit où ils seront et quand ils y seront, permet aux enfants de se sentir mieux aux commandes de leur vie. Peut-être jugerez-vous utile d'acquérir aussi les cartes qui aideront les enfants à localiser l'endroit où vous vivez et celui où leur mère vit, le lieu où se trouve leur école, etc. « Leur domaine doit les encourager à apprendre et ne pas seulement être un espace feutré où l'on peut jouer et dormir » soutient Logrippo.

- **L'album de photos.** Si vous êtes veuf, ce point est particulièrement important. Vos enfants chercheront tous les moyens possibles de se rappeler leur mère et de vénérer sa mémoire. Et même si vous n'êtes pas veuf, un album de photos est toujours intéressant. Sauf si vos relations avec la mère de vos enfants ont été tumultueuses, vos enfants désireront probablement se rappeler comment étaient les choses précédemment. Remplissez donc l'album de photos qui soient d'eux seuls, d'eux avec vous, et tous ensemble avec leur mère. Encouragez-les à y insérer des photos plus récentes de la nouvelle famille. S'ils le souhaitent, laissez-les encadrer et accrocher au mur leurs photos préférées.

Si vous avez la capacité ou au moins le désir de construire vos propres meubles, faites-le avec prudence : sauf si vos enfants sont grands, s'ils ont plus de dix ans par exemple, ils n'apprécieront guère vos efforts et vous pourriez vous sentir mal récompensé et quelque peu frustré. Trouver de bons meubles d'occasion, solides et de qualité, vous satisfera davantage.

Finalement, lorsque vous avez acquis tout le nécessaire, pensez à laisser vos enfants organiser comme ils l'entendent l'espace qui leur est consacré. Laissez-leur disposer leurs meubles et décider quel tiroir recevra leurs sous-vêtements. N'oubliez pas de placer à leur portée la barre de leur placard pour qu'ils puissent y pendre facilement leurs vêtements.

Les jouets

Les jouets sont une partie importante de la vie de l'enfant. Ils devraient faire partie de tout espace occupé par lui. Il est évident que vous connaissez les jouets favoris de votre enfant et ceux qu'il n'aime pas. Vous devrez avoir au moins quelques-uns de ses préférés chez vous, en quelque endroit que vous viviez.

À côté de ces jouets préférés, il y a certains jouets classiques que vous aimerez tenir à la disposition des enfants, en fonction de leur âge, évidemment.

- Une boîte de déguisements. Si vous n'en avez pas déjà une, écumez les ventes à rabais, les friperies et les marchés aux puces pour trouver de vieux vêtements amusants, perruques, chaussures, bijoux de pacotille et toutes ces choses dont les enfants aiment s'affubler. La période qui suit la séparation de leurs parents est particulièrement importante pour occuper leur imagination.
- Rayonnages et livres.
- Piano ou autre instrument de musique.
- Jeux de société et cartes à jouer.
- Matériel de dessin : marqueurs, crayons de couleur, peinture à l'eau et beaucoup, beaucoup de papier (c'est essentiel).
- Outillage, blocs de bois, poupées et marionnettes.
- Équipement sportif (ballons, battes, gants).
- Animaux en peluche.

Les vêtements

Si, avant votre séparation, quelqu'un d'autre que vous effectuait l'achat des vêtements, vous étiez gâté. Maintenant que vous êtes seul, vous êtes… à votre propre compte. Et même si vous êtes tenté de le faire, ne comptez ni sur votre « ex » ni sur personne d'autre pour acheter les vêtements des enfants. Le problème semble à première vue un peu inquiétant, mais ne vous mettez pas martel en tête, ce n'est pas du tout impossible à réaliser.

La première chose à faire est de passer en revue la garde-robe des enfants et de noter la taille des vêtements qui leur conviennent actuellement, chaussures, chaussettes et bas, sous-vêtements, pantalons, chemises, robes, anoraks, casquettes ou bonnets, gants et moufles, etc. Il est utile aussi de noter le genre de vêtements préférés de vos enfants. Ma cadette, par exemple, adore les pantalons moelleux, mais refuse absolument de porter des jeans. L'aînée, de son côté, ne prétend pas porter quoi que ce soit de vert. Être attentif à ces détails vous épargnera bien des désillusions.

Remarque au sujet des chaussettes

Prévoyez le renouvellement du stock de chaussettes tous les six mois. Ma cadette met avec application une paire de chaussettes propres chaque matin et revient chaque après-midi nu- pieds. Ses excuses vont de : « deux voleurs me les ont prises » jusqu'à « elles avaient pris feu et je les ai ôtées », mais le fond de l'histoire, c'est que ses chaussettes disparaissent. Tout ce que je puis imaginer c'est que ces chaussettes contiennent un produit qui les dissout à l'air. L'an dernier, j'ai acheté à chacune de mes filles vingt-quatre paires de chaussettes et il n'en reste plus que trois paires pour chacune et une poubelle de deux cents litres pleine de chaussettes dépareillées.

Une astuce qui pourrait vous aider à résoudre le problème domestique des chaussettes (et ça marche, je vous l'assure), c'est d'acheter des clips qui permettent de les attacher par paires avant de les jeter dans la corbeille à linge. Les clips ne sont pas coûteux et vous en récupérez le prix en quelques mois.

Une fois ces listes de tailles et de préférences établies, vous êtes paré pour faire vos emplettes. Il serait bon aussi de communiquer ces données à vos parents et à tous ceux qui pourraient souhaiter offrir un vêtement à vos enfants.

Attention ! les vêtements neufs pour enfants coûtent terriblement cher. Personnellement, je n'ai jamais trouvé sensé de dépenser vingt-cinq dollars pour une paire de sandales de tennis de marque à l'intention d'un enfant qui les usera en trois mois alors que vous pouvez acheter la même paire, en bon état, chez un fripier ou dans une vente à rabais. Les enfants reçoivent quantité de vêtements neufs de leurs grands-parents et d'autres membres de la famille. Votre mode de vie ne vous permet pas de suivre ce train.

D'où que vous achetiez les vêtements de vos enfants, assurez-vous de leur bonne qualité. Les vêtements d'enfant souffrent beaucoup plus que ceux des adultes. Si vous ne tenez pas à devoir recommencer vos achats de mois en mois, veillez à ce que vos acquisitions soient durables. Une façon de prolonger quelque peu la vie de ces vêtements est d'acheter la taille qui laissera, sans exagération, un peu de place pour la croissance. Attention ! cependant, des chaussures trop grandes, par exemple, peuvent provoquer des ampoules.

Après la qualité, le point le plus important est la quantité. Même si les enfants ne sont chez vous qu'une fin de semaine par mois, vous devrez prévoir une garde-robe correspondant à la moitié, au moins, de ce dont ils disposent chez leur mère, sans compter les bottes, vestes, maillots de bain et autres vêtements de saison dont vous devrez disposer de toute façon. Il y aura ainsi des tas de duplications, mais il n'est pas possible de les éviter.

Réunir une garde-robe complète pour votre enfant vous épargnera, à terme, bien des ennuis. Vous ne devrez pas courir emprunter des vêtements chez votre « ex », les enfants pourront aller et venir sans rien emporter plutôt que d'avoir à se soucier de trimballer petites culottes et chaussettes d'un endroit à l'autre. Ce n'est pas seulement une question pratique, ces avantages renforceront aussi leur sentiment d'appartenance lorsqu'ils sont près de vous. Emporter une valise vous donne toujours l'impression d'être un visiteur.

Si vos enfants sont avec vous cinquante pour cent du temps ou moins, voici le strict minimum dont vous devez disposer. S'ils restent chez vous plus longtemps, ajustez ce choix en conséquence.

- 6 paires de chaussettes et de sous-vêtements
- 4 pantalons
- 4 shorts
- 4 blouses ou chemises
- 3 robes ou jupes
- 2 chandails
- 1 veste chaude
- 1 imperméable
- 2 paires de chaussures (une paire de sport, une paire tout aller)
- 1 paire de bottes de marche
- 1 paire de bottes de pluie (qui conviennent aussi pour la neige)
- 1 parapluie

Au cas où vous n'auriez pas l'espace nécessaire pour une chambre d'enfant

Disposer de chambres séparées pour les enfants est magnifique, mais tous les pères n'ont pas l'espace ou les ressources nécessaires pour cela. Ce qui ne signifie cependant pas que vos enfants ne pourront pas se sentir vraiment chez eux. Le plus important pour eux est de savoir qu'ils font partie de la maisonnée et qu'ils sont une partie de votre vie. Voici quelques idées pour obtenir ce résultat.

- Réservez une étagère ou une section de pièce spécifiquement à l'enfant. Dites-lui que personne ne les lui prendra et qu'il peut y ranger tout ce qu'il veut. Empilez-y beaucoup de jouets, de jeux divers, de casse-têtes, de livres, d'équipements de sport, d'animaux en peluche et de crayons de couleurs.

- Essayez de vous procurer au moins l'une ou l'autre chose semblable à ce dont il dispose chez sa mère et qu'il aime. Si possible, laissez l'enfant choisir l'objet, soyez accommodant. Si, chez sa mère, l'enfant a un couvre-lit qu'il aime particulièrement bien, vous pourriez peut-être trouver des tentures ou une serviette de bain reprenant le même motif. Au cas où il n'aimerait pas le couvre-lit, ou autre chose, dans la maison de sa mère, il appréciera d'autant plus que vous lui demandiez son avis.

- Mettez la présence de votre enfant en évidence. Exposez des photos de lui, ses dessins et tous les messages qu'il vous a adressés. Il doit savoir que même si vous n'avez pas beaucoup d'espace, vous pensez toujours à lui.

Au cas où l'enfant pratique un sport spécifique (gymnastique, football, base-ball) ou participe à un camp, vous devrez acquérir l'équipement ad hoc. En outre, si vous vivez dans une région au climat particulièrement rude, ajoutez un assortiment complet de vêtements d'hiver.

Que cela ne vous surprenne pas : les vêtements d'enfants se déchirent, se salissent, se perdent, se prêtent à un copain et parfois même sont jetés aux rebuts et, de plus, l'enfant grandit... Sachez donc que vous devrez en renouveler quelques-uns tous les six mois. Comme il vous sera difficile de contrôler les flux de vêtements entre votre maison et celle de votre « ex », il est assez naturel que certains vêtements disparus un jour fassent à nouveau surface quelques semaines plus tard. Moins vous vous tracasserez à ce sujet, mieux cela vaudra (vous trouverez ci-dessous quelques commentaires à ce sujet). Peut-être votre « ex » pourrait-elle ne pas être aussi souple que vous et exiger le retour chez elle de certaines pièces vestimentaires abandonnées chez vous. Si elle insiste, restituez-les de bon cœur en espérant qu'elle fasse de même vis-à-vis de vous.

Les jouets et les vêtements qui voyagent

Quel que soit le nombre d'objets identiques dont disposent les enfants de part et d'autre, l'un des risques des passages répétés d'une maison à l'autre est qu'ils voudront absolument emporter tel jouet, tel livre ou tel vêtement qui « réside » d'un côté pour aller de l'autre. Si vos enfants sont attentifs à ramener chaque chose à son lieu d'origine, parfait !, sinon il pourrait à la longue y avoir problème.

Pour les vêtements, certains de ces transferts sont inévitables. Lorsque vos enfants quittent votre demeure pour se rendre chez leur mère, ils doivent bien porter des vêtements, d'accord ? Mais... attention ! J'ai ouï dire par certains amis que leurs enfants arrivaient chez eux portant des vêtements usés, repartaient chez leur mère vêtus de neuf et revenaient pour la visite suivante tout aussi dépenaillés. Ce manège doit avoir vexé les pères qui avaient acheté pour leurs enfants des ensembles coûteux chez XYZ ; il serait normal qu'ils en veuillent à leur ex-femme de profiter indûment de leurs largesses. Dans ce type de situation, la solution la plus simple est de renvoyer les enfants à leur mère dans les vêtements qu'ils portaient en arrivant. Et prenez soigneusement note des dates où de tels événements se produisent.

Le temps peut compliquer ces problèmes d'échanges de vêtements. Que se passera-t-il le jour où vos enfants arrivent par une chaude journée d'été et repartent sous les grêlons ? Les laisserez-vous repartir de chez vous sans veste ni imperméable ? Tout ce que vous aurez à faire est de recommander à votre « ex » et à vos enfants d'essayer de se souvenir de ramener ces vêtements à l'occasion de la prochaine visite.

Les choses sont plus compliquées lorsqu'il s'agit de jouets. La façon la plus pratique de traiter le problème est d'établir quelques conditions générales pour les sortir de chez vous et de dresser une liste des pièces (ou des catégories d'objets) qui ne peuvent pas quitter votre domicile. Veillez à y inclure les cadeaux que les enfant ont reçus de vos parents et de vos proches. Ma mère, par exemple, devint livide en apprenant que la Barbie de luxe qu'elle avait offerte à l'une de mes filles avait, on ne sait trop comment, élu domicile chez mon « ex ». Mon autre fille prétendit longtemps vouloir consacrer l'argent que je lui avais octroyé à l'achat d'une poupée de porcelaine qu'elle voulait immédiatement porter chez sa mère.

En établissant une telle liste, ayez l'esprit large ; vous ne voulez ni brimer vos enfants, ni blesser leur mère. Le but, en limitant les migrations de jouets ou de vêtements, est d'éviter de vous réveiller un beau jour en constatant que les placards et les paniers à jouets sont quasi vides. Vous avez d'ailleurs avantage à être souple : tout d'abord, vos enfants apprendront que vous respectez leurs souhaits et que vous leur faites confiance quant au retour des objets qui viennent de chez leur père ; en second lieu, il est probable qu'ils penseront à vous en jouant avec un jouet qui vient de chez vous.

Soyez particulièrement souple si vos enfants ont moins de cinq ans. Avoir auprès d'eux un livre ou un autre objet auquel ils sont sentimentalement attachés pendant qu'ils sont ballottés d'un endroit à l'autre peut diminuer leur stress et les tranquilliser.

Un dernier conseil

Que vos enfants disposent chacun de leur chambre, partagent une seule pièce ou n'aient pour eux qu'un petit coin de votre salle à manger, n'arrêtez aucune disposition définitivement. Les enfants évoluent de jour en jour, tout comme leurs besoins, leurs aspirations et leurs couleurs préférées. Soyez donc souple et aussi accommodant que la raison et que votre budget vous le permettent.

Notes :

Installer une cuisine

Si vous êtes veuf, vous disposez probablement d'une cuisine complètement installée ainsi que d'un débarras. Mais si vous êtes un père divorcé ou si vous n'avez jamais été marié, vos étagères et vos placards de cuisine pourraient être bien vides. Voici ce qu'il vous faudra, en matière d'équipement et de nourriture, pour vous installer.

L'équipement

Les points de la liste marqués d'un ○ au début de la ligne sont optionnels, mais peuvent rendre votre vie à la cuisine sensiblement plus facile.

- Couteaux. Vous devriez en avoir au moins deux : un couteau de cuisinier (20 à 25 cm de longueur, à large lame) et un à lame dentelée pour trancher le pain, les tomates et autres matières molles qu'un couteau normal écraserait au lieu de les couper.
- Une planche à découper. Elle vous évitera d'entailler votre table de cuisine ou tout autre plan de travail.
- Poêles. Deux : une de vingt-cinq ou trente centimètres et une autre de quinze à vingt centimètres de diamètre. On ne cuisine pas de petites quantités de sauce dans une poêle trop grande, la préparation risquerait de brûler. Un revêtement anti-adhésif est souhaitable.

- Casseroles. De deux ou trois grandeurs assorties. Veillez à y inclure une casserole à soupe de vingt à vingt-cinq centimètres de diamètre qui vous permettra de préparer de plus importantes portions de potage que vous pourrez surgeler pour des besoins ultérieurs.
- Moules à enfourner. De deux ou trois grandeurs différentes (environ 20 × 20 cm et 20 × 30. cm pourraient convenir) pour gâteau, lasagne, pain, poisson, etc. Choisissez-les en métal plutôt qu'en verre.
- Bols à mélanger. Quelques bols de différentes capacités (on en trouve généralement de quatre, huit et douze tasses). Le plastique convient parfaitement. Vous pourriez aussi utiliser ces bols comme récipients de service.
- Cuillers et grattoirs en bois. Ces ustensiles n'érailleront pas le revêtement anti-adhésif de vos poêles.
- Écumoire. Pour sortir d'un liquide les aliments solides sans égoutter partout.
- Louche.
- Spatule souple (parfois nommée raclette). Pour racler l'intérieur des bols, des casseroles ou des poêles.
- Spatule rigide. Pour décoller ou démouler crêpes et gâteaux.
- Éplucheur ou couteau économe.
- Cuillers et verres gradués. Un gobelet en verre réfractaire (d'une contenance de deux tasses) pour mesurer les liquides (évitez le plastique qui ne résiste pas à la chaleur) ; un jeu de gobelets plus petits (1 tasse, $1/2$ tasse, $1/3$ tasse, $1/4$ tasse) pour les produits solides ; un jeu de cuillers pour très petites quantités (1 cuiller à soupe, 1 cuiller à thé, $1/2$ et $1/4$ de cuiller à thé).
- Râpe à fromage. Procurez-vous le modèle à quatre faces, qui permet d'obtenir des granules de grosseurs différentes.
- Passoire. Pour égoutter les pâtes et laver fruits et légumes.
- Tire-bouchon, ouvre-bouteille, ouvre-boîte. Comment, sans eux, pourriez-vous avoir accès au contenu de vos bouteilles et boîtes de conserve ?

- Pellicules de plastique et papier d'aluminium. Pour emballer et conserver les aliments en surplus. Utiliser un papier d'aluminium pour garnir les plats allant au four facilitera le nettoyage ultérieur.
- Sacs en plastique à fermeture coulissante, types normal et pour congélateur. Utiles pour le stockage des restes.
- Plats et vaisselle. Prévoyez deux ou trois fois le jeu nécessaire aux personnes de votre maisonnée. Il est inutile de laver la vaisselle après chaque repas et, qui sait, vous pourriez souhaiter recevoir des invités.
- Matériel pour la vaisselle. Éponges, tampons à récurer, détergent, savon, torchons.
- Gants de protection. Pour sortir un plat du four, n'utilisez pas de torchon, celui-ci peut frôler l'élément chauffant ou la flamme et prendre feu. Croyez-en mon expérience !
- ○ Grande casserole à soupe (environ 12 litres). Pour de grandes quantités de soupe, de pot-au-feu ou de fèves au lard. Choisissez-en une de bonne qualité, à fond épais pour ne rien brûler. Évitez les casseroles émaillées, l'émail ayant tendance à s'écailler et à se mélanger aux aliments que vous cuisez (cela n'a aucun goût mais c'est plutôt dangereux). Selon mon amie Janice Tannin, un cordon-bleu, les casseroles émaillées ont tendance à cuire irrégulièrement la nourriture en la brûlant par endroits et sont particulièrement difficiles à récurer.
- ○ Mijoteuse. Vous y versez des légumes et autres ingrédients le matin et, quand vous rentrez le soir, vous glissez sur la table un délicieux pot-au-feu.
- ○ Moule à muffins. Sert aussi pour n'importe quels petits gâteaux.
- ○ Minuterie.
- ○ Bouilloire.
- ○ Cuiseur à riz. Vous permet de préparer un riz parfait tandis que vous vous occupez d'autre chose. Du fait que le riz compte pour plus de la moitié de ce que mangent

les enfants, c'est un bon investissement. Beaucoup de cuiseurs à riz sont équipés d'un dispositif permettant de cuire en même temps, à la vapeur, divers autres aliments comme des légumes ou du poisson.

- ○ Essoreuse à salade. Excellent accessoire pour laver et essorer la salade et autres légumes à feuilles. Les enfants adorent utiliser cet appareil.
- ○ Dessous-de-plats. Ils sont utilisés pour déposer les casseroles et les plats chauds et protéger vos tables et autres plans de travail.
- ○ Étuveuse à légumes.
- ○ Four à micro-ondes. C'est presque un élément indispensable dans une cuisine.
- ○ Robot culinaire. Accessoire utile, mais si vous n'avez pas l'occasion de l'utiliser souvent, vous passerez plus de temps à en laver les couteaux qu'à hacher les légumes.

Tandis que vous équipez votre cuisine, veillez aux deux points importants suivants :

Achetez le meilleur équipement que vous puissiez raisonnablement vous permettre. Les poignées de casseroles qui fondent, les revêtements anti-adhésifs bon marché qui se boursouflent, les couteaux qui ne coupent pas et les économiseurs qui n'entament même pas la pelure vous compliqueront la vie et pourraient même être dangereux.

Recherchez les bonnes occasions. Les grandes surfaces, les quincailleries et les magasins spécialisés organisent souvent des ventes au rabais. Il n'est pas nécessaire d'acheter une marchandise préemballée, sauf pour les cuillers et verres gradués ; si vous n'avez besoin que d'une casserole, achetez-la à la pièce. Et si votre budget est serré, voyez les ventes de garage locales, les marchés aux puces et les magasins spécialisés dans les ventes d'occasion.

La nourriture

Votre cuisine étant bien équipée, il ne vous reste plus qu'à manger. Vous trouverez plus loin une liste des provisions dont vous devriez toujours disposer chez vous. Avant de vous précipiter dans les magasins, pénétrez-vous des points suivants :

- Mangez sain. Ne vous nourrir que de thon en boîte et de croustilles (ce que je suis parfaitement heureux de faire) peut être bon pour vous, mais certainement pas pour les enfants. Servez-leur la nourriture la plus fraîche et la moins élaborée possible. Un régime équilibré, pauvre en sodium, en sucres et en graisses saturées est idéal, tant pour vous que pour eux.

- Permettez-vous une exception : un en-cas riche en matières grasses et en sucre de temps à autre ou un dîner sur le pouce occasionnel, mais n'en faites pas une habitude.

- Achetez en gros. Si vous avez l'espace suffisant, les caisses ou les grandes quantités de produits surgelés ou secs sont presque toujours plus avantageuses. Si l'espace vous manque, envisagez de partager vos achats en gros avec quelqu'un d'autre.

- N'achetez pas trop de produits périssables.

- Pensez grand. Il est tout aussi facile de préparer trois fois plus de soupe, de pot-au-feu, de fèves au lard ou encore de sauce que ce dont vous avez besoin pour un repas. Le plus souvent, vous pouvez surgeler les portions supplémentaires pour votre consommation ultérieure.

- Tenez un inventaire de vos réserves et une liste permanente de vos besoins. Lorsque vous consommez l'une de vos provisions, prenez-en note en vue du réapprovisionnement.

Les produits frais

- Produits laitiers. Lait, fromage, yaourt, beurre, margarine.
- Œufs. Cuisez quelques œufs durs comme en-cas.

- Produits de saison. Absolument nécessaires toute l'année : petites carottes pelées, brocoli, tomates-cerises, laitue, pommes, oranges.
- Pommes de terre (y compris ignames et patates douces), oignons, ail.
- Jus de fruits.
- Pain.

Aliments en boîtes et en bouteille

- Tomates en conserve. Utiles dans de nombreux plats. Gardez toujours trois ou quatre boîtes de pâte de tomates, de tomates entières et de purée de tomates. Ayez aussi sous la main de la sauce à pizza et de la salsa.
- Soupes. Les préférées de vos enfants et de vous-même. Gardez aussi quelques boîtes de bouillon (de poulet, de bœuf ou de légumes).
- Fruits (pour les saisons où il n'y a pas de fruits frais). Pamplemousses en quartiers et mandarines figurent souvent parmi les plus appréciés (choisissez-les à l'eau plutôt qu'au sirop).
- Légumes. Maïs en crème, petits pois, champignons, etc.
- Fèves. Pois chiches, noirs ou rouges, chili préparé (végétarien ou à la viande).
- Beurre d'arachide (le produit naturel est préférable à la préparation sucrée), confitures, gelées.
- Condiments. Moutarde, ketchup, mayonnaise.
- Divers. Thon (à l'eau plutôt qu'à l'huile), olives.

Denrées sèches

- Pois cassés et lentilles. Pour la soupe.
- Céréales. Couscous (on le trouve aussi en boîtes), riz (diverses variétés), farine de riz, maïs éclaté (préparé ou à passer au micro-ondes).
- Noix. Amandes, noix de cajou, graines de sésame, arachides.

- Pâtes. Spaghetti, lasagne, macaroni, et tous les dérivés, y compris le macaroni au fromage.
- Pâtisserie et boulangerie. Farine (farine blanche et farine complète, plus difficile à travailler), poudre à lever, bicarbonate de soude, mélanges à biscuit, à gâteau, à brownie.
- Cubes pour bouillon. Une variante du bouillon en boîte à haute teneur en sodium.
- Édulcorants. Sucre (brun et blanc), miel.
- Assaisonnements et épices. Sel et poivre. Si vous voulez suivre certaines recettes, vous devrez probablement utiliser au moins quelques-unes des épices suivantes : ail en poudre, ail émincé (en pot, à conserver au réfrigérateur), basilic, laurier, poivre rouge, cannelle, clous de girofle, aneth, curry, piment de la Jamaïque, muscade, origan, paprika, estragon, curcuma, persil, poudre Chili, poudre de gingembre.
- Divers. Croustilles (l'en-cas préféré de vos enfants), barres de granola, soupes déshydratées et nouilles chinoises.

Surgelés

- Légumes. Petits pois, maïs, haricots verts, carottes (en saison, efforcez-vous cependant d'utiliser les produits frais).
- Fruits (en saison, efforcez-vous cependant d'utiliser les produits frais). Parfaits pour crêpes et muffins.
- Jus de fruits ou de légumes.
- Oignons hachés. Parfaits pour la cuisine, ils vous épargnent aussi bien des pleurs.
- Fromage râpé. Pour une pizza sur le pouce.
- Plats divers faciles à préparer. Frites, croquettes, bâtonnets de poisson, gaufres, repas-minute.
- Crème glacée, yaourt glacé.

Liquides

- Huiles. Pour les assaisonnements et pour la cuisine, les huiles végétales sont plus saines que les autres.

- Vinaigres. Vinaigre blanc et vinaigre balsamique (préférable pour les assaisonnements).
- Autres condiments. Sauce soya, Tabasco, sauce Worcestershire, huile de sésame, huile au poivre rouge.
- Divers. Extrait de vanille, colorants alimentaires.

Notes :

Remise en ordre de vos finances

armi les nombreuses, très nombreuses choses dont un chef de famille monoparentale doit se soucier, la plupart des hommes que j'ai interrogés, qu'ils soient divorcés, célibataires ou veufs, placent les problèmes financiers presque toujours en tête de liste. Seuls quelques-uns déclarent être plus à l'aise financièrement qu'ils ne l'étaient au cours de leur vie conjugale.

Que votre situation financière soit pire ou meilleure qu'avant, vous vous classez dans l'une des trois catégories suivantes :

- Vous dépensez moins que vous ne gagnez et vous économisez la différence.
- Vous dépensez exactement ce que vous gagnez et n'économisez donc rien.
- Vous dépensez plus que vous ne gagnez et augmentez progressivement vos dettes.

Si vous vous classez dans la première catégorie, félicitations ! Selon plusieurs études, moins de vingt pour cent de la génération des *baby boomers* épargnent tout juste assez pour leur retraite alors que vingt-cinq pour cent des personnes de trente-cinq à cinquante-quatre ans n'ont même pas commencé à économiser quoi que ce soit. Si vous êtes dans l'une de ces deux dernières catégories (ou si vous êtes dans la première et souhaitez encore améliorer votre situation), vous allez devoir coiffer votre couvre-chef financier et procéder à quelques révisions déchirantes. La méthode est malheureusement simple et ne comporte que deux volets :

- Réduire vos dépenses (et vos dettes).
- Accroître vos économies.

Réduire les dépenses et se libérer des dettes

Bien qu'entreprendre un nouveau plan d'épargne ou d'investissement semble beaucoup plus amusant que de se serrer la ceinture, en réalité vous ne pouvez pas économiser de l'argent si vous ne jugulez pas fermement vos dépenses. Le premier pas consiste à reconsidérer sérieusement vos frais actuels. C'est peut-être quelque peu affolant mais, croyez-moi, c'est indispensable.

Rassemblez tout bout de papier portant la trace d'une dépense et qui vous est passé par les mains au cours des cinq ou six derniers mois. Au strict minimum, vous devez avoir sous la main tous les relevés relatifs à vos dépenses par cartes de crédit et tous vos chèques payés. Classez-les par genre de dépenses : logement, assurances, frais médicaux, pension pour les enfants, pension alimentaire pour votre « ex », nourriture, délassements, etc. En considérant les dépenses de plusieurs mois, vous pourrez obtenir une moyenne mensuelle des dépenses variables, telles celles qui sont relatives à la consommation de gaz, aux vêtements et aux frais occasionnels comme la réparation de la voiture ou l'acquisition d'un équipement ménager. N'oubliez pas vos dépenses éventuellement réglées au comptant pour repas, nettoyage à sec, cadeaux, etc.

Cela fait, scrutez chaque type de dépenses en vous interrogeant sur leur bien-fondé et sur les possibilités d'en réduire le montant. Voici quelques domaines où vous pourriez presque immédiatement et souvent sans sacrifice faire certaines économies :

- Nourriture. Achetez par quantités plus importantes, profitez des coupons de réduction et offrez-vous le restaurant moins souvent.
- Comparez les prix. Que ce soit le prix des réfrigérateurs ou celui des voyages aériens, la plupart varient dans une large mesure selon les compagnies ; avant d'acheter, consultez trois ou quatre marchands. Pensez aussi à consulter les offres par courrier qui sont parfois plus avantageuses et exemptes de taxes lorsque le vendeur est situé dans une autre province que la vôtre.
- Profitez des avantages offerts par certains programmes de paiement de vos contributions (voir plus loin *Quelques remarques au sujet du planning fiscal*).
- Mettez en commun vos déplacements en voiture. Cela vous permettra d'économiser beaucoup de frais de transport, d'essence et d'huile, de réparations et de charges d'assurances.
- Assurance automobile. Si votre voiture a plus de cinq ans d'âge, vous pouvez probablement économiser un peu d'argent en supprimant de votre assurance la couverture de certains risques. Examinez cette question avec votre agent.
- Assurance santé. Si vous êtes votre propre employeur et payez pour votre plan d'assurance, envisagez d'augmenter les déductibles ou inscrivez vos enfants sur une police distincte. Parfois, la couverture « familiale » est nettement plus coûteuse que des polices séparées, une pour vous et une autre pour les enfants.
- Affectez vos économies à l'apurement de vos dettes. Si vous avez 1 000 dollars investis à dix pour cent, vous gagnez 100 dollars par an, réduits à 72 dollars si vous vous trouvez dans la tranche des 28 pour cent de taxes. Si d'autre part vous devez 1 000 dollars sur une carte de crédit à vingt pour cent, l'intérêt à payer est de 200 dollars

par an qui, puisque vous réglez cet intérêt avec l'argent qui vous reste après déduction de vos impôts, vous coûte réellement 278 dollars si vous êtes dans la tranche des 28 pour cent. Voyez-vous l'intérêt? Dans ce cas, puiser l'argent dans vos économies vous permet d'épargner plus de 200 dollars par an, ce qui ne paraît peut-être pas énorme, mais qui suffit pour payer la plupart des vêtements qu'un enfant utilisera en un an, ou une bonne partie de votre inscription annuelle comme membre de votre club de santé, ou quelques séances chez votre thérapeute. Vous devriez gagner grosso modo trente pour cent (avant taxes) sur vos placements pour qu'il ne se justifie pas de consacrer vos économies à l'apurement de vos dettes. Et si une urgence se présentait et si vous aviez réellement, réellement besoin d'argent, vous pourriez toujours obtenir des liquidités sur votre carte de crédit et recommencer le même cycle.

- Cessez d'utiliser votre carte de crédit, en particulier pour payer des choses qui perdent leur valeur comme l'essence, les vêtements, les voitures, les meubles et les restaurants. Si vous ne pouvez vous permettre de régler toutes ces dépenses au comptant, c'est peut-être que vous ne pouvez pas vous les permettre. Verser seulement le minimum requis n'apure pas votre dette avant trois ans, et si vous continuez à acheter de cette façon, vous ne l'apurerez jamais. Si vous tenez absolument à utiliser votre carte de crédit, veillez au moins à ce que le montant dû soit réglé chaque mois.

- Utilisez plutôt une carte de débit. Ces cartes ressemblent aux cartes de crédit, mais elles puisent directement dans votre compte en banque. Vous souvenir de cette particularité suffira peut-être à vous mettre en garde contre une utilisation irréfléchie.

- Veillez à votre carte de crédit. Prenez une carte de crédit qui ne vous compte qu'un intérêt raisonnable et aucune redevance annuelle. Il y a quelques années, j'ai appelé la société de ma carte de crédit (qui me comptait une redevance annuelle de cinquante dollars et plus de vingt pour cent d'intérêts) et je leur ai dit que j'avais l'intention de m'adresser ailleurs s'ils ne modifiaient pas leurs taux excessifs. Après m'être adressé successivement à plusieurs responsables, j'ai vu ma redevance annuelle supprimée et ai obtenu une réduction du taux d'intérêt à neuf pour cent seulement. Mais payez vos factures à temps. Beaucoup de compagnies vous pénalisent de vingt-cinq dollars pour tout retard de paiement.

- Souscrivez à un emprunt consolidé. Il est fort possible que votre banque ou votre organisme de crédit offre des taux d'intérêt plus avantageux que ceux que vous payez aujourd'hui. Souvent, le prêteur vous demandera de renoncer à vos cartes de crédit, ou au moins de les échanger contre celles qu'il émet lui-même. Si vous êtes propriétaire de votre maison, envisagez la possibilité de prendre un emprunt sur celle-ci. Les intérêts que vous payez sur de tels emprunts peuvent être exempts de taxes. De toute façon, vous serez à même de régler vos factures plus vite et à moindres frais. Soyez cependant prudent si vous transférez vos dettes sur une nouvelle carte à faible taux d'intérêt; ces taux réduits sont souvent des attrape-nigauds, ils ne durent que quelques mois pour monter ensuite vers des valeurs beaucoup plus élevées. Si vous n'y portez pas attention, vous pourriez vous retrouver moins bien loti qu'auparavant.

Et si les choses devaient vraiment aller mal

Évidemment, vous souhaitez honorer vos dettes, comme tout un chacun. Mais parfois, malgré les meilleurs intentions du monde, on peut en arriver à un point où il n'est plus possible de faire face. Heureusement, l'emprisonnement pour dettes a été aboli à la fin du dix-neuvième siècle. Il n'empêche que vous vous sentirez impuissant, furieux, frustré et bien souvent humilié dans votre amour-propre.

Naturellement, les hommes sont censés capables de gérer un budget. Si vous en êtes arrivé à ce point et que vous vous sentez dépassé par vos dettes et acculé par vos créditeurs et les agences de recouvrement, trois options s'offrent à vous.

- **Continuer comme vous avez toujours fait.** Mais comme cette façon n'a de toute évidence pas donné de bons résultats jusqu'à présent, pourquoi continuer à se rendre misérable?

- **Chercher l'aide d'un spécialiste.** Les Associations coopératives d'économie familiale (ACEF) offrent des consultations budgétaires aux personnes confrontées à des problèmes d'endettement. Infos: Fédération des ACEF, (514) 521-6820.

- **Vous inscrire au dépôt volontaire.** Le dépôt volontaire est une mesure de protection qui n'existe qu'au Québec. En faisant des dépôts sur une base volontaire, vous pouvez éviter d'avoir à déclarer la faillite. En outre, et ceci est très important, vous évitez toute éventualité de saisie de votre salaire si vous en touchez un, ou de vos revenus si vous travaillez à votre compte. Pour vous prévaloir du dépôt volontaire, vous devez vous adresser au greffe de la Cour du Québec, Chambre civile, du district judiciaire où vous habitez ou travaillez.

- **Faire une proposition de consommateur.** La proposition de consommateur est un arrangement par lequel vous pouvez offrir un règlement à vos créanciers selon un montant forfaitaire devant être réparti entre ceux-ci, ou un règlement calculé à partir d'un pourcentage des dettes. Elle doit être déposée entre les mains d'un syndic.

- **Déclarer la faillite.** C'est l'option de dernier ressort. La faillite efface en principe toutes les dettes relatives aux cartes de crédit, aux prêts pour voiture, aux frais médicaux, aux impôts et à quelques autres domaines. Mais, en revanche, elle vous ferme toute possibilité de crédit pendant sept ans au moins. Et elle ne vous dispense ni de vos obligations concernant la pension alimentaire et l'entretien des enfants ni des emprunts pour frais d'études. La banqueroute n'est pas nécessairement la solution idéale. Si vous envisagiez d'y recourir, cherchez d'abord à vous informer. L'ouvrage intitulé *How to File for Bankruptcy*, écrit par les juristes Stephen Elias, Albin Renauer et Robin Leonard, pourrait constituer un bon début d'information.

Le meilleur investissement

Après avoir réglé vos dépenses par carte de crédit, l'un des placements les plus importants – et l'un des plus sûrs – que vous puissiez faire est d'investir dans votre propre personne. Si vous n'avez jamais pu terminer l'école supérieure ou le collège, faites-le maintenant. S'inscrire à un collège local, par exemple, est facile, ne coûte pas très cher et n'exige souvent aucun préalable. Tout au long de votre vie, le salaire supplémentaire que vous pourrez ainsi obtenir et le supplément de confiance en vous que votre initiative vous apportera, sans compter votre satisfaction personnelle, vous paieront, et bien au-delà, de l'effort investi.

Assurez-vous que votre employeur soit informé de vos projets. Beaucoup d'entreprises acceptent de rembourser les frais d'inscription ou accordent des prêts à faible taux d'intérêt pour soutenir de telles initiatives.

Accroître vos économies

Après avoir pris toutes les mesures possibles pour réduire vos dépenses, vous voilà prêt pour la partie la plus amusante de l'opération.

Pour beaucoup, la question primordiale est : « Comment puis-je économiser ? » La réponse dépend évidemment de vos objectifs. La plupart des experts estiment que l'on devrait s'arranger pour disposer, à la retraite, d'un revenu correspondant à environ soixante-dix pour cent du revenu actuel. Si vous avez entre vingt et trente ans et que vous commencez à économiser, vous devriez être à même de réaliser cet objectif en épargnant quatre à six pour cent de votre paie actuelle. Dix ans plus tard, vos économies devraient passer de sept à douze pour cent de vos rentrées et, dans la quarantaine, vous devriez pouvoir en économiser quinze pour cent ou davantage.

Quelle que soit votre situation, l'important est d'économiser le maximum aussi régulièrement que possible. Voici quelques points auxquels il est bon de veiller dès le début.

- **Épargne automatique, tranquillité d'esprit.** Il est préférable de faire déposer automatiquement, sous forme d'économies, une partie déterminée de votre traitement mensuel ; il vous en coûtera moins que si vous deviez, à cet effet, rédiger spécialement un chèque tous les mois, et vous aurez plus de facilité à accepter le geste. La plupart des employeurs ont un service de dépôt direct et les institutions financières sont généralement heureuses de vous aider à organiser l'alimentation automatique d'un compte d'épargne.

- **Régularité.** Faites de vos retraits une habitude pour la vie. Investir chaque mois la même somme s'appelle « placements périodiques par sommes fixes » et offre certains avantages spécifiques : lorsque les cotations en bourse sont élevées, vous achetez moins d'actions, dans le cas contraire, vous en achetez davantage. En moyenne, le résultat est bon et la stratégie vous protège contre la tendance à acheter à prix élevé (tout simplement pour suivre le mouvement) et à vendre à bas prix (lorsque les choses vont au plus mal).

- **Éviter les tentations.** Ne placez pas vos économies à long terme dans un compte d'où vous pouvez les sortir facilement. Rendre vos économies difficiles à réaliser vous incite à les garder longtemps.

- **Réinvestissez les intérêts et dividendes.** C'est en quelque sorte de l'argent gratuit, pourquoi donc le sortir? Capitaliser ces intérêts provoque un effet boule-de-neige favorable à votre épargne.

- **Optimisez votre planning fiscal.** À ce sujet voyez les pages suivantes.

- **Adoptez un ESOP (options d'achat d'actions).** Ce plan d'épargne dit Employee Stock Ownership Plan (ESOP) (option d'achat d'actions), qui n'a rien de commun avec Esope, le fabuliste, est offert par plus de dix mille employeurs aux États-Unis. Dans son principe, ce plan permet aux employés d'acquérir des parts de leur entreprise sans payer de commission. Dans certains cas, les employés peuvent même réaliser ces acquisitions au moyen du traitement brut (avant impôts). Certains employeurs permettent ces acquisitions à un prix inférieur à celui du marché et parfois contribuent à l'opération par une participation qui est acquise à l'employé après un délai fixé, généralement de l'ordre de cinq ou de sept ans. Au Canada, des programmes d'option d'achat sur actions sont aussi offerts par diverses entreprises qui proposent également certains avantages particuliers. Renseignez-vous auprès de votre employeur.

Problèmes financiers particuliers aux veufs

En particulier, si votre épouse décédée avait une occupation rémunérée, vous pourriez, tout comme les pères divorcés et les pères qui n'ont jamais été mariés, vous trouver dans une situation financière très difficile. Du fait des sentiments pénibles qui vous hantent au moment de votre épreuve, il est essentiel que vous différiez quelque peu toute décision financière importante et vous devriez pouvoir vous en remettre autant que possible à votre comptable ou à votre conseiller fiscal.

Il y a cependant quelques problèmes financiers que vous devrez obligatoirement traiter, si vous ne l'avez déjà fait. Il est possible que vous n'ayez guère le cœur à vous en charger maintenant, mais il est cependant important de le faire.

- Faites part du décès de votre épouse à toute personne qui doit en être informée, y compris les créanciers (toute personne à qui vous ou votre épouse doit de l'argent), son agent d'assurances, son avocat, son comptable, votre banque, votre agent de change, l'assurance sociale, le ministère du Revenu et le contrôle des contributions.

- Prévoyez plusieurs exemplaires du Certificat de décès et de la Copie d'acte de décès. Divers organismes vous demanderont l'un ou l'autre de ces documents. Il faut donc vous informer auprès d'eux du document dont ils auront besoin.

- Cherchez son testament si vous ne savez pas où il est.

- Rassemblez tous ses documents financiers. Penser à l'argent dans de tels moments peut vous paraître absolument choquant et vil, mais vous devez le faire, sinon pour vous, au moins pour les enfants. Vérifiez le contenu des coffres-forts éventuels et tenez à l'œil les relevés de banque qui pourraient parvenir par courrier.

- Cherchez ses polices d'assurance vie, autre tâche ingrate mais indispensable. Il est possible que vous ne connaissiez pas toutes les assurances-vie qu'elle aurait souscrites. Vérifiez donc avec son courtier, son syndicat et son employeur s'il existe l'une ou l'autre couverture du risque de décès dont vous ne seriez pas informé. Certains émetteurs de cartes de crédit octroient automatiquement au titulaire une assurance accident et, comme certaines sociétés de prêts hypothécaires, fournissent une assurance qui dégage le titulaire de toute redevance en cas de décès. Elle aurait en outre pu avoir des arrangements avec d'autres organismes dont vous n'avez même pas idée.

- Informez-vous aussi de l'existence de toute allocation éventuelle en cas de décès. Consultez le service du personnel de son employeur au sujet de subsides éventuels pour inhumation. Au cas où elle aurait fait partie de l'armée, vous auriez certainement droit à une allocation (vérifiez ce point auprès de l'administration des vétérans ; le numéro de téléphone se trouve à la rubrique gouvernement de l'annuaire téléphonique).

La question importante suivante consiste à décider de l'utilisation des sommes économisées. Ici encore, il n'y a pas de formule magique : placer votre argent dans des emprunts d'État ou tabler sur l'évolution favorable du marché des capitaux dépendra de vos objectifs personnels et familiaux et de la façon dont vous considérez le risque. L'analyse correcte des différents aspects de ce problème est trop complexe pour être valablement abordée ici. Sauf si vous êtes particulièrement versé en matière financière, cherchez un avis compétent. Il est bien sûr pensable de traiter la question vous-même. Si vous croyez pouvoir tenter cette aventure, l'ouvrage d'Eric Tyson, *Personal Finance for Dummies,* vous permettra de vous initier à tous les aspects du processus. Si vous souhaitez une touche plus personnelle, vous devrez vous assurer l'aide d'un planificateur financier (voyez plus loin le paragraphe *Choisir un planificateur financier*).

Penser au réinvestissement des dividendes

Si vous voulez vous débrouiller seul et envisagez d'investir dans des titres, voici une réelle façon d'économiser un peu d'argent. Beaucoup de compagnies offrent actuellement à leurs actionnaires un type de programme de réinvestissement des dividendes (PRID) permettant d'acheter des actions directement auprès de la compagnie sans devoir passer par un agent de change agréé. Certaines compagnies mettent même ce service à la disposition de nouveaux investisseurs. Ces programmes admettent presque toujours que les investisseurs réinvestissent leurs dividendes en exemption de commission. Beaucoup acceptent des achats électroniques automatiques directement à partir d'un compte en banque, et nombre d'entre eux permettent aux participants au PRID d'acheter les actions en dessous du prix du marché. Enfin, beaucoup de ces programmes vous permettront aussi de vendre vos actions à frais de loin inférieurs aux conditions les plus favorables offertes par un agent de change. Vous pouvez vous renseigner sur ce type de programme auprès des compagnies elles-mêmes ou auprès des banques, des fiducies ou des maisons de courtage.

Quelques remarques au sujet du planning fiscal

Avant d'apporter des modifications à l'un quelconque des aspects de votre situation fiscale, prenez l'avis d'un expert au sujet des conséquences possibles. Le fait de devenir chef de famille monoparentale pourrait avoir un impact majeur sur votre situation fiscale. La pension alimentaire pour l'ex-épouse est déductible, par exemple, contrairement à la pension alimentaire pour enfants. Si vous êtes veuf, il vous faudra faire face aux problèmes d'héritage. Votre expert financier pourrait vous apporter une certaine aide, mais un comptable serait probablement plus utile.

- Gardez à l'œil les gains en capital. Les gains en capital ne sont imposés qu'au moment où vous réalisez ce gain. En d'autres termes, tant que vous ne vendez pas votre actif, vous ne payez pas d'impôt sur vos gains en capital. De plus, vous n'êtes imposé que sur soixante-quinze pour cent de votre gain. Par exemple, si vous faites un gain en capital de 100 $, vous payerez l'impôt sur 75 $. Si votre taux d'imposition marginal est de quarante pour cent, vous devrez payer un impôt de 30 $ et il vous restera 70 $. Évidemment, avant de prendre toute décision dans ce sens, demandez l'avis de votre comptable.

- Cotisez au maximum de votre REER (régime enregistré d'épargne retraite) chaque année. Les revenus réalisés par les placements détenus dans le cadre de votre REER ne sont imposés qu'au moment de leur retrait et sont déductibles de votre revenu brut.

- Pensez au Régime d'accès à la propriété (RAP) si vous voulez acheter une première maison. Ce régime vous permet de retirer jusqu'à 20 000 $ de votre REER sans payer d'impôt.

- Renseignez-vous auprès de votre employeur ou de votre syndicat sur les régimes d'épargne offerts. Certains d'entre eux peuvent offrir des avantages fiscaux intéressants.

Inculquer aux enfants de bonnes habitudes d'économie

Comme adulte, vous savez que vous pouvez faire quatre choses avec de l'argent : en recevoir, en dépenser, en économiser et en donner (il va de soi que la première de ces choses doit précéder les trois autres). Mais vos enfants pourraient ne pas encore avoir les idées très claires à ce sujet. L'une des meilleures façons de les éduquer est de leur donner un peu d'argent à gérer, c'est-à-dire les faire participer au budget familial et leur attribuer une allocation régulière.

Dès leur troisième anniversaire, j'ai attribué à chacune de mes filles une allocation de trois dollars par semaine, que j'ai graduellement augmentée en fonction de leur âge. Cette allocation représentait une véritable fortune pour ceux d'entre nous qui ont dû se tirer d'affaire avec (les sporadiques) cinquante cents par semaine. Mais ne vous faites pas d'illusion, cette fortune ne tombait pas directement dans leur poche.

Voici comment les choses étaient arrangées. Les trois dollars étaient versés sous forme de dix pièces de vingt-cinq sous et de dix pièces de cinq sous (à mesure que les enfants grandissent, on peut ajouter dix pièces d'un sou, de cinq sous ou de dix sous et ainsi de suite - mais en s'arrangeant pour que les augmentations soient de dix pièces chacun). La première chose que devait faire l'enfant était de réserver dix pour cent de son allocation (une pièce de chaque type) pour un pot étiqueté « je donne ». Elle avait à décider de l'utilisation de ce montant : soit le donner directement à un organisme charitable, soit le joindre, à l'occasion, au don familial. Elle divisait ensuite les neuf pièces de chaque sorte en trois parts pour les déposer dans les trois pots suivants :

- Le pot de la jouissance immédiate. C'est son argent, laissez-lui le plaisir d'en user à sa guise, même si elle achète des babioles. Elle apprendra vite que lorsqu'il est dépensé, il est dépensé.

- Le pot à moyen terme. Cet argent est capitalisé pendant une semaine ou deux pour être consacré à l'achat d'un jouet ou à une dépense plus importante.

- Le pot à long terme. En principe, cet argent sera, après quelque temps, placé à son nom sur un livret de banque.

Si bizarre que ce schéma d'allocations paraisse, les occasions d'apprendre qu'il fournit sont étonnantes : compter, saisir la notion de pourcentage, la division, la répartition, l'importance d'aider les autres, l'importance d'être patient, l'intérêt de l'épargne et bien d'autres choses encore.

Enfin, pour répondre à la question que vous vous posez, non, n'attachez pas trop de conditions à l'allocation que vous leur octroyez. Vous pourriez (et peut-être vous devriez) retirer l'allocation s'ils ne sont vraiment pas sages ou s'ils font quelque autre chose horrible, mais ne rendez pas cette allocation dépendante des petits travaux ménagers qu'ils pourraient faire ou ne pas faire. Les enfants occupent leur place à la maison parce qu'ils font partie de la famille et non parce qu'ils sont payés pour le faire.

Autres gros soucis d'argent

Maintenant que vous avez mis votre situation financière en ordre, vous pouvez commencer à vous soucier de celle des autres.

L'assurance vie

Être un parent unique développe certaines aspects intéressants de l'esprit et ouvre des perspectives nouvelles sur la vie. D'une part, la situation vous fait apprécier plus que jamais chaque seconde passée avec votre enfant, particulièrement si vous n'en avez pas la garde. D'autre part, le bouleversement dramatique que vous vivez vous rend pleinement conscient que les situations peuvent changer rapidement et souvent de manière imprévisible. Brutalement dit, le but de l'assurance vie est de réduire l'impact (dans la mesure où l'argent peut y arriver) sur votre enfant de votre disparition inopinée.

Cet objectif semble raisonnable, pourtant, selon la National Insurance Consumer Organization, plus de quatre-vingt-dix pour cent des Américains n'ont pas la couverture adéquate en la matière. Il n'y a pas de règles simples ni de formules secrètes pour vous aider à déterminer le niveau d'assurance convenable. Mais consacrer quelque temps à réfléchir aux questions suivantes pourra vous propulser dans la catégorie des dix pour cent des personnes convenablement assurées :

- Souhaitez-vous vous dégager de vos hypothèques sur la maison ? Si vos enfants sont jeunes (et dans le cas présent, tout enfant de moins de trente-cinq ans doit être considéré comme jeune), et si vous avez l'intention de leur laisser votre maison, la réponse à cette question est oui.

- Avez-vous beaucoup de dettes que vous souhaitez voir éteintes ?

- Souhaitez-vous laisser un bien suffisant pour payer en totalité les études de vos enfants ?

- Souhaitez-vous laisser un bien suffisant pour payer tous les frais d'entretien de vos enfants jusqu'à ce qu'ils soient en mesure de les assumer eux-mêmes ? Vous ne pouvez pas – et ne devez pas – compter sur votre « ex » ni sur quelqu'un d'autre pour ce devoir.

- Comment entrevoyez-vous votre situation fiscale ? Si vous avez des biens importants, vos enfants devront trouver une somme importante pour payer les droits de succession.

Il y a deux façons de vérifier si vos besoins en assurances sont correctement couverts :

- Lisez quelques bons guides financiers, ou au moins les passages importants de ceux-ci. En dépit de ce que vous pourriez penser, l'exercice n'est pas très difficile. L'un

des meilleurs ouvrages dans le domaine est celui d'Eric Tyson intitulé Personal Finance for Dummies.
* Recourez à un planificateur financier (lisez plus loin le passage intitulé *Choisir un planificateur financier*).

De toute manière, vous devez au moins être informé des options qui s'offrent à vous en matière d'assurances. Fondamentalement, il existe deux types d'assurance vie sur le marché : les assurances temporaires et les assurances permanentes.

ASSURANCE VIE TEMPORAIRE

Il y a deux types d'assurances temporaires : la police temporaire 100 ans et la police temporaire régulière. Elles présentent les caractéristiques suivantes :
Temporaire 100 ans
* Les primes sont inférieures à la police d'assurance vie permanente.
* Les primes sont garanties et habituellement nivelées.
* Les polices portent effet jusqu'à l'âge de cent ans.
* Il n'y a aucune accumulation de valeur de rachat.
Temporaire régulière
* Les primes sont inférieures à la police d'assurance vie permanente.
* Les primes sont garanties et nivelées pour la durée de la police.
* Les polices portent effet seulement sur une période déterminée.
* Les conditions sont renouvelables. La couverture en cas de décès reste constante, tandis que les primes augmentent avec le renouvellement.
* Il n'y a aucune accumulation de valeur de rachat.

ASSURANCE VIE PERMANENTE

Il y a trois types d'assurances vie permanentes : la police vie entière, les polices liées aux taux d'intérêt (par exemple la police vie universelle) et le contrat à capital variable. En voici les principales caractéristiques :

- Les polices ont une valeur de rachat. Vous pouvez emprunter sur votre police ou encaisser sa valeur si vous voulez racheter votre contrat.
- Elles offrent des options de non-déchéance de contrat qui permettent, sous certaines conditions, de maintenir la police en vigueur ou de toucher sa valeur de rachat au comptant même si vous cessez de verser vos primes.
- Vous pouvez, pour certaines d'entre elles, participer aux bénéfices financiers de l'assureur.

ASSURANCES À VALEUR DE RACHAT

Il existe un nombre toujours croissant de produits disponibles en assurances à valeur de rachat. En dépit de leurs différences, toutes partagent les caractéristiques suivantes :

- Les polices sont essentiellement une combinaison de l'assurance à terme et d'un plan d'épargne. Une portion des versements correspond de fait à une assurance à terme. Le reste est déposé dans une sorte de fonds de placement dont l'assuré peut obtenir des intérêts ou des dividendes.
- Les polices tendent à offrir - au début - des taux d'intérêt très favorables. Le taux est habituellement garanti pour un an, mais rejoint ensuite le cours du marché.
- L'assuré peut verser à peu près ce qu'il veut. Mais si son versement n'est pas suffisant pour couvrir le coût de l'assurance, la différence est prélevée sur son fonds de réserve, réduisant d'autant la valeur de rachat.
- La valeur résiduelle s'accumule, exempte de taxes, et l'assuré peut y emprunter ou en retirer des montants au cours de sa vie ;
- Si le placement est correctement réalisé, la totalité de la somme et des économies accumulées peut être transmise aux héritiers en exemption de taxes.

360

Voici quelques options possibles :
- Vie entière. Le montant versé au décès, la valeur de rachat et les primes sont bloqués. Le fonds résiduel est investi par la compagnie d'assurances.
- Vie universelle. Option semblable à la précédente, sinon que l'on peut modifier le paiement de la prime, et le montant versé au décès peut varier. Comme le fonds résiduel est investi dans des valeurs immobilières à revenu fixe (obligations et autres), la valeur de rachat peut fluctuer.
- Vie à capital variable. Option semblable à la précédente, mais la prime est généralement garantie. Le capital-décès peut être garanti ou fluctuer selon le rendement du fonds.

Comment faire un choix entre les assurances temporaires et les assurances à valeur de rachat ? L'auteur et conseiller en matière financière, Eric Tyson, professe des vues précises à ce sujet.

« L'assurance à valeur de rachat est le produit financier le plus surfait du marché dans l'histoire industrielle » affirme-t-il. Sa suggestion ? Sauf si vous avez une valeur nette élevée, prenez une police d'assurance à terme ayant les caractéristiques suivantes :
- Renouvellement garanti (vous ne souhaiteriez pas voir votre assurance supprimée si vous tombez malade).
- Primes bloquées pour cinq ou dix ans (vous ne devrez pas ainsi subir d'examen médical chaque année).
- Prix compatible avec votre budget. Le coût de polices très comparables peut varier de deux cents à trois cents pour cent, soyez donc sélectif dans vos choix. (Comme une bonne partie de vos primes va à l'agent sous forme de commission, vous pouvez réduire sensiblement le coût en prenant une police « exempte de charges » ou « à charges réduites ».

Choisir un planificateur financier

Au Québec, toute personne désireuse de porter le titre et d'agir comme planificateur financier doit d'abord obtenir le diplôme de l'Institut québécois de planification financière et un permis d'exercice du Bureau des services financiers en vertu de la Loi sur la distribution de produits et services financiers. De plus, les planificateurs financiers doivent obligatoirement suivre un programme de formation continue, qu'ils soient comptables, avocats, notaires, actuaires, administrateurs agréés, assureurs vie agréés ou fellows en valeurs mobilières.

Souvent, ces conseillers sont payés à la commission, d'où possibilité de conflits d'intérêts. (En d'autres termes, que vos investissements rapportent ou non, le conseiller est certain de toucher sa commission.) Les commissions s'échelonnent normalement entre un minimum de quatre pour cent sur certains fonds communs jusqu'à totalité de la prime, pour la première année, sur les polices d'assurance vie. D'autres facturent une rétribution horaire qui peut varier de cinquante à deux cent cinquante dollars l'heure.

Cela ne signifie pas nécessairement que les conseillers payés à l'heure soient plus efficaces que leurs collègues payés à la commission (pourtant, beaucoup d'experts sont persuadés que vous serez plus satisfait, et peut-être plus riche, si vous choisissez celui qui vous facture les heures effectives qu'il vous consacre). Vous devrez trouver quelqu'un qui vous plaise et au sujet duquel vous êtes persuadé qu'il prend réellement vos intérêts à cœur. Les quelques points suivants pourraient vous aider à éliminer ceux qui ne vous conviendraient pas:

• Prenez l'avis d'amis, de collègues ou d'autres personnes de confiance. Les références fournies par l'Association canadienne des courtiers en valeurs mobilières (ACCVM) peuvent aussi vous être utiles. Vous pouvez également vous adresser à la Bourse de Montréal, à la Bourse de Toronto, à la Canadian Venture Exchange, à la Commission des valeurs mobilières du Québec ou au Bureau des services financiers.

- Choisissez au moins trois candidats et prenez un premier contact (qui ne vous coûtera rien) pour les interroger. Voici ce que vous devriez savoir d'eux:

- Formation. Il ne faut pas être snob, mais une bonne formation - particulièrement en gestion financière - est un avantage. Ne vous laissez pas impressionner par des titres fantaisistes qui ne correspondent à rien de concret.

- Niveau d'expérience. Sauf si vous avez de l'argent à gaspiller, tenez-vous en à des professionnels ayant une excellente expérience en affaires (d'au moins trois ans).

- Profil de la clientèle. Celui que vous recherchez doit avoir une bonne expérience auprès de clients dont les revenus et la situation familiale correspondent à votre cas.

- Rémunération. Si la rémunération est proportionnelle au temps utilisé, comment est-elle calculée? En cas de commission, quel est le taux pour chaque produit offert? Toute hésitation à vous fournir les informations doit être considérée avec suspicion.

- Demandez un exemple de plan financier. Vous devez savoir à quoi vous attendre pour votre argent. Soyez cependant attentif: des graphiques tarabiscotés, un langage incompréhensible et une présentation de grand luxe sont souvent utilisés pour vous distraire de la substance même du document.

- Références. Le candidat a-t-il des clients de longue date? Sont-ils satisfaits? Quels sont les griefs éventuels?

> - Quelles sont les relations de l'expert avec l'administration? Il vous est possible d'appeler la Commission des valeurs mobilières du Québec ou le Bureau des services financiers. L'Institut québécois de la planification financière peut également vous confirmer si une personne a bel et bien le droit de porter le titre de planificateur financier.

Les frais d'études des enfants

Nous savons tous que les études coûtent cher (des projections réalistes dépassent souvent 36 000 $ pour quatre années d'études universitaires). Mais trop nombreux sont ceux qui paniquent devant ces chiffres en croyant qu'ils doivent engager immédiatement un tel montant.

Comment donc financer les études de votre rejeton? Il est de tradition pour les parents d'ouvrir un compte d'épargne au nom de l'enfant pour constituer progressivement un fonds destiné à couvrir le coût des études. C'est pourtant «généralement une erreur, aussi bien à court qu'à long terme» écrit Eric Tyson. La solution? Commencez par alimenter votre régime d'épargne retraite. Si cela semble aberrant à première vue (c'est exactement l'impression que j'ai eue), réfléchissez à cette frappante analogie que Tyson m'a suggérée.

Si vous avez fait attention à ce que vous a dit l'hôtesse de l'air lors de votre dernier vol, vous vous souviendrez qu'elle vous a recommandé, au cas où les masques à oxygène tomberaient du plafonnier, de placer d'abord le vôtre pour ensuite vous occuper de celui de votre enfant. L'idée étant que, si vous ne pouvez respirer, vous ne pourrez aider personne d'autre. Tyson fait le même raisonnement sur le plan financier. Veillez d'abord à votre propre situation financière (voir plus haut) et votre famille ne s'en portera que mieux.

Au Canada, cependant, le gouvernement fédéral offre un programme de subvention (SCEE) aux personnes bénéficiaires d'un régime enregistré d'épargne-études (REEE). Ce programme permet de faire croître vos économies à l'abri de l'impôt tout en bénéficiant de subventions avantageuses. Il existe aussi une foule d'aides financières disponibles : prêts aux étudiants (habituellement disponibles à taux réduits), bourses d'études, programmes combinés d'étude et de travail, etc.

CONCERNANT LES RÉGIMES ENREGISTRÉS D'ÉPARGNE-ÉTUDES (REEE)

Le REEE est un régime enregistré qui permet la croissance de revenus de placement en franchise d'impôt jusqu'à ce que votre enfant fréquente un collège ou une université. Les revenus de placement des cotisations ne sont imposables qu'au moment où votre enfant commence à l'utiliser pour payer ses frais de scolarité. Mais comme habituellement les étudiants ne disposent pas d'un revenu très élevé, il ne paiera que peu ou pas d'impôt. Vous pouvez cotiser 4 000 $ par année jusqu'à un plafond à vie de 42 000 $ par enfant. Les cotisations à un REEE ne sont pas déductibles de votre revenu, mais d'un autre côté vous pouvez les retirer en tout temps en franchise d'impôt.

LA SUBVENTION CANADIENNE POUR L'ÉPARGNE-ÉTUDE (SCEE)

La SCEE est une subvention versée par le gouvernement fédéral au profit du bénéficiaire d'un régime enregistré d'épargne-étude (REEE). Elle équivaut à vingt pour cent du montant des cotisations faites au régime et peut atteindre un plafond de 400 $ par année jusqu'à un maximum à vie de 7 200 $. Si votre enfant décide de ne pas poursuivre d'études collégiales ou universitaires avant l'âge de vingt et un ans et que le REEE existe depuis dix ans, vous pourrez transférer le revenu accumulé dans votre

REER en franchise d'impôt, mais vous devrez rembourser la subvention au gouvernement fédéral.

Si rechercher l'exemption de taxes est en soi intéressant, certains inconvénients sont attachés à ces avantages et il est souhaitable d'étudier avec un comptable la meilleure stratégie à adopter. En second lieu, si vous prévoyez avoir besoin d'aide financière, le montant ainsi versé sera considéré comme un avantage et l'aide à l'enfant en sera réduite.

Enfin, si vous pensez recourir à l'un de ces comptes, gardez à l'esprit qu'il peut y avoir plusieurs types de REEE : individuel, familial et collectif, et que votre contribution maximale par enfant par année est de 4 000 $. La subvention cependant ne s'applique qu'à la première tranche de 2 000 $.

LES COMPTES EN FIDUCIE

Une autre option s'offre à vous si vous voulez mettre de l'argent de côté pour les études de vos enfants : le compte en fiducie. Dans ce type de compte, vous pouvez mettre autant d'argent (ou d'actifs) que vous voulez au nom de votre enfant. Vous devrez gérer l'argent jusqu'à ce qu'il atteigne l'âge de dix-huit ans. L'argent lui appartiendra même s'il ne poursuit pas ses études. Les comptes en fiducie peuvent aussi apporter des avantages fiscaux, mais ils ne sont pas admissibles à la subvention canadienne pour l'épargne-étude.

Un conseil important : ne gardez pas de comptes communs avec votre « ex », et en particulier aucun compte pour lequel vous seriez ensemble gardiens de l'argent déposé au nom de l'enfant. Vous et vous seul devriez être le gardien de l'argent ainsi déposé par vous ou quelque autre membre de votre famille. Si votre « ex » économise aussi de l'argent dans le même but, très bien ! mais elle devrait le faire séparément, de son côté.

Testaments et fiducies

Vous avez certainement eu le temps de régler les questions d'assurance vie. Sinon, fermez immédiatement ce livre et appelez votre agent d'assurances. En attendant qu'il vous rappelle, pensez à relire les pages précédentes.

Savoir que vos enfants seront à l'abri de problèmes financiers au moment de votre décès vous permet de respirer plus librement, mais ne soyez pas trop satisfait de vous. Il y a d'autres points auxquels vous devez penser. Par exemple si, que Dieu nous en préserve! vous étiez tué demain, qui prendrait soin de vos enfants? Qui s'assurerait qu'ils reçoivent le genre d'éducation et de formation que vous considérez pour eux?

Si vous êtes divorcé ou non-marié, les réponses à ces questions sont simples: la garde des enfants (au cas où vous l'auriez actuellement) et la pleine responsabilité des décisions quant à leur avenir irait à leur mère, sauf si elle en refuse la charge et abandonne les enfants ou si elle était légalement incapable d'assumer cette responsabilité.

Si vous êtes veuf, les choses sont un peu plus compliquées. Vous devrez désigner la personne qui, si vous deviez disparaître, aurait la garde de vos enfants, celle qui en prendrait soin, physiquement et financièrement. C'est une grave décision qui ne doit pas être prise à la légère.

Que vous soyez divorcé, veuf ou encore célibataire, vous devez décider à qui vont vos biens et, s'ils vont à vos enfants, comment ils devront être gérés après votre décès. Les enfants mineurs ne pouvant administrer eux-mêmes leurs biens, vous devrez donc désigner quelqu'un pour gérer l'héritage que vous leur laissez, jusqu'au moment où ils auront l'âge de le gérer eux-mêmes. Désignez une seule personne pour cette tâche. Deux pourraient ne pas être d'accord entre elles et, en outre, si ces personnes forment un couple dont les relations pourraient se rompre, les choses pourraient alors devenir terriblement compliquées, au détriment de vos enfants. Désignez une seule personne pour traiter des aspects financiers de l'héritage pour tous vos enfants, quel qu'en soit leur nombre.

Toutes ces dispositions devraient être consignées dans un testament ou être transmise sous forme de déclaration au Curateur public. Pourtant, la moitié des parents ayant des enfants en bas âge négligent cette précaution. Ne faites pas partie de cette moitié.

Si vous mourriez intestat, c'est-à-dire sans testament, ce sont les héritiers légaux qui joueraient le rôle de liquidateur (ce qu'on appelait autrefois l'exécuteur testamentaire) ou qui devraient nommer quelqu'un pour le faire. Si les héritiers ne s'entendaient pas, il reviendrait au tribunal d'en désigner un. Le plus souvent, un juge désignerait un gestionnaire pour vos biens et un tuteur pour vos enfants. Vous courez alors le risque que ni l'un ni l'autre ne soient ceux que vous auriez choisis.

Si vos enfants sont mineurs, vous pouvez aussi opter pour une fiducie. Une fiducie est une entité juridique distincte à qui vous cédez la propriété de vos biens et qui les gérera selon vos instructions. Vous pourriez, par exemple, assurer un revenu régulier à vos enfants toute leur vie durant ou préciser à quel moment vous désirez que la fiducie cesse. Vous pouvez créer une fiducie entre vifs, qui prend effet dès que vous y transférez des biens, ou une fiducie testamentaire qui ne s'applique qu'après votre décès et le règlement de votre succession. La création d'une fiducie peut vous rendre de nombreux services et faire épargner des milliers de dollars à vos héritiers.

Que choisir : un testament, une fiducie entre vifs ou une fiducie testamentaire ? En réalité, la réponse pourrait être l'un et l'autre. Dès que vous avez un enfant, vous devez absolument établir un document qui désigne un gardien pour votre enfant. Vous pouvez aussi utiliser un testament pour distribuer vos biens, mais de nombreux experts pensent que rédiger une fiducie révocable est une meilleure solution. Cependant, à cause du temps et des dépenses qu'elle entraîne, beaucoup renoncent à l'avantage de cette solution. Quelques-uns des avantages et inconvénients pour l'un et l'autre des deux types de documents sont repris ci-dessous.

Note : Au Québec, vous pouvez nommer des bénéficiaires pour vos REER, FERR, rentes, fonds distincts et polices d'assurance vie, sans nécessairement passer par un testament.

Le testament

Avantages

- Vous pouvez distribuer vos biens comme vous l'entendez.
- Un délai est fixé pour faire appel contre les dispositions d'un testament (délai qui varie d'état à état). Selon certaines estimations, un testament sur trois est contesté, la fixation d'un délai paraît donc utile.
- Les créditeurs sont tenus d'introduire leurs réclamations dans un délai fixé (qui, ici aussi, varie d'un État à l'autre).
- Les actes de vos liquidateurs testamentaires, gardiens et fiduciaires sont surveillés par le tribunal.

Inconvénients

- Il n'y a pas de délai fixé pour liquider une succession. Jusqu'à la fin de la liquidation, les héritiers n'ont pas accès à l'héritage.
- Les frais judiciaires, les prestations des avocats, des exécuteurs testamentaires et les autres charges peuvent absorber de trois à sept pour cent, parfois davantage, de la valeur de l'héritage.
- Il existe trois formes de testament : olographe, devant témoins ou notarié. Seul le testament notarié n'a pas à être vérifié par le tribunal. C'est aussi celui qui est le moins susceptible d'être contesté.

La fiducie entre vifs

Avantages

- Les frais et le temps de probation sont largement réduits. Après votre décès, les survivants devraient pouvoir jouir du contrôle de vos biens sans l'intervention du tribunal.

- Le document de fiducie entre vifs n'est pas public, personne ne peut le voir si vous ne le montrez pas.

- Vos biens sont répartis entre vos héritiers selon votre volonté, soit directement après votre décès, soit progressivement au cours du temps.

- Une fiducie « non seulement vous permet de contrôler totalement vos biens pendant votre vie, mais assure la continuité de la gestion et de la supervision en cas d'incapacité » déclare en substance le juriste Harvey J. Platt.

Inconvénients

- Les formalités d'établissement d'un fidéicommis coûtent plus et requièrent plus de temps qu'un testament. La mise en tutelle de la propriété de vos biens vous coûtera aussi quelques dollars. Cependant, les frais entraînés par l'établissement d'un testament peuvent approcher ceux qui sont requis dans le cas présent.

- Comme tous vos biens sont transférés, pendant votre vie, de vous au fidéicommis, vous renoncez à votre titre de propriétaire. Ce peut être psychologiquement éprouvant.

- Ces dispositions ne réduisent aucunement vos responsabilités en matière d'impôt.

La fiducie testamentaire

Avantages

- Le contrat de fiducie testamentaire est incorporé à votre testament et les frais de sa préparation sont inclus dans les honoraires que vous aurez à payer à votre notaire ou à votre avocat.
- Les biens demeurent sous votre contrôle toute votre vie et ne sont transférés à la fiducie qu'après votre décès.
- Vous pouvez modifier les modalités de la fiducie testamentaire à tout moment en révisant votre testament.

Inconvénients

- La fiducie testamentaire ne prend effet qu'une fois votre succession réglée ce qui entraîne des délais.

Tant que nous traitons de choses déprimantes...

- Donnez un mandat de longue durée à un juriste. Le document (dont la rédaction requiert un spécialiste) confère les pouvoirs à quelqu'un que vous désignez pour gérer vos affaires si vous en devenez incapable. Vous pouvez y inclure vos instructions concernant les soins éventuels à vous donner dans ces circonstances, y compris votre souhait d'être maintenu ou non en vie par tous les moyens.

Les nouvelles relations

Rendez-vous pour pères (célibataires)

Certains pères récemment célibataires ne s'embarrassent guère de passer d'une relation sentimentale à une autre. Pourtant la majorité d'entre eux, qu'ils soient veufs, divorcés ou non mariés, sont trop tristes, trop déprimés ou trop en colère pour même penser à l'éventualité d'entamer de telles relations. Il est probable cependant qu'en ce qui vous concerne, et quel que soit votre état d'âme actuel, vous changerez bientôt d'avis.

Pour beaucoup d'hommes, entamer de nouvelles relations, avec les rendez-vous et les mondanités qu'elles sous-entendent, peut représenter une épreuve traumatisante et inquiétante, en particulier après une rupture pénible ou le décès d'une compagne. N'entamez donc une nouvelle relation que lorsque vous vous sentirez vraiment prêt. Vos amis et votre famille vous y encourageront peut-être, surtout si vous êtes veuf, mais sachez qu'il n'y a absolument rien d'anormal à rester seul ou à fréquenter des personnes sans aucune arrière-pensée romantique. Si fort que vous vous croyez, vous avez traversé une épreuve pénible et le calme ne peut que vous faire du bien.

Entre-temps, pensez à quelque thérapie. Un spécialiste pourra au moins vous aider à ne pas mêler le poids de votre fardeau émotionnel et psychologique à de nouvelles relations.

Cependant, que vous suiviez une thérapie ou non, il faudra consacrer un certain temps à vous interroger sur ce que vous attendez d'une nouvelle relation et pourquoi vous la souhaitez. Pour la plupart des hommes, la paternité et le rôle de père sont inextricablement liés au mariage (ou au moins à une relation stable), remarque la spécialiste Shirley Feldman. S'ils ne sont pas engagés dans une relation, beaucoup d'hommes se croient incapables d'être de bons pères et sont persuadés que leurs enfants en souffriront. La vérité est que, même si vous êtes veuf, vous n'avez pas besoin d'une femme pour vous compléter et faire de vous un bon père ou pour procurer à vos enfants une famille complète. Il est dommage que trop de pères ne le savent pas et se remarient ou s'engagent beaucoup trop tôt dans une relation à long terme. C'est peut-être l'une des raisons pour lesquelles, alors qu'à peu près la moitié des premiers mariages conduisent au divorce, la proportion est bien plus grande encore (plus de soixante pour cent) dans le cas d'une seconde union.

Lorsque vous saurez que vous êtes fin prêt pour une rencontre, procédez prudemment. L'association Parents Without Partners (dont vous devez pouvoir trouver l'équivalent au Québec) ainsi que bien d'autres groupes communautaires et religieux organisent régulièrement des pique-niques et autres réunions pour parents solitaires. C'est une bonne façon de rencontrer des personnes qui ont la même expérience que vous en ce domaine.

Voici par ailleurs quelques avis importants concernant vos projets de rencontres :

- **N'associez pas vos enfants à vos rendez-vous.** Essayez de choisir, pour vos rendez-vous, des périodes où vous n'avez pas la garde des enfants ou organisez vos rencontres en dehors de chez vous. L'idée est d'éviter de mettre en présence vos enfants et votre amie, sauf si il est clair que vous entamez une relation à long terme. Si vous sortez avec des personnes différentes et que, chaque fois, vous présentez vos enfants, ceux-ci seront déroutés. Au cas où vous ne pourriez éviter une rencontre, présentez votre chérie comme une simple amie. Veuillez bien prendre connaissance, à ce sujet, de la section suivante relative aux présentations.

- **Recherchez la diversité.** Pour vous, la chose à éviter actuellement serait de vous engager dans une relation à long terme avec la première femme que vous rencontrerez. Elle pourrait vous faire sentir, peut-être pour la première fois depuis longtemps, que vous lui êtes précieux et désirable, mais il est plus que probable que vous-même n'êtes pas encore prêt. Pour ma part, il m'a fallu plus d'une année après mon divorce avant de pouvoir considérer d'autres relations que de passage.

- **Soyez sincère vis-à-vis de vos amies.** Je n'ai jamais eu le cran de mentionner l'existence de mes enfants aux premières femmes avec lesquelles je suis sorti après mon divorce. Cette omission, au cas où celle que vous rencontrez n'aime pas les enfants, risque de la refroidir terriblement le jour où elle apprendra votre secret. Si au contraire elle aime les enfants, elle pourra se demander quelle sorte de père vous êtes puisque vous ne vous souciez pas assez de vos enfants pour en parler. Ne sous-estimez pas l'importance de ce point : bien des femmes sont persuadées que la façon dont vous vous comportez vis-à-vis de vos enfants est un indice de la façon dont vous vous comporterez vis-à-vis d'elles. Faites donc une faveur à chacune en mentionnant l'existence de vos enfants. Parlez d'eux, mais pas trop. Vos amies aimeront savoir que vous ne vous désintéressez pas d'eux.

- **Ne parlez pas de l'autre femme de votre vie.** Si vous êtes veuf, vos amies et votre future compagne ont le droit de savoir. Mais si vous parlez sans cesse de votre femme décédée, elles se sentiront intimidées. Et si vous avez une « ex », disserter sur la merveilleuse façon dont, elle et vous, vous vous entendez peut laisser présumer à votre amie que vous allez vers une réconciliation. D'un autre côté, ne passez pas la soirée à la dénigrer. Une nouvelle amie aura tendance à prendre votre parti contre votre « ex », mais vos relations devront naturellement être basées sur autre chose qu'une commune aversion pour une troisième personne.

Pour les pères homosexuels seulement

PROBLÈMES QUE VOUS POURRIEZ RENCONTRER
AU SEIN MÊME DE LA COMMUNAUTÉ HOMOSEXUELLE

Parce que la culture homosexuelle tend à s'intéresser aux célibataires et aux couples sans enfants, il est possible que vous ne trouviez guère de soutien chez vos amis homosexuels. « Les personnes qui n'ont pas d'enfants supportent mal la présence de ceux-ci », écrit le chercheur Frederick Bozett, et il ajoute : « Les homosexuels ne font pas exception à cette règle et ils comprennent mal l'intérêt que le père accorde à ses enfants. » Par le fait que les homosexuels attachent une plus grande importance que les autres à leur jeunesse et à leur indépendance, les pères gais ont parfois l'impression que les enfants sont un handicap dans la recherche d'une relation à long terme, insiste Bozett.

Bien des pères gais se retrouvent ainsi dans ce qu'un spécialiste appelle la « double exclusion », celle de l'hétérosexualité en déclarant ouvertement leur identité homosexuelle et celle de la paternité en avouant leurs responsabilités de père aux homosexuels.

Pourtant, une tendance au changement semble poindre. Kelly Taylor vient de lancer une revue intitulée *Alternative Family,* qui insère notamment des articles relatifs à la situation et aux activités spécifiques des pères homosexuels et qui publie une liste intéressante de livres, de vidéos et d'organisations familiales traitant de ces questions.

Quelques situations auxquelles vous aurez bientôt à faire face

RELATIONS DE COURTES DURÉE

Il n'y a pas d'inconvénient à avoir de nombreuses relations avec des femmes différentes, sans engagement à long terme (pourvu, bien entendu, que vous preniez les précautions qui s'imposent). De fait, les relations à court terme, peut-être même d'une seule nuit, peuvent vous être bénéfiques si elles vous permettent de vous redécouvrir et de retrouver votre confiance en vous. Mais tenez ces relations éphémères aussi éloignées que possible de vos enfants, surtout si vous rencontrez plus d'une femme à la fois.

Ramener à la maison chacune des femmes que vous rencontrerez ne pourrait que mettre vos enfants mal à l'aise. Ils pourraient d'abord vous reprocher ces rendez-vous. Ou, s'ils souhaitent réellement que vous vous remariez, leurs espoirs pourraient être déçus si la dame de vendredi dernier ne réapparaît plus. Vos enfants ont besoin de stabilité et de sécurité dans leur propre vie ; les mettre en présence de plusieurs femmes différentes leur donnerait une impression d'instabilité. En outre, alors qu'étant plus jeune, l'idée d'installer une porte pivotante à votre chambre à coucher vous aurait peut-être séduit, elle conduirait vos enfants à penser que les femmes sont interchangeables et que les relations ne sont pas faites pour durer, idées qui pourraient s'enraciner chez les garçons comme chez les filles.

RELATIONS UN PEU PLUS LONGUES
MAIS TOUJOURS PASSAGÈRES

Après avoir éliminé de votre système (si elles en avaient jamais fait partie) les relations d'une nuit, vous pourriez vous trouver engagé dans une relation émoustillante mais qui, vous le savez, ne conviendrait pas pour le long terme. Peut-être vous en tenez-vous à une seule ou en avez-vous mené plusieurs successivement. Ici aussi, il est important de bien réfléchir à l'opportunité de présenter une telle amie à vos enfants. S'ils l'aiment et vous voient souvent ensemble, ils peuvent développer un puissant attachement pour elle. Et ils seront anéantis lorsque l'inévitable rupture se produira. Alors que, croyez-moi, ils ont déjà vécu assez de bouleversements émotionnels jusqu'à présent.

S'il vous arrivait de présenter à vos enfants quelqu'un qui ne traverserait que temporairement leur vie, faites en sorte qu'ils comprennent bien la différence entre une très bonne amie et un membre permanent de la famille, recommande Mary Mattis, auteur du livre *Sex and the Single Parent*. Les amis font visite, fait-elle remarquer, la famille vit dans la maison.

DISPOSITIONS POUR LA NUIT

Le sexe est une chose merveilleuse. Et vous devriez le pratiquer là où et chaque fois que vous le pouvez, que ce soit dans un hôtel, chez votre amie, sur le siège arrière de votre voiture ou dans un ascenseur bondé. Toutefois, efforcez vous de résister à la tentation de le pratiquer chez vous – tout au moins lorsque vos enfants sont à la maison – tant que les relations ne sont pas solidement établies. Les choses se compliquent encore si votre amie, elle aussi, a des enfants. Dans ce cas, elle n'aimera probablement pas, non plus, que vous la rencontriez chez elle. Soyez prêt à toute éventualité cependant. Les enfants ont un talent incroyable pour deviner ce que leurs parents sont en train de faire. Et vous devez en outre être sensible aux sentiments de votre amie. Si vous ne lui expliquez pas pourquoi vous ne l'invitez pas à passer la nuit chez vous, elle pourrait se demander si vous l'aimez ou si vous cachez un cadavre dans votre réfrigérateur.

Il va sans dire que vos enfants ne devraient jamais faire la connaissance d'une femme avec laquelle vous êtes en relations au moment où vous êtes ensemble au lit. Si donc votre amie et vous décidez de dormir chez vous, essayez de l'amener lorsque les enfants dorment et priez-la de quitter avant l'heure du réveil le matin. Toutes ces précautions vous sembleront puériles ou vous rappelleront vos années de collège, mais moins vos enfants seront conscients de votre vie sexuelle, mieux ce sera. Vous voir au lit avec quelqu'un d'autre, qu'ils connaissent cette personne ou non, peut soulever chez eux un tas de problèmes, y compris l'idée absurde que, si vous aimez quelqu'un d'autre (et seriez-vous au lit avec elle si vous ne l'aimiez pas ?), vous les en aimerez moins. Si vous craignez qu'un enfant ne se lève au cours de la nuit pour faire irruption dans votre chambre, fermez votre porte à clé.

Enfin, si vous croyez que votre relation prend une tournure sérieuse et si vos enfants connaissent déjà votre amie, avertissez-les qu'elle passera la nuit chez vous. S'ils n'ont pas encore pu la rencontrer, lisez l'un des paragraphes suivants intitulé *Lorsque les choses deviennent sérieuses* et faites le nécessaire pour qu'ils la rencontrent d'abord.

SURPRIS EN PETITE TENUE

Vous leur avez lu l'histoire habituelle au moment du coucher et les avez mis au lit il y a une heure. Votre amie et vous vous accordez maintenant un moment d'intimité. L'instant est tendre et merveilleux, mais soudain vous vous rendez compte de la présence d'un témoin... Comment réagissez-vous ?

La première chose à faire est d'agir sans délai, même si vous croyez que l'enfant n'a pu voir grand-chose. Les experts sont d'avis que même un bref coup d'œil sur une scène de rapports sexuels peut être troublant et parfois dommageable pour un enfant. Les très jeunes enfants peuvent interpréter l'enlacement des corps et les cris ou les gémissements de plaisir comme un combat et craindre que quelqu'un ne soit blessé. Les enfants plus âgés, spécialement ceux qui ont plus de dix ans, qui sont avertis du comportement sexuel, peuvent être troublés à l'idée que vous aussi êtes un être sexuel ou pourraient être excités par ce qu'ils viennent de voir et être tentés de faire leurs propres expériences. Ils pourraient aussi en retirer l'idée que ramener un amoureux à la maison serait naturel pour eux aussi.

Voici ce que vous devez faire :

- **Ne vous fâchez pas.** Dites calmement mais fermement à l'enfant de quitter votre chambre, d'en refermer la porte et de rentrer dans sa propre chambre. Crier pourrait l'effrayer et lui faire croire que ce qu'il a vu était mal.

- **Si l'enfant ne veut pas sortir, reconduisez-le.** Et si vous l'avez effrayé ou s'il s'enfuit précipitamment, suivez-le dans sa chambre.

- **Rassurez-le.** Lorsque l'enfant est à nouveau au lit, asseyez-vous à côté de lui et rassurez-le en lui disant que tout est bien et que personne ne blessait quelqu'un d'autre. Mary Mattis suggère de dire aux très jeunes enfants (en-dessous de six ans) que votre amie et vous jouiez ensemble et que les grandes personnes s'embrassent pour être plus près l'une de l'autre. Mais soyez prêt : même les tout jeunes enfants en savent beaucoup plus au sujet du sexe que nous n'en savions à leur âge et ils pourraient ne pas être satisfaits par une réponse trop courte.

- **Les enfants plus grands ont besoin de plus d'explications sur ce qu'ils ont vu.** Ils savent probablement que le sexe sous-entend l'introduction du pénis dans le vagin et que c'est ainsi que l'on fait les bébés. Répondez aux questions simplement et honnêtement, en utilisant la terminologie correcte. Mais ne fournissez pas plus d'explications que ce qui vous est demandé.

- **Rappelez-leur qu'ils peuvent toujours, plus tard, poser d'autres questions.** Vous pouvez toujours essayer de tenir secrètes les questions sexuelles vis-à-vis de vos enfants, mais ce faisant, vous risquez de leur donner l'impression que ce n'est pas propre ou que c'est mauvais, comportement à déconseiller si vous voulez qu'ils aient une attitude saine envers les choses sexuelles lorsqu'ils seront plus âgés.

- **Ne vous montrez ni embarrassé, ni gêné, même si vous l'êtes.** Lee enfants doivent savoir que le sexe est une activité normale et saine pour les adultes. Ne vous en excusez pas.

- **Prenez des précautions pour que l'incident ne se répète pas.** Placez par exemple un verrou à votre porte ou servez-vous de celui qui s'y trouve.

CONSOLER VOTRE PARTENAIRE

Votre première obligation étant pour les enfants, vous devrez expliquer à votre partenaire que vous serez de retour dès que vous vous serez assuré que les enfants sont calmés. Ne lui demandez pas de quitter, et si elle fait mine de partir, priez-la de vous attendre.

Quand vous en avez terminé avec les enfants, votre amie et vous avez besoin de vous parler. Comme parent, vous pouvez déjà avoir eu l'expérience d'un enfant qui interrompt vos ébats amoureux. Et si votre amie a aussi des enfants, la même expérience peut aussi avoir été vécue par elle. Sinon, elle peut avoir été perturbée par l'incident. Parlez donc de vos sentiments mutuels. En réalité, il n'y a aucune raison que ce petit incident ait une quelconque influence sur vos relations, estime Mattis, bien qu'il puisse ne pas engager votre amie à désirer passer une autre nuit chez vous.

Problèmes au lit

La plupart des pères célibataires – en particulier ceux qui sont récemment divorcés ainsi que les pères non mariés – n'ont probablement plus eu de relations sexuelles depuis les mois sinon les années de leur séparation. La perspective d'un renouveau dans ce domaine peut être particulièrement excitante. Et tout aussi stressante.

Les psychologues admettent généralement que l'essentiel de ce qui se passe pendant l'acte sexuel prend naissance dans la tête. Et compte tenu du fait que vous êtes encore dans la phase de récupération d'un choc psychologique, ne soyez pas surpris si vous éprouvez quelques problèmes dans les premiers stades d'une nouvelle relation. Ces problèmes comprennent l'éjaculation précoce ou l'impossibilité d'obtenir ou de maintenir l'érection.

Si l'un ou l'autre de ces incidents survenait, ne paniquez pas. Si vous n'avez jamais eu de tels ennuis auparavant, ils traduisent simplement une réaction parfaitement normale (quoique franchement désagréable) à ce qui s'est passé dans votre vie. Vous pourriez, par exemple, éprouver un sentiment de culpabilité : après avoir passé des années auprès d'une femme, l'idée de coucher auprès d'une autre – même si vous êtes divorcé – peut, dans votre subconscient, apparaître comme une trahison. Ou si vous avez été rejeté par votre dernier amour, vous désirez tant plaire à votre nouvelle conquête que vous vous y prenez avec trop d'ardeur. Ou encore vous êtes tellement dépassé par vos nouvelles responsabilités de père célibataire que vous ne parvenez pas à vous concentrer sur un autre sujet, fût-ce une femme nue dans votre lit.

Quelle qu'en soit la raison, soyez certain que ce type de dysfonctionnement sexuel n'indique pas une faiblesse quelconque chez vous, ni que vous n'êtes pas un homme dans toute l'acception du terme, ni qu'en secret, vous ne trouvez pas votre nouvelle conquête charmante. Et sachez bien que ce phénomène est presque toujours temporaire. Entre-temps cependant, voici quatre choses qui vous aideront :

Calmez vous. Au tout premier signe que quelque chose ne va pas, la première réaction de beaucoup d'hommes est de chercher tous azimuts une solution rapide. Vous vous précipitez chez le médecin, dans l'espoir que celui-ci vous prescrira du Viagra ou quelque autre médicament dont vous n'avez nul besoin si votre problème n'est pas physique – et le vôtre ne l'est probablement pas. Ou vous dépensez des centaines de dollars en cures absolument inutiles recommandées par les périodiques ou sur Internet. De grâce, abstenez-vous de tout cela. Vous ne réussirez qu'à vous inquiéter davantage alors que c'est exactement ce qu'il ne faut pas faire.

Essayez quelque chose d'autre. L'une des raisons qui rendent si dramatique pour les hommes tout dysfonctionnement sexuel est que nous sommes obnubilés par les orgasmes – et surtout par celui de notre partenaire. Trop nombreux sont ceux d'entre nous qui croient ne pouvoir amener leur partenaire au paroxysme sans un pénis en parfait ordre de marche. C'est faux. Tout d'abord, tous les rapports sexuels réussis ne doivent pas s'achever par un orgasme. Ensuite, tous les orgasmes ne sont pas nécessairement produits par la pénétration. Si vous expliquez à votre partenaire que quels que soient vos problèmes éventuels, ceux-ci n'ont rien à voir avec elle, elle sera très probablement coopérante et toute prête à explorer d'autres voies pour vous satisfaire sexuellement l'un et l'autre. N'hésitez donc pas à utiliser vos mains, votre langue ou même un vibrateur ou autre dispositif agréable. Le procédé apportera de l'intérêt à votre vie sexuelle et contribuera à vous rendre confiance en vous.

Prenez soin de vous. Vivre un problème sexuel peut être si déprimant et si morfondant qu'il est difficile de penser à autre chose – y compris à ce qui pourrait être bon pour vous. Une nourriture inadéquate et un manque d'exercice réduiront votre énergie et votre capacité de concentration, ce qui vous rendra plus anxieux que jamais. « Ce qui est bon pour votre cœur est aussi bon pour votre pénis » déclare l'urologue E. Douglas Whitehead.

Pratiquez la méditation. Cela peut paraître farfelu, mais le procédé fait merveille, il vous permet de vous relaxer et de vous dégager l'esprit de ces problèmes. Le procédé est aussi très facile. Fermez simplement les yeux et concentrez vous sur votre respiration – aspirer, expirer, aspirer… Il faut pratiquer cet exercice pendant huit secondes avant que l'esprit ne prenne son envolée vers d'autres sujets comme l'image de votre petite personne étendue calmement sur le lit. Lorsque vous constatez que vous ne vous concentrez plus sur la respiration, ramenez gentiment votre esprit sur le sujet. Deux sessions quotidiennes d'une vingtaine de minutes chacune serait un rythme idéal, mais même dix minutes de pratique journalière vous aideront beaucoup. Après quelques semaines, vous remarquerez que votre esprit s'éparpille de moins en moins. Encore deux suggestions : ne méditez pas lorsque vous êtes exténué ou en position couchée, vous risqueriez de vous endormir. Asseyez-vous plutôt confortablement sur une chaise et ne consultez pas votre montre chaque minute. Une méditation un peu trop longue ne risque pas de vous faire du tort. Si nécessaire, utilisez une minuterie.

Lorsque les choses deviennent sérieuses

Les présentations

Il n'y a pas de règles définissant le moment où il convient de faire les présentations entre votre amie et vos enfants. Pourtant les experts pensent qu'il vaut mieux patienter jusqu'au moment où les choses deviennent sérieuses. Ce qui ne signifie pas que vous deviez attendre vos fiançailles... Pour autant que les relations soient exclusives et engagées, le moment est indiqué. Si simple que cela paraisse, faire les présentations est souvent très éprouvant pour chacun et demande une bonne préparation. Quand, comment et où situer l'événement est de toute évidence votre problème. Mais voici quelques points auxquels il convient de penser.

- **Un peu trop tard vaut mieux qu'un peu trop tôt.** Assurez-vous que les enfants soient prêts. Si vous êtes veuf, vos enfants pourraient avoir besoin d'une période assez longue pour s'adapter à la vie sans leur mère. Si vous êtes divorcé ou séparé, vos enfants pourraient toujours espérer que leur mère et vous vous réconcilierez un jour.

- **Un peu trop court vaut mieux qu'un peu trop long.** Quelques heures sont probablement suffisantes pour un premier contact. Chacun a besoin de temps pour assimiler les nouveautés. Camper une semaine dans les bois est beaucoup trop long et impose trop de contraintes à chacun.

- **Ayez un plan.** Ne vous contentez pas de rassembler tout le monde, puis de rester assis. Prévoyez quelque activité ou une petite sortie. Et que faire ensuite ? Déposer votre amie ? Déposer les enfants ?

- **Préparez les enfants.** Dites-leur que vous aimeriez leur faire rencontrer quelqu'un de très spécial. Mais ne leur dites pas ce qu'ils doivent ressentir à son égard. Ce faisant, vous leur feriez subir une trop grande pression et votre attitude pourrait leur suggérer des sentiments de culpabilité s'ils ne se sentent pas attirés dès l'abord.

- **Parlez à votre amie de vos enfants et de leurs petits travers.** Lorsqu'elle avait trois ans, ma cadette exprimait son affection en proférant des menaces de mort, une chose que j'avais oublié de mentionner à mon amie. Imaginez la réaction de celle-ci lorsque ma fille, levant le pouce et l'index, s'écria : « Il te reste ça à vivre ! »

- **Maîtrisez vos effusions.** Votre amie et vous pourriez penser que vous embrasser devant les enfants leur montrerait combien vous vous aimez. Peut-être, mais votre attitude pourrait aussi mettre vos enfants mal à l'aise ou les rendre jaloux et rancuniers.

- **Avertissez-la que vous pourriez être préoccupé.** Les enfants pourraient ne pas être au mieux de leur comportement et il se pourrait que vous deviez leur consacrer plus d'attention que vous ne voudriez. Votre amie pourrait s'en trouver jalouse et se croire délaissée. Elle aimerait que vous lui disiez que tout est arrangé – même si vous exprimez cela en lui tenant la main par-dessous la table – mais il se peut que cela soit tout aussi difficile.

- **N'espérez pas un comportement parfait, même de votre propre part.** Vos enfants peuvent être tout sauf angéliques. Votre amie peut se révéler amicale ou distante. Et vous-même pouvez grommeler à tout coup, en particulier si rien ne va comme vous l'aviez espéré.

- **Ne placez donc pas vos espoirs trop haut.** Même en espérant que tout se passe bien, votre nouvelle amie et vos enfants ne pourront pas instantanément devenir les meilleurs amis du monde. L'objectif de cette première rencontre n'est que de réaliser un tout premier contact. Les vraies amitiés demandent du temps pour s'établir.

Si votre amie a aussi des enfants

Les mariages et autres relations se nouant et se dénouant fréquemment, il est fort probable que la femme avec qui vous sortez ait aussi des enfants. Dans ce cas, les présentations seront un peu plus compliquées. Pour minimiser ces complications, vous ne devriez mettre les deux familles en présence qu'après que votre amie et vous ayez eu l'occasion de rencontrer séparément les uns et les autres. Donnez aux enfants l'occasion de s'habituer aux nouveaux adultes avant de mettre tout le monde en présence et lorsque viendra ce moment, rappelez-vous ceci :

- **Laissez les enfants placer leur mot.** Plus ils s'amuseront ensemble, plus ils auront de chances de souhaiter se retrouver à nouveau. Si donc les enfants veulent voir un film ou aller manger une pizza ou pique-niquer au parc, laissez-les faire. C'est beaucoup mieux qu'une conférence de trois heures sur la biologie horticole.

- **Les premières visites doivent être courtes.**

- **Ne mettez pas de pression sur les enfants.** Annoncer à un enfant qu'il va en rencontrer un qui fréquente la même année scolaire ou qui aime aussi dessiner est une chose. Lui dire qu'ils seront les meilleurs amis du monde en est une autre. Les expressions comme « nouvelle famille » ; « nouveau frère » ou « nouvelle sœur » sont inutilement stressantes pour les enfants.

- **Ne vous faites pas trop d'illusions.** Vos enfants pourraient être très jaloux des enfants de votre amie et réciproquement. Ne soyez donc pas déçu s'ils ne s'entendent pas à merveille du premier coup.

- **Ce par quoi vous pourriez passer**
  Nous l'avons dit tout au long de ce livre, mettre fin à une relation ou perdre sa femme peut causer de multiples

émotions et sentiments de toute nature. Mais entreprendre une nouvelle relation peut tout autant vous perturber émotionnellement. Vous trouverez ci-dessous quelques-uns des sentiments les plus fréquemment éprouvés au dire des pères célibataires de ce pays, sur le point d'entreprendre une nouvelle vie.

- **Ivresse.** N'est-ce pas merveilleux d'aimer et d'être aimé à nouveau ?

- **Soulagement.** Désormais, quelqu'un peut vous aider à élever les enfants. Bien qu'il soit utile d'avoir de l'aide de temps en temps, résistez à la tentation de laisser peser tout le poids de l'éducation des enfants sur votre amie. Elle n'apprécierait pas ce surcroît de responsabilités, les enfants non plus.

- **Accueil des émotions.** Mon amie m'a dit un jour qu'elle comparait la fin d'une relation à l'enlèvement de quelques couches de peau qui laisse émotivement à vif. Ce qui est pénible est le fait que vous souffrez plus que vous n'avez jamais souffert. Mais il y a un bon côté : vous ressentez aussi mieux que jamais les émotions positives comme le bonheur et l'harmonie. En d'autres termes, plus profonds sont les creux, plus hautes sont les crêtes.

- **Vulnérabilité.** Comme la plupart des hommes, privé de votre compagne, vous avez perdu votre confidente la plus intime, l'une des rares personnes à qui vous pouviez confier en toute honnêteté vos émotions. Ces derniers mois ou ces dernières années, vous n'avez pu parler à personne de vos états d'âme. Maintenant que quelqu'un est entré dans votre vie, vous pouvez vous épancher de nouveau. C'est une bonne chose, mais essayez de ne pas devenir trop dépendant d'elle.

- **Conflits internes.** Engager ne nouvelle relation et être à la fois un père actif n'est pas simple et vous aurez parfois l'impression de devoir choisir entre vos enfants et votre amie. En même temps, vous pourriez en vouloir à vos enfants de vous rendre la vie aussi difficile (la logique voulant que, si vous n'aviez pas d'enfants, vous ne seriez pas dans cette situation difficile).

- **Inquiétude sur vous-même.** Vous vous êtes donné bien du mal pour récupérer votre indépendance et vous savez que vous pouvez très bien faire face à votre tâche de père. Mais à présent que vous vous engagez à nouveau, vous pourriez perdre à la fois votre indépendance et votre autorité sur les enfants.

- **Inquiétude au sujet des autres.** Comment vos enfants réagiront-ils face à votre amie ? Comment elle-même réagira-t-elle vis-à-vis de vos enfants ? Comment votre « ex » acceptera-t-elle tout cela ? Toutes ces inquiétudes vous amènent au bord de la folie. Il est bon de vous inquiéter des réactions des autres, mais y passer trop de temps pourrait vous empêcher de vous occuper de vous-même et de vos propres besoins.

- **Culpabilité.** Peut-être avez-vous l'impression que vous faites passer vos propres besoins avant ceux de vos enfants en consacrant à votre nouvelle amie du temps que vous pourriez réserver à vos enfants.

- **Exagération.** Certains pères célibataires s'enflamment tellement pour leur nouvelle amie qu'ils en viennent à oublier complètement leurs enfants, remarquent Richard Gatley et David Koulack. C'est là un danger sournois, écrivent-ils, car jugeant avoir raté une première relation, vous pourriez être tenté de tout abandonner pour plaire à votre nouvelle amie et faire, de votre nouvelle relation, un plein succès.

- **Surprotection.** Selon un schéma similaire, si vous pensez que le fiasco de votre première relation ne présage rien de bon pour la seconde, vous pourriez être tenté d'épargner à vos enfants une nouvelle rupture en faisant tout (consciemment ou inconsciemment) pour empêcher qu'une trop grande intimité ne s'établisse entre votre amie et vos enfants.

Ce par quoi vos enfants pourraient passer

Vos enfants doivent aussi s'adapter à la nouvelle situation. La plupart le font très bien et, si vous avez de la chance, ils tomberont immédiatement amoureux de votre amie et encourageront vos relations avec elle. Mon amie est illustratrice de livres pour enfants. Incidemment, elle a illustré un des livres favoris de mes filles qui se sont immédiatement entichées d'elle. Il est intéressant de constater que les enfants acceptent plus facilement les nouvelles amours de leur père que celles de leur mère.

Si vos enfants acceptent la nouvelle femme (ou les nouvelles femmes) de votre vie, vous n'avez aucun souci à vous faire. Mais dans de nombreux cas il n'en va pas ainsi. Le traumatisme de votre rupture ou du décès de leur mère vous a probablement rapprochés, vos enfants et vous, Dans leur esprit, vous leur appartenez et ils peuvent se sentir effrayés par tout qui pourrait représenter une menace pour cette relation. Ils craindront d'être abandonnés ou de voir votre amour pour eux diminuer si vous aimez quelqu'un d'autre. Et si vous êtes veuf, ils pourraient considérer votre engagement vis-à vis de quelqu'un d'autre comme un manque de respect à la mémoire de leur mère.

Si vos enfants ne se sentent pas rassurés quant à leur place dans votre vie et dans votre cœur, ils peuvent imaginer toute une série de stratagèmes en vue de miner vos relations avec les femmes. Il est fréquent qu'ils manifestent de gros accès de colère juste avant que vous ne quittiez la maison, ou qu'ils adoptent une attitude excessivement collante. Il leur arrive d'« oublier » de relayer les messages téléphoniques concernant vos rendez-vous, de se plaindre à la dernière minute d'un malaise, généralement imaginaire, ou de faire des commentaires peu flatteurs sur vos amies.

Amener vos enfants à accepter votre vie amoureuse et les femmes qui en font partie

Plus les enfants se sentent à l'aise dans leurs relations avec vous, moins de problèmes vous aurez dans vos relations avec les femmes autres que leur mère. Mais, même si vos relations avec les enfants sont au beau fixe, ces derniers peuvent être moins qu'accueillants pour vos nouvelles amies. Comme vous êtes leur père, vous avez cependant une grande influence sur la façon dont ils accepteront les changements qui se préparent. Voici quelques points qui les aideront à faire face.

- **Montrez-leur que vous les aimez.** Les hommes ont tendance à exprimer leur amour en faisant (ou en achetant) des choses. Bien que ce soit parfait dans beaucoup de cas, travailler quatre heures de plus par jour et dépenser l'argent ainsi gagné en cadeaux ne suffit pas. Vos enfants ont davantage besoin de nombreuses démonstrations verbales et physiques de votre amour.

- **Ne commencez pas trop tôt à courir à des rendez-vous.** Que vous soyez divorcé, célibataire ou veuf, vos enfants ont du chagrin et ils ont besoin d'un certain temps pour s'adapter à la nouvelle situation. Commencer immédiatement une nouvelle vie sociale les prive de cette période d'ajustement, et peut aussi les rendre plus anxieux et susciter un certain ressentiment.

- **Dites-leur bien que vous n'allez pas essayer de remplacer leur mère.** Que la mère de vos enfants soit encore en vie ou non, personne ne pourra jamais la remplacer ni dans la vie courante, ni dans la mémoire de vos enfants. Ils doivent savoir que les raisons pour lesquelles vous sortez avec d'autres femmes sont des raisons qui vous sont propres et répondent à vos besoins, non aux leurs.

- **Encouragez-les à parler.** S'ils ont des questions à poser, répondez-y, mais n'entrez pas dans trop de détails, en particulier s'ils désirent connaître des détails très personnels. S'ils aiment ou n'aiment pas telle ou telle personne que vous rencontrez, laissez-leur donner leur avis. Mais dites-leur que même si leur opinion est importante, la décision finale vous appartient.

- **Ne sollicitez pas de permission.** Bien que votre vie sociale puisse, d'une certaine manière, avoir des répercussions sur eux, ce n'est pas leur affaire. Leur demander si vous pouvez sortir ou s'ils aiment l'une ou l'autre de vos amies risque de leur donner l'impression fausse qu'ils peuvent approuver ou désapprouver vos relations.

- **Soyez sincère.** Si vous sortez, même si c'est avec quelqu'un qu'ils n'aiment pas, dites-le leur. Et faites en sorte qu'ils sachent combien de temps vous serez absent. Si vous passez la nuit quelque part, dites-le leur également.

- **Écoutez-les.** Écoutez les raisons pour lesquelles ils disent qu'ils n'aiment pas telle ou telle de vos amies. Vous ne devez pas nécessairement être d'accord, mais ils sont parfois sensibles à certaines choses que vous ne percevez pas.

- **Ne leur faites pas rencontrer vos amies trop tôt.** Pour plus de détails, relisez le passage intitulé *Lorsque les choses deviennent sérieuses*. Avant la rencontre, parlez d'elle, dites-leur combien elle et vous êtes heureux d'être ensemble et que vous aimeriez que les enfants fassent sa connaissance.

- **Ne téléguidez pas leurs réactions.** Rien de tout ce que vous pourriez leur dire n'amènera vos enfants à aimer votre amie. Ils auront besoin de temps. Laissez-les donc réagir et créer leurs propres relations. Surtout ne les encouragez jamais, au grand jamais, à dire « Maman » à quelqu'un d'autre que leur propre mère.

- **Pas de démonstrations amoureuses devant eux.** Ils n'ont déjà que trop tendance à croire qu'ils devront entrer en compétition avec votre amie pour garder votre amour et votre affection.

Ce par quoi votre amie pourrait passer

Ce n'est pas toujours facile de sortir avec un chef de famille monoparentale

J'ai un très grand respect et beaucoup d'admiration pour la femme qui s'engage envers un homme qui a déjà des enfants. Après avoir bavardé avec nombre d'entre elles, je puis vous assurer que la tâche est plus difficile qu'il n'y paraît. Pour avoir un bref aperçu de ce que sa propre vie peut être, passons en revue – du point de vue féminin – quelques-uns des problèmes rencontrés.

- **Il lui faut du cran.** Vos enfants sont un rappel constant et vivant que vous avez aimé – et fait souvent l'amour – avec une autre femme, femme avec laquelle vous entretiendrez probablement encore des relations suivies pendant bien des années à venir.

- **Elle pourrait vous aimer mais ne pas être sûre d'aimer devenir une belle-mère.** Vous vous en tirez honorablement auprès de vos enfants et, en fréquentant votre amie, vous ne cherchez pas, espérons-le, à procurer une mère à vos enfants. Quel que soit votre engagement auprès de ceux-ci, il reste cependant que votre amie et épouse en perspective aura à reprendre au moins un certain rôle parental. Si donc elle n'apprécie pas vraiment les enfants et n'est que modérément enthousiasmée à l'idée de devenir une belle-mère, elle n'est peut-être pas la femme qu'il vous faut.

- **Il lui paraît difficile de creuser sa place dans votre vie.** Elle vous aime et désire prendre une part dans votre propre vie, mais elle sait que vos enfants resteront prioritaires pour vous. Si vous êtes veuf et si elle entre dans la maison où vous avez vécu avec votre première épouse, comment réussira-t-elle à s'y intégrer?

- **Elle pourrait en vouloir aux enfants.** Les enfants ont un don particulier pour accaparer l'attention des parents et plus vous passerez de temps avec eux, moins vous pourrez en consacrer à votre amie.

- **Sa position vis-à-vis des enfants peut être ambiguë.** Essayera-t-elle d'être leur mère? Leur amie? Ou choisira-t-elle une position intermédiaire? Si votre « ex » est en vie, vos enfants ont déjà une mère qui les aime et votre amie pourrait alors se persuader que les enfants n'arriveront jamais à l'aimer. Si vous êtes veuf, les choses pourraient être plus difficiles encore : votre amie devra assumer un rôle maternel majeur mais sera encore, dans l'esprit des enfants, en compétition avec la mémoire de leur mère décédée, ce qui est plus difficile que de se trouver face à une personne vivante. En outre, elle pourrait ne pas savoir si elle doit punir les enfants ou si elle et autorisée à le faire Si, à l'occasion d'un différend, vous prenez le parti des enfants, elle pourrait avoir l'impression que votre « gentille petite famille » se ligue contre elle.

Comment l'aider

C'est vous l'élément le plus important qui aidera la nouvelle femme de votre vie à s'intégrer dans ses rôles d'amante et d'éventuelle belle-mère de vos enfants. Vous êtes celui qui doit l'accueillir au sein de la famille et celui qui doit veiller à ce que les enfants comprennent bien son rôle. Comme il est normal pour tout qui entre dans un groupe familial préexistant, votre amie se sentira quelque peu désorientée au début. Voici quelques attitudes qui vous permettront de l'aider à reprendre confiance en elle.

- **Faites-lui comprendre qu'elle n'a pas à jouer le rôle de mère vis-à-vis de vos enfants.** La plupart du temps, elle ne le pourrait d'ailleurs pas, ils en ont une. Ce qu'elle peut et doit faire par contre, c'est traiter vos enfants avec amour et attention. Après quelque temps, elle en recevra autant de leur part.

- **Accordez-lui le temps suffisant pour établir ses relations avec les enfants.** Laissez les choses se développer à leur rythme naturel, sans l'amener à prendre sur elle plus de responsabilités qu'elle n'est à même d'en prendre.

- **Complimentez-la.** Peut-être ne l'avouera-t-elle pas, mais elle souhaitera vraiment savoir si les enfants l'aiment et si elle se comporte comme il se doit vis-à-vis d'eux. Si donc les enfants vous font un compliment à son égard, répétez-le lui. Complimentez-la aussi vous-même lorsqu'elle réalise des projets avec les enfants et donnez-lui des conseils discrets en cas de problème. La surveiller de près la mettrait mal à l'aise, laissez-la surtout découvrir par elle-même comment se comporter, tout comme vous l'avez appris vous-même, en commettant des erreurs.

- **Parlez aux enfants.** Assurez-vous qu'ils reconnaissent son autorité et qu'ils savent ce qu'on attend d'eux dans le cadre de leurs relations avec elle.

- **Encouragez-la à vous faire part de ses sentiments.** Peut-être est-elle parfaitement heureuse, mais peut-être aussi se sent-elle frustrée, exaspérée et inquiète. Aidez-la à jouir de ses succès et aussi à pleurer sur votre épaule.

- **Aidez-la à traiter avec votre « ex ».** Votre amie et votre « ex » n'auront probablement pas grand-chose à faire ensemble. Mais elles pourraient se rencontrer à l'occasion de certains événements familiaux, scolaires ou sportifs. Vous pouvez contribuer à minimiser les conflits éventuels par votre attitude équilibrée dans la façon dont vous parlez de votre « ex ». Si vous n'en avez dit que du mal, votre amie aura tendance à lui être hostile. Mais si vous n'en avez dit que des propos élogieux, elle aura tendance à en être jalouse.

- **Définissez quelques règles de base.** Il est essentiel que la femme avec qui vous entretenez des relations à long terme et vous-même ayez une attitude concertée sur les points suivants:

- Discipline. Qui corrigera les enfants et comment? Ce point peut être doublement important si, de son côté, elle a aussi des enfants et une façon à elle de traiter la question de discipline. Relisez le chapitre traitant spécifiquement de cette question.

- Autres problèmes. Pour qu'elle se sente partie intégrante de votre famille, vous devez lui déléguer une certaine autorité sur les enfants et la soutenir lorsqu'elle en fait usage. En même temps, vous ne souhaitez pas qu'elle pousse les choses jusqu'à régenter toute votre vie (et celle des enfants). Est-ce qu'elle aidera les enfants à faire leurs devoirs? Conduira-t-elle vos voitures respectives? Assistera-t-elle aux réunions parents-professeurs?

- Argent. Comment gérerez-vous les finances familiales? Une partie de ses revenus seront-ils utilisés pour payer la pension des enfants, ou pire, pour payer la pension alimentaire de votre « ex »? Si elle a aussi des enfants, une partie de vos revenus sera-t-elle utilisée à leur profit?

- Pour toute autre question, lisez la section intitulée *Si vous-même devenez un beau-père*, en inversant les genres.

Comment vos parents et votre entourage pourraient-ils réagir vis-à-vis de la nouvelle femme de votre vie?

Bien que votre vie privée ne concerne ni vos parents ni vos proches, rien n'empêchera les personnes de votre entourage d'avoir leur propre opinion sur ce sujet brûlant, ni même d'exprimer clairement cette opinion. Si vous avez de la chance, tous seront heureux de vos initiatives et vous approuveront avec enthousiasme, mais attendez la suite…

Si vous êtes divorcé ou encore célibataire, vos parents pourraient prétendre que toute femme avec qui vous sortez est «la même que l'autre (votre ex)». Les parents de votre ex pourraient de leur côté mettre en doute votre moralité s'ils découvrent qu'une de vos amies a passé la nuit chez vous. Et si vous êtes veuf, votre belle-famille pourrait considérer vos rendez-vous et vos joyeusetés comme des infidélités à la mémoire de leur fille.

À petites doses, de tels commentaires peuvent être ignorés. S'ils devenaient trop insistants, il vous appartiendrait de faire comprendre aux empêcheurs de danser en rond que votre vie privée n'appartient qu'à vous et que vous n'en discuterez avec personne. Le gros problème ici est qu'on pourrait critiquer votre genre de vie auprès de vos enfants. Si vous pensez que c'est le cas, il est essentiel que vous y mettiez fin sans délai. Les grands-parents ou les proches pourraient tenter d'éloigner les enfants de vous tout comme leur mère peut le faire. Avertissez votre belle-famille que, s'ils ont quelque chose à dire, ce soit à vous qu'ils le disent et que toute tentative de mêler les enfants à votre vie privée ou d'éloigner ceux-ci de vous pourrait les amener à ne plus voir les enfants pendant un certain temps, tout au moins tant que vous en avez la garde. Soyez très ferme là-dessus. Pour plus de suggestions concernant ce point, relisez le paragraphe Que faire si on a tenté de détacher l'enfant de vous.

Efforcez-vous toutefois d'être patient. Souvent, les commentaires peu délicats de proches concernant vos rendez-vous ne sont que le reflet de la crainte de ceux-ci de se voir écartés de vos enfants si vous entreprenez une nouvelle liaison. Si vous pouvez les rassurer sur ce point, vous éviterez probablement tout problème ultérieur.

Comment traiter les réactions de votre « ex » vis-à-vis de votre nouvelle amie

Si vous êtes resté en bons termes avec votre « ex », celle-ci peut être sincèrement heureuse de découvrir la nouvelle femme de votre vie. Mais tant les ex-épouses que les nouvelles amies n'ont pas toujours cette ouverture d'esprit. Bien que votre vie sociale ne la concerne plus, votre « ex » aura probablement une vive réaction face à votre amie, tout comme vous pourriez en avoir face au nouvel homme de sa vie.

- Elle pourrait être inquiète en pensant que votre amie va saper, auprès des enfants, son rôle de mère.
- Elle pourrait être furieuse et mal disposée, surtout si c'est vous qui avez provoqué la rupture ou si votre amie faisait déjà partie du tableau avant la rupture ;
- Elle pourrait être jalouse si votre amie est plus intelligente, plus jolie, plus riche ou plus talentueuse qu'elle-même.
- Elle pourrait envier votre nouvelle situation de famille, surtout si elle-même reste seule.
- Elle pourrait se sentir déprimée au cas où elle aurait encore nourri l'idée que vous pourriez un jour reprendre la vie commune.

Votre « ex » surmontera probablement ses sentiments négatifs à l'encontre de votre nouvel amour. Cependant, si elle se laisse dominer par sa colère et ses ressentiments, vous pourriez affronter quelques difficultés. Le plus souvent dans ce cas, elle essayera de vous atteindre par les enfants. Elle pourrait d'abord tenter de vous dénigrer, vous et votre amie. Ou essayer de saper votre nouvelle relation en refusant de laisser aller les enfants chez vous si « cette femme » est présente, ou encore vous punir en vous privant totalement de la présence des enfants. Si l'une ou l'autre de ces situations devait se présenter, essayez de parler à votre « ex » aussi tôt que possible. Il faut vous efforcer de lui faire comprendre que, quelle que soit sa rancune à votre égard, c'est aux enfants qu'elle fait du tort. Si vous ne pouvez lui parler ou si vous craignez qu'elle ne prenne des dispositions plus graves pour vous tenir éloigné des enfants, relisez les premières pages du chapitre intitulé *Lorsque les choses vont mal.*

Le grand saut : vivre en conjoints de fait ou se marier

Au risque de paraître vieux jeu, permettez-moi de commencer en disant ceci : plutôt que de vivre en union libre avec votre amie, épousez-la. D'une manière générale, je n'ai aucune objection à voir des couples vivre ensemble et je l'ai fait moi-même plusieurs fois. Mais c'était avant d'avoir des enfants.

C'est peut-être parce que j'ai lu trop de contes de fées ou vu trop de films dans lesquels le prince et la princesse se marièrent et vécurent ensuite heureux... Mais même très jeunes, les enfants assimilent le mariage à une relation qui doit durer toujours. Si la mère de vos enfants et vous-même vous êtes séparés, cette foi a bien sûr été quelque peu ébranlée. Mais en profondeur, elle reste vivante. Si vous vous mettez en ménage avec quelqu'un sans être mariés, vos enfants croiront que votre relation n'est que temporaire. Comme je l'ai mentionné plus haut, les enfants ont besoin de sécurité et de continuité dans leur vie et leurs relations et ils n'auront ni l'une ni l'autre s'ils appréhendent une nouvelle rupture.

Mais que vous vous mariez ou que vous décidiez seulement de vivre ensemble, veillez à en informer les enfants aussi tôt que possible. Ils ont le droit de tout savoir au sujet des événements principaux qui les affectent et il faut bien se garder de les mettre au courant à la dernière minute.

Si vous êtes divorcé ou n'avez jamais été marié

Dans la plupart des cas, vos enfants seront heureux du grand changement qui se prépare. Mais même si tout a été bien jusqu'à présent et si vos enfants s'entendent parfaitement avec la femme que vous allez épouser ou avec laquelle vous allez vivre, demeurez sur vos gardes : les enfants, parfois, réagissent mal. Qu'ils vous l'aient dit ou non auparavant, ils peuvent avoir nourri l'espoir que leur mère et vous, vous réconcilieriez un jour. Plus la date du mariage ou de l'emménagement approche, plus mal ils pourraient se conduire, essayant de faire tout ce qu'ils peuvent pour perturber les événements.

Soyez aussi préparé à un changement d'attitude envers vous de la part de votre « ex » (voir plus haut : *Comment traiter les réactions de votre « ex » vis-à-vis de votre nouvelle amie*). Se faire à l'idée que vous sortez avec d'autres femmes est une chose, se faire à l'idée que vous épousez l'une d'elles en est une autre.

Si vous êtes veuf

Le remariage est habituellement plus facile pour un veuf que pour un divorcé ou un père qui n'a jamais été marié. Bien que certains enfants peuvent penser que, ce faisant, leur père essaie de remplacer leur mère, la plupart se trouvent heureux pour vous et s'entendront généralement bien avec leur belle-mère. Vous aussi avez l'avantage de pouvoir fonctionner comme une seule unité familiale, sans devoir vous déplacez sans fin de votre maison à celle de leur mère. À la fin du compte, bien que votre nouvelle femme puisse se sentir intimidée par la mémoire de votre première femme, elle n'aura pas, en réalité, à traiter avec elle. Grâce à tout cela, il n'est pas étonnant que les veufs soient, en général plus heureux dans un second mariage que les pères divorcés.

Face à la vie amoureuse de votre « ex »

Le nouveau gars

Que vous l'appréciez ou non, votre « ex » rencontrera tôt ou tard le nouvel homme de sa vie. Et que cela se produise n'importe comment et n'importe quand, ce sera toujours un coup pour vous. (Si votre « ex » avait une liaison avant votre séparation, vous avez eu un peu de temps pour vous habituer à cette idée, mais tous n'ont pas eu cette « chance ».) Découvrir que votre « ex » dort avec quelqu'un d'autre – même si vous n'êtes plus ensemble depuis un certain temps – peut susciter en vous toutes sortes d'émotions.

- **Tristesse et incrédulité.** La vie amoureuse de votre « ex » sans vous est une preuve irréfutable que votre relation avec elle est définitivement terminée et enlève tout espoir que vous auriez pu encore nourrir (consciemment ou inconsciemment) de reprendre la vie commune.

- **Curiosité.** Que vous la haïssiez ou que vous en soyez encore amoureux, vous serez probablement très curieux de savoir avec qui elle sort, où ils vont, ce qu'ils font, etc. La chose la plus importante à garder à l'esprit au sujet des nouvelles relations de votre « ex » – même si elle sort avec trois idiots chaque semaine – est qu'en réalité ce n'est pas votre problème et que vous n'y pouvez rien. Si cependant vous vous parlez encore, vous pourriez l'encourager à tenir ses amis loin des enfants, mais n'espérez pas qu'elle écoutera vos avis.

- **Insécurité.** L'une de mes premières craintes après que mon « ex » eut emménagé avec son ami fut que ma position de père de mes enfants ne soit minée et réduite à une distante présence dans leur vie. L'idée m'était insupportable de savoir qu'un autre homme était en train de jouer avec mes enfants, leur lisait des histoires au coucher et leur apprenait à distinguer le bien du mal, et que mes enfants couraient à lui pour se consoler d'un bobo ou mendier un baiser. Tous les pères chefs de famille monoparentale ou presque – surtout ceux dont l'accès aux enfants est limité – ont connu ces sentiments. Bien qu'il soit naturel d'essayer de combattre votre propre insécurité en détruisant les relations du nouveau gars avec vos enfants, ne le faites pas. Lisez plutôt ce qui est dit dans le paragraphe suivant.

- **Jalousie.** L'un de ces jours, vos enfants reviendront vous dire comme ils se sont bien amusés avec le nouveau gars et combien ils l'aiment. Et ils vous diront des tas de choses du même genre qui vous déchireront : il a plus de cheveux que toi ou il est plus fort que toi ou il a réparé en une minute ce jouet sur lequel tu avais chipoté pendant des semaines... Essayez de vous rappeler que les enfants aiment vous raconter tout ce qui se passe dans leur vie. Ils n'essayent pas de vous heurter en parlant du nouveau gars. D'abord, n'essayez pas de rivaliser avec lui, cela montrerait aux enfants que vous n'êtes pas fort. En deuxième lieu, même si cela vous fait mal, encouragez les enfants à continuer. Ils doivent savoir qu'il est bon pour eux de développer leurs relations avec différentes personnes et que leur inclination pour quelqu'un dont vous ne vous souciez guère n'a rien à voir avec vos propres sentiments envers eux. Enfin soyez heureux du fait qu'ils lui racontent toutes sortes de choses élogieuses sur votre compte et qu'ils lui expliquent pourquoi lui ne sera jamais leur papa « pas'qu'ils en ont déjà un ». Souriez en pensant à l'impression que peut lui laisser une phrase comme celle-là...

- Quant à vos autres réactions possibles vis-à-vis du nouveau béguin de votre « ex », relisez la section consacrée à la façon dont elle pourrait réagir à *votre* vie amoureuse (*Comment traiter les réactions de votre « ex » vis-à-vis de votre nouvelle amie*) en inversant les genres.

Peuh ! Sourire à ce gars...

Sauf si vous avez la garde totale ou principale des enfants, la triste vérité est que ceux-ci passeront au moins autant de temps avec le nouveau béguin de leur mère qu'ils n'en passeront avec vous, et peut-être bien davantage. Parce que vous aimez vos enfants par-dessus tout, parce que vous ne voulez que leur bien, c'est à vous et à vous seul qu'il appartient de faire en sorte que leurs relations avec lui soient aussi positives que possible. Vous le savez mieux que personne, cela vous place dans la situation étrange et souvent inconfortable d'avoir à encourager les relations de vos enfants avec quelqu'un que vous pourriez ne pas trop aimer. C'est l'un des plus difficiles mais aussi l'un des plus importants devoirs que vous aurez à remplir à titre de père de famille monoparentale.

Il est important que vos enfants vivent avec des personnes qu'ils aiment et qui les aiment, y compris les hommes qui peuvent leur fournir des modèles positifs du rôle de l'homme. Certes vous leur communiquez ces choses lorsqu'ils sont avec vous. Mais comme vous ne pouvez être avec eux en permanence, la meilleure chose que vous puissiez souhaiter est que le nouveau gars les aime et leur procure un bon exemple, et – oh rage ! oh désespoir ! – qu'ils en arrivent aussi à l'aimer et à le respecter. Voilà comment vous pouvez favoriser la relation entre vos enfants et le nouveau gars, même si cette idée ne vous sourit guère.

- **Ne jamais l'affubler de sobriquets ni le critiquer devant les enfants ; lorsqu'ils parlent de lui, répondez positivement.** Le fait d'avoir de bonnes relations avec lui ne nuit en rien à leurs relations avec vous.

- **Ne posez pas de questions trop indiscrètes à son sujet.** Tout ce que vous devez savoir est que vos enfants sont en de bonnes mains lorsqu'ils ne sont pas avec vous.

- **Ne médisez pas du gars devant votre « ex ».** De toute évidence, elle ne sera pas d'accord et ne demande pas votre avis.

- **Si vous avez l'occasion de le rencontrer, soyez aimable avec lui.** Si les enfants vous ont dit quelque chose de bien de lui, répétez-le lui. Et dites-lui que vous seriez heureux de l'aider (au moins en ce qui concerne les enfants) de toutes les façons possibles. Qui sait, vous pourriez peut-être devenir des amis. Des choses plus surprenantes se sont déjà produites, mais ne rêvons pas...

- **Gardez confiance.** Il est à espérer que le gars soutiendra votre position dans la vie de vos enfants de la même façon que vous le faites pour lui. Sinon, tôt ou tard, vos enfants le remarqueront et lui reprocheront d'avoir voulu vous faire du tort. Et vous pouvez être certain que vous avez pris la bonne route et que vous avez agi comme il se doit.

Et si le gars ne se comportait pas correctement ?

Il se pourrait que vous en arriviez à soupçonner que le nouvel amour de votre « ex » est un réel danger pour vos enfants et que vous ne vous sentiez pas à l'aise en entretenant de telles relations. Dans ce cas, la première chose à faire est de vous demander d'où vous vient ce sentiment. Y a-t-il réellement quelque chose qui vous inquiète, est-ce un simple sentiment de jalousie ou encore est-ce parce que vous pensez qu'il n'est bon à rien ? Si c'est de la jalousie, il vous faudra apprendre à vivre avec vos sentiments. Mais ne rejetez pas entièrement vos soupçons.

Selon David Popenoe, sociologue de l'université Rutgers, les enfants sont beaucoup plus susceptibles d'être maltraités par un beau-père que par le père biologique. Dans une étude d'agression dans les habitations de mères célibataires, le sociologue Leslie Margolin a montré que les amis de la mère sont responsables, dans soixante-quatre pour cent des cas, des agressions sexuelles qui n'étaient pas commises par les parents. Si vos craintes se révèlent légitimes, vous devez prendre sans attendre les mesures qui s'imposent.

- **Etayez vos soupçons.** Gardez une trace écrite des faits qui vous ont inquiétés : contusions inhabituelles, sang sur les sous-vêtements, comportement ouvertement sexuel, commentaires des enfants relatifs à des traitements brutaux ou sexuels de la part du gars ou tout autre indice. Notez la date de vos premières constatations, les mots exacts utilisés par l'enfant et les réactions de celui-ci.

- **Restez calme.** Lorsque vous parlez de ces choses avec l'enfant, n'accusez jamais le gars et ne demandez jamais s'il a fait tel ou tel geste spécifique. Demandez plutôt d'une manière très naturelle comment il se fait qu'une contusion se trouve à cet endroit ou si quelqu'un l'a touché à cet endroit. Si l'enfant s'aperçoit que vous êtes inquiet, il pourrait vous dire ce qu'il croit que vous souhaitez entendre plutôt que la stricte vérité. Et dans beaucoup de cas, les causes suspectes se révèlent, après examen, parfaitement anodines.

- **Parlez de vos soupçons à votre « ex ».** Mais soyez aussi peu accusateur ou agressif que possible. Dites-lui ce que vous avez remarqué et pourquoi cela pourrait vous inquiéter l'un comme l'autre.

- **Avertissez la police de vos soupçons lorsque vous le jugez nécessaire.** N'oubliez pas de prendre avec vous le dossier que vous avez constitué

- **Engagez une action en justice pour protéger vos enfants.** Mais ne fondez pas trop d'espoir sur une telle action.

Lorsque votre « ex » se remarie

Dans l'esprit de bien des personnes, il n'y a pas grande différence entre le mariage et la vie en commun. Quoique nous puissions débattre de cette question pendant une journée entière (rassurez-vous, nous ne le ferons pas), il se fait que le mariage de votre « ex » entraîne certaines conséquences qui n'existeraient pas autrement.

- Il en découle certains avantages financiers pour vous. Si vous deviez précédemment verser une pension à votre « ex », votre obligation pourrait s'éteindre avec son mariage. Pourtant, attention ! dans la plupart des cas, votre obligation vis-à-vis des enfants ne changera pas, même si votre « ex » épouse un millionnaire.

- Le nouveau venu n'est plus tout à fait un nouveau venu ; il devient le beau-père de vos enfants. Dans l'esprit de quiconque – au moins dans le vôtre comme dans celui des enfants – c'est une relation beaucoup plus sérieuse. Et pour cette raison précisément, vous pourriez vous sentir encore plus jaloux de lui qu'auparavant et encore plus inquiet qu'il ne vous refoule un peu plus loin de la vie de vos enfants.

- Votre « ex » pourrait en réalité essayer de vous écarter complètement. Certaines femmes divorcées qui se remarient cherchent à élever un mur autour de leur nouvelle cellule familiale (l'épouse, son mari et ses enfants) en excluant le père biologique, remarque le sociologue et thérapeute David Knox. L'un des moyens qu'elles pourraient utiliser à cette fin consiste à domicilier les enfants dans un autre État pour vous rendre la tâche de père plus difficile. Une des meilleures façons de contrer une telle tentative serait, selon l'avis de Knox, d'obtenir un ordre du tribunal interdisant à votre « ex » comme à vous-même de faire sortir les enfants de l'État.

Recommandation finale

Peut-être vous sentirez-vous déprimé et frustré devant le rôle plus important joué par le nouveau venu dans la vie de vos enfants et vous pourriez vous sentir jaloux que ceux-ci l'aiment. Vous pourriez même être convaincu, à en juger par l'insistance de votre « ex », de ce que les enfants se trouvent mieux d'être élevés dans sa nouvelle famille à elle. Mais quels que soient vos sentiments déprimants, *ne vous laissez pas convaincre de laisser le nouveau venu adopter vos enfants.* Vous écarter de leur vie serait non seulement stupide mais surtout préjudiciable pour eux.

Si vous l'aviez oublié, sachez que vos enfants vous aiment et ont besoin de vous. Bien sûr, vos relations avec eux ont changé depuis qu'ils ont un beau-père. Mais cela ne veut pas dire que votre rôle de véritable père soit moins important. Les abandonner maintenant (soyons honnête, cela reviendrait à les offrir en adoption) serait absolument dévastateur, non seulement pour eux, mais aussi pour vous.

Si vous-même devenez beau-père

Dans les trois ans de leur divorce, environ quatre-vingts pour cent des hommes et soixante-dix pour cent des femmes se remarient. Ces proportions relativement élevées ne comprennent même pas les veufs et les veuves qui se remarient, les personnes précédemment mariées qui vivent avec un ou une partenaire sans l'épouser ni les célibataires qui recommencent une relation non conjugale. Cela dit, peu de personnes demeurent longtemps sans compagne ou compagnon.

Étant donné que ces nouvelles familles comprennent des enfants issus des anciens ménages, ce n'est donc pas une surprise d'apprendre que trente-cinq pour cent de tous les enfants passeront au moins cinq ans avant l'âge de dix-huit ans dans une famille reconstituée, estime la Step Family Association of America. Et comme soixante-cinq pour cent des enfants dans ce cas vivent avec un beau-père, il y a de fortes possibilités que votre prochaine partenaire à long terme aura des enfants à elle et qu'en plus d'assumer votre rôle de père, vous vous trouverez aussi dans celui de beau-père.

Nous avons récemment évoqué (au paragraphe intitulé *Ce par quoi votre amie pourrait passer*) les difficultés que la nouvelle femme de votre vie pouvait rencontrer en s'installant auprès de vous et de vos enfants. La situation est inversée ici, mais bien des points évoqués alors s'appliquent aussi dans le cas présent et vous pourriez retourner à ces pages pour les lire ou les relire attentivement, en inversant les genres. Certaines difficultés supplémentaires semblent pourtant spécifiques au cas du beau-père.

Beaucoup de beaux-pères s'imaginent à tort qu'ils vont pouvoir s'installer sans difficulté dans leur nouvelle famille composite et se comporter exactement comme au sein d'une famille biologique ordinaire. Rien n'est plus faux. La vérité est que les beaux-pères ont de grosses difficultés à se situer au sein de la nouvelle entité familiale. Il n'est pas facile d'établir des relations avec des enfants qui ont déjà un père quelque part. Il est rare aussi qu'ils aient quelque forme d'autorité légale, celle-ci restant l'apanage du père biologique. Bien que leur position soit clairement prescrite et protégée par la loi, la plupart des hommes, même s'ils sont pères par ailleurs, n'ont ni la pratique ni l'entraînement voulu pour s'occuper des enfants des autres et ne savent quelle attitude adopter.

Beaucoup de beaux-pères sont aussi surpris lorsque l'amour qu'ils s'attendaient à échanger avec leurs beaux-enfants ne se réalise que lentement ou même pas du tout. Dans une étude importante sur les belles-familles, Lucile Duberman, chercheuse, a découvert que, chez les beaux-pères, à peine cinquante-trois pour cent déclarent nourrir des sentiments « paternels » envers leurs beaux-enfants et seulement quarante-cinq pour cent disent ressentir un amour réciproque de la part de leurs beaux-enfants.

Si vous êtes déjà beau-père ou sur le point de le devenir, vous devez faire face à un nombre important de problèmes. Ignorés, ces problèmes peuvent échapper à votre contrôle et interférer dans vos relations avec votre nouvelle partenaire, avec ses enfants et même avec vos propres enfants. Bien qu'une discussion en profondeur de ces questions sorte du cadre de cet ouvrage, être simplement informé que celles-ci existent pourra déjà vous aider, votre partenaire et vous, à éviter les traquenards dans lesquels tombent trop souvent les belles-familles.

Votre nouvelle partenaire

- Elle peut vous reprocher le temps que vous passez avec vos enfants, pensant que ce temps, vous ne le passez pas avec elle, ses enfants ou les enfants que vous pourriez avoir ensemble. De votre côté, vous pourriez lui en vouloir pour le temps qu'elle consacre à ses enfants au lieu de le réserver à vous et à vos enfants.
- Si vos propres enfants ne vivent pas avec vous, vous pourriez vous sentir coupable de passer plus de temps avec les siens qu'avec les vôtres.

Ses enfants

- En ce qui concerne l'établissement et la mise en pratique de limites pour vos propres enfants, c'est vous qui êtes en charge. Mais qu'en est-il lorsqu'il s'agit de faire obéir vos beaux-enfants? Bien des beaux-pères ne savent pas très bien quelle attitude adopter à ce sujet. Et si vous n'avez pas passé beaucoup de temps à connaître vos beaux-enfants et à gagner leur confiance, les faire obéir peut se révéler une tâche ardue.
- Vous manquez de points de repère pour juger du degré d'affection à témoigner à vos beaux-enfants (à supposer que vous souhaitiez leur en témoigner). Trop ne serait pas sincère, trop peu ne serait pas une meilleure attitude.
- Et si vous vous sentiez sexuellement attiré par votre belle-fille? Ce ne serait que parfaitement naturel, mais extrêmement déconcertant.
- Ses enfants pourraient vous en vouloir profondément d'accaparer leur mère. Plus longtemps elle aura été à la fois mère et célibataire, plus jaloux seront les enfants.
- De votre côté, vous pourriez reprocher à ses enfants d'accaparer une partie du temps qu'elle pourrait vous consacrer.

Vos enfants

- Parce que votre « ex » passe probablement plus de temps que vous avec vos enfants, et parce que votre nouvelle partenaire passe plus de temps avec ses enfants que son ex-mari, vous-même passerez sans doute plus de temps avec les enfants de votre nouvelle partenaire qu'avec les vôtres. Surtout s'ils ne vivent pas sous votre toit, vos enfants pourraient en déduire que, depuis que vous avez « d'autres enfants », vous n'aimez plus ou ne voulez plus aimer les vôtres. Une vive rivalité ou une animosité intense pourrait alors se développer entre les deux groupes d'enfants.

- Comment traiteriez-vous toute inclination sexuelle qui pourrait se développer entre vos enfants et les siens ? Ils doivent savoir – en termes clairs – que, même s'ils ne sont pas de même sang, la chose ne serait pas convenable.

- Vos enfants seraient moins qu'enthousiastes à l'idée de se retrouver dans une nouvelle famille. Cela d'autant plus que vous auriez été le chef d'une famille monoparentale pendant longtemps ou que vous viendriez à peine de quitter leur mère.

- Dans certains cas, vous pourriez être tellement meurtri par votre relation avec votre « ex » que vous souhaiteriez recommencer une toute nouvelle vie, abandonnant tout ce qui vous rappelle le passé, y compris vos enfants.

- Si vous commencez à vous rapprocher des enfants de votre nouvelle amie, vous pourriez avoir l'impression de trahir vos propres enfants et de ne pas avoir assez d'amour pour faire face à toutes vos obligations.

Les finances

- Le problème de savoir qui paie quoi (et pour qui) est une fréquente source de discorde dans les familles reconstituées. Comment vous et votre nouvelle partenaire allez-vous organiser les finances pour les deux familles ?

- Si vous payez pour l'entretien de vos enfants, votre nouvelle partenaire ne vous en voudra-t-elle pas de ne pas lui consacrer la totalité de vos revenus ? Et si vos enfants vivent avec vous, quels seront les sentiments de votre compagne concernant l'argent que vous dépenserez pour leurs écoles et dont ni elle ni ses enfants ne bénéficieront ?
- Que penserez-vous de l'argent que vous dépenserez pour acheter des choses à ses enfants ? Regrettera-t-elle l'argent qu'elle pourrait dépenser pour les vôtres ?

Son « ex »

- Secrètement, nous aimerions tous que la femme de notre vie ait été vierge jusqu'à notre rencontre, mais l'existence de ses enfants porte un coup fatal à ce fantasme. Et l'existence de son ex-époux – surtout si celui-ci souhaite rester impliqué auprès de ses enfants comme vous souhaitez l'être auprès des vôtres – rend la chose impossible.
- S'il est si proche de ses enfants, supporterez-vous de le rencontrer à tout moment et d'entendre chanter ses louanges.
- Et comment réagiriez-vous s'il était assez stupide pour entamer une procédure pour la garde des enfants dans le seul but de faire tort à son ex-femme ?
- Souvenez-vous qu'il vous sera fort difficile de ne pas être affecté d'une manière ou d'une autre, réelle ou imaginaire, par l'ex-partenaire de votre amie. Vous pourriez souhaiter le voir disparaître, mais cela pénaliserait ses enfants. Soit dit en passant, il est parfaitement normal que vous souhaitiez l'envoyer au diable (que vous l'ayez déjà rencontré ou pas).

La société en général

- Que vous soyez un tout nouveau beau-père ou que cette expérience soit déjà longue pour vous, vous devrez faire face à certains soupçons d'agression sur vos beaux-enfants, surtout si certains sont des filles. De fait, si les beaux-pères sont plus susceptibles que les pères biologiques d'abuser des enfants, ni les uns ni les autres ne sont plus susceptibles de faire tort aux enfants eux-mêmes que leur propre mère.

- En plus de tels soupçons injustes et sans fondement, la société semble avoir davantage encore de stéréotypes accusateurs à l'encontre des belles-mères. Pensons simplement à *Cendrillon* ou à *Hansel et Gretel*, ou encore à bien d'autres contes pour enfants.

Quelques conseils pour réussir votre rôle de beau-père

Selon le chercheur Kay Pasely, trois éléments ont été identifiés par les spécialistes comme permettant de prédire si un beau-père sera capable de bien remplir son rôle :

- Son niveau de communication avec ses beaux-enfants. Meilleur est le niveau, plus le rôle est efficace.
- Le temps qu'il passe auprès de ses beaux-enfants. Ici aussi, plus le beau-père passe de temps avec ses beaux-enfants, plus son rôle est utile.
- Le soutien obtenu de la part de la nouvelle partenaire pour l'implication du beau-père dans l'éducation des beaux-enfants. N'est-ce pas étonnant ? Plus ce soutien est ferme, meilleur est le résultat.

Il est évident qu'une bonne communication avec les beaux-enfants et le temps passé auprès d'eux, ainsi que le support de la mère elle-même, vous soutiendront dans votre nouveau rôle. Voici encore quelques autres points importants qui vous aideront à faire de votre rôle de beau-père une expérience satisfaisante pour tous :

- Soyez raisonnable dans vos attentes. Il serait utopique d'espérer que « ses » enfants et vous allez vous aimer instantanément et que vous formerez une belle petite famille unie. Un tel espoir ne pourrait vous conduire qu'à des désillusions.

- Ne forcez pas la nature. Chercher trop tôt un attachement factice pourrait provoquer une réaction de rejet, et vous devrez prendre garde à cet écueil pendant un certain temps.

- Ne vous laissez pas atteindre ou, du moins, ne montrez pas que vous êtes affecté par une attitude agressive de la part de vos beaux-enfants, votre réaction les encouragerait à utiliser la même tactique à chaque nouvelle occasion.

- Comportez-vous en adulte. Si vos beaux-enfants vous heurtent, ne réagissez pas en les rejetant.

- Instaurez de nouvelles traditions familiales. Les rites et les traditions entretiennent la cohésion des familles. Certaines de ces traditions peuvent provenir de votre famille, d'autres de celle de votre partenaire. Bien que différentes, toutes sont valables. En inaugurer de nouvelles peut vous donner l'impression que vous travaillez ensemble à créer du nouveau.

- Déterminez, avec votre amie, quel sera votre rôle à long terme au sein de la nouvelle entité familiale, notamment dans l'établissement et l'application des règles de comportement.

- Soyez patient. Selon les experts, il faut compter de dix-huit à vingt-quatre mois pour arrondir tous les angles. Certains même prétendent qu'il faudrait plutôt compter sur un laps de temps égal à l'âge de l'aîné des enfants.

- Suivez, dans votre communauté locale, un cours spécialisé pour beaux-pères. Ces cours se sont révélés utiles en aidant les belles-familles à fixer des objectifs réalistes pour la vie familiale, à réduire les conflits au sujet de certains espoirs irraisonnés et à augmenter l'intérêt pour les domaines intellectuel et culturel, estime Pasely. Les couples y acquièrent aussi des vues plus claires quant à leur nouveau rôle et à la nouvelle façon de considérer leur propre situation. Ils y apprennent aussi à résoudre les problèmes de la vie quotidienne.

Conclusion

Vous l'avez certainement compris depuis longtemps, être un chef de famille monoparentale – que votre situation résulte ou non d'un choix délibéré – n'est pas une sinécure. Le rôle peut être à la fois frustrant et difficile : vous pourrez vous sentir perdu, esseulé, désespéré, troublé et souhaiter vous débarrasser au plus vite de ce poids. Mais c'est aussi un rôle qui comporte sa récompense et qui est l'un des plus importants que vous puissiez jamais avoir à remplir. Rien n'est comparable à la fierté que vous ressentirez lorsque vous verrez que votre enfant a retenu une leçon que vous lui avez apprise. Un baiser, un petit mot griffonné disant « Papa, je t'aime » et toutes vos fatigues, toutes vos peines seront oubliées. Être père vous apprend beaucoup sur la vie, sur ses joies et sur le bonheur. Plus important encore, le rôle de père vous apprend l'amour. Et vous ne pouvez rien goûter de tout cela si vous n'y touchez pas.

La paternité en solo peut aussi paraître réellement solitaire parfois. Si vous avez besoin d'aide au long de votre route, relisez les passages appropriés de ce livre et recourez aux ressources indiquées. Par-dessus tout, soyez présent autant que faire se peut auprès de vos enfants. C'est la chose essentielle que vous pouvez faire pour eux, certes, mais c'est aussi la meilleure chose que vous pouvez faire pour vous.

Bonne chance !

Notes :

Préparation de l'accord parental

Que vous soyez divorcé ou que vous n'ayez jamais été marié, l'une des choses les plus importantes que votre « ex » et vous puissiez faire tant pour vous que pour vos enfants est de rédiger un accord parental commun. Si vous vous fréquentez, vous pouvez commencer la rédaction ensemble et vous serez sans doute capables de préparer ainsi en quelques heures un bon projet. Cela fait, confiez votre proposition à vos juristes respectifs pour approbation.

Comme cet accord fixera vos relations avec les enfants pour les années à venir et, jusqu'à un certain point, également les relations entre le père et la mère séparés, il est important que vous gardiez à l'esprit les points suivants.

- Faites-le par écrit. Moins il y a de chances de malentendus, mieux c'est.
- Veillez à ce qu'il soit souple. La situation de votre « ex », celles de vos enfants et la vôtre peuvent évoluer dans le temps et votre accord doit pouvoir s'y adapter.
- Rédigez-le de façon aussi claire que possible. Le papier n'est pas cher, n'éludez donc aucune question, même celles qui pourraient vous paraître d'importance mineure.

La liste qui suit ne contient que l'essentiel de ce que vous devez considérer dans votre accord parental, indépendamment de vos arrangements pour la garde des enfants. Comme point de départ, je me suis basé sur le document proposé par Elizabeth Hickey et Elizabeth Dalton, intitulé *Parenting Plan Worksheet*, mais j'y ai ajouté une série de points additionnels. Cette liste peut sembler quelque peu décourageante, mais elle vous aidera. Recourez-y librement, mais pensez surtout à y ajouter des points plutôt qu'à en retirer.

1. Arrangements pour la garde physique
   A. Programmes hebdomadaires ou mensuels
   B. Programmes pour les périodes de congé ou autres jours particuliers (anniversaires, anniversaire des parents, fête des pères, fête des mères) et pour événements spéciaux (mariages, funérailles, proclamation de résultats scolaires)
   C. Dispositions relatives aux événements scolaires, sportifs, religieux ou de la communauté (soirée de la rentrée scolaire, conférences parents-éducateurs, événements scolaires, sportifs, religieux)
   D. Vacances
      • Modifications dans les jours de visite
      • Camps et autres activités de vacances
      • Prises de décisions
      • Répartition des dépenses
      • Vacances des parents – avec et sans les enfants
   E. Situations d'urgence (maladie ou accident des parents, des enfants, de la famille)
   F. Garde des enfants lorsque le parent en charge est au travail
   G. Droit de visite des grands-parents et autres membres de la famille

2. Dispositions pour le cas où les parents vivraient à plus de 100 km l'un de l'autre
   A. Programme de partage annuel du temps
   B. Détails pour le transport (y compris prise en charge du coût du transport)

C. Mode d'échange d'information

D. Communication avec l'enfant

3. Détails pour le transport

A. Comment les enfants passent-ils d'une maison à l'autre

B. Où, quand et comment se font les transferts

4. Contacts de l'un des parents avec les enfants lorsque ceux-ci sont chez l'autre parent

A. Des visites impromptues sont-elles permises?

B. Les parents peuvent-ils téléphoner à n'importe quel moment ou y a-t-il des moments préférentiels?

C. Les limites s'appliquent-elles aux communications par fax, courrier électronique ou communications écrites?

5. Procédure pour l'échange d'information

A. Réunions de parents

- Agenda
- Fréquence (réunions hebdomadaires, mensuelles, trimestrielles)

B. Genre d'informations qu'il est important de communiquer à l'autre parent et comment transmettre ces informations

- Informations scolaires, informations générales, relatives à la santé, etc.

6. Processus de décision

A. Quelles sont les décisions que les parents peuvent prendre individuellement et quelles sont celles qui demandent notification à l'autre parent (éducation, garde de jour, traitements médicaux ou dentaires, thérapies)?

B. Comment prendre ces décisions?

C. Procédure à suivre pour résoudre différends et désaccords

7. Éducation
   A. Accès aux résultats scolaires (bulletins, etc.)
   B. Changements d'école
      • D'école publique à école privée ou vice-versa
      • Enseignement spécial
   C. Assistance aux réunions parents-enseignants et autres manifestations
   D. Aide financière
      • Coopération dans l'introduction des demandes
      • Partage du minerval
   E. Enseignement supérieur
      • Jusqu'à quel niveau minimal d'enseignement garantir la fréquentation des écoles?
      • Qui paie les frais de collège?
      • Épargne pour couverture des frais scolaires ou demande de bourse d'études

8. Soins de santé
   A. Assurance médicale et soins dentaires
      • Qui inclut l'enfant dans sa police d'assurance?
      • Qui paiera les primes?
      • Qui choisit les médecins ou les dentistes?
   B. Qui payera les frais médicaux non couverts?
   C. Qui se chargera de prendre les rendez-vous pour les soins de santé de l'enfant?
   D. Qui aura accès aux dossiers médicaux?
   E. Information réciproque des soins requis et des traitements prescrits pour l'enfant
      • Chirurgies et traitements optionnels
   F. Comment traiter les cas d'urgence (soins médicaux ou dentaires)
   G. Assurance vie et assurance médicale pour chacun des parents
      • L'un comme l'autre des parents doit veiller à être assuré
   H. Les normes sanitaires et d'hygiène doivent être respectées dans les deux résidences

9. Pension pour l'enfant

    A. Montant à verser
- Méthode de calcul
- Échelonnement des versements
- Modification des montants
- Adaptabilité en fonction de modification du régime de garde de l'enfant
- Adaptabilité en fonction de circonstances financières

    B. Liste de ce qui est couvert et non couvert par la pension et comment celle-ci doit être dépensée
- Convention pour complément de pension en cas de frais exceptionnels
- Instructions pour le relevé détaillé des dépenses

10. Autres questions financières

    A. Paiement d'autres dépenses non comprises dans la pension pour l'enfant
- Siège de sécurité, frais de voiture, assurance automobile pour jeune conducteur

    B. Problèmes relatifs à la taxation des revenus
- S'il n'y a qu'un enfant, qui se prévaudra de la déduction de taxes?
- S'il y en a plus d'un, comment répartir les déductions?

11. Genre de vie

    A. Pouvez-vous adopter des règlements d'ordre intérieur cohérents?
- Heure du coucher, tâches ménagères, devoirs, télévision, utilisation du téléphone.

    B. Religion
- Pratique religieuse
- Instruction religieuse
- Célébrations
- Respect de différences éventuelles entre parents

    C. Accord pour respecter les sentiments de déférence et d'amour porté par l'enfant à l'autre parent

D. Lignes directrices pour la participation aux réunions scolaires ou familiales, avec des amis ou amies.

12. Révision du plan

A. Résolution des conflits
- Au sujet du plan lui-même
- Au sujet des points couverts par le plan
- Comptez sur la médiation ou l'arbitrage, convenez d'éviter les tribunaux

B. Révision annuelle du plan en fonction des besoins des enfants et des parents et de l'évolution des circonstances

C. Processus à suivre pour la modification du plan

D. Impact sur le plan de modifications d'emploi, de résidence et d'état civil.

Note : Pour éviter de vous faire dire que votre dossier est mal constitué ou mal complété, vous devriez lire les dépliants publiés par le ministère de la Justice du Québec. Vous pourrez mieux comprendre les différentes mesures du projet d'accord comme la prestation compensatoire ou le partage du patrimoine familial. Ces dépliants présentent également des modèles (accompagnés de notes explicatives) des documents qui doivent faire partie de votre demande.

Quelques numéros de téléphone utiles

Médiation familiale
Association de médiation familiale du Québec
Région de Montréal : (514) 866-6769
Ailleurs au Québec : 1 800 667-7559

Choix d'un avocat
Barreau du Québec
Maison du Barreau
(514) 954-3400 (tous les services)
1-800-361-8495 (sans frais)

Perception des pensions alimentaires
Informations générales
Région de Québec : (418) 652-4413
Ailleurs au Canada : 1 800 488-2323

Problèmes relatifs à la perception d'une pension alimentaire
Région de Québec : (418) 652-6704
Ailleurs au Québec : 1 888 400-6528, poste 6704

Enlèvement d'enfant
Autorité centrale du Québec
Direction du droit administratif
Ministère de la Justice
Au Québec et ailleurs : (418) 644-7153

Recherche de testament
Registre central des testaments et des mandats
Chambre des notaires du Québec
Région de Montréal : (514) 879-1793
Ailleurs au Québec :1 800 340-4496

Registre central des testaments et des mandats
Barreau du Québec
Région de Montréal : (514) 954-3412
Ailleurs au Québec : 1 800 361-8495

Registre des droits personnels et réels mobiliers
Région de Montréal : (514) 864-4949
Région de Québec : (418) 646-4949
Ailleurs au Québec 1 800 465-4949

Garderies et centres de la petite enfance

Ministère de la Famille et de l'Enfance
Région de Montréal : (514) 873-2323
Ailleurs au Québec : 1 800 363-0310

Consultations budgétaires

Fédération des ACEF
Régiàon de Montréal : (514) 521-6820

Assurances

Bureau d'assurance du Canada
Région de Montréal : (514) 288-6015
Ailleurs au Québec : 1 800 361-5131

Choix d'un planificateur financier

Association canadienne des courtiers en valeurs mobilières
(ACCVM)
Partout au Québec : (514) 878-2854 (frais virés acceptés)

Commission des valeurs mobilières du Québec
Région de Montréal : (514) 940-2150
Ailleurs au Québec : 1 800 361-5072

LIENS INTERNET

Comment aider votre enfant dans une situation de divorce ou de séparation.
www.hc-sc.gc.ca/hppb/sante-mentale/psm/index.htlm

Pensions alimentaires pour les enfants, présentation d'une requête conjointe en exemption, demande conjointe en divorce sur projet d'accord, filiation, médiation familiale, modèle québécois de fixation des pensions alimentaires pour enfants, présentation d'une requête conjointe en exemption, séparation et divorce, union de fait.
Gouvernement du Québec
www.justice.gouv.qc.ca/francais/publicat.htm

Incidences fiscales d'une séparation ou d'un divorce, régime de perception des pensions alimentaires.
Gouvernement du Québec
www.revenu.gouv.qc.ca

Informations juridiques sur divers sujets : mariage, séparation, divorce, médiation familiale, pension alimentaire, etc.
Barreau du Québec
www.barreau.qc.ca

Informations juridiques sur divers sujets : régimes matrimoniaux, union de fait, patrimoine familial. etc.
Chambre des notaires du Québec
www.cdnq.org

Fédération des associations des familles monoparentales et recomposées du Québec
cam.org/fafmrq